贵州省教育厅 组编◎

校园警钟

——大学生安全教育读本

（第3版）

电子工业出版社

Publishing House of Electronics Industry

北京·BEIJING

内 容 简 介

本书根据《国家中长期教育改革和发展规划纲要（2010—2020 年）》赋予高校安全稳定工作的任务与职责，为了加强对大学生的安全教育，推进安全教育课程化、体系化建设，结合本省省情，选择涉及大学生安全的 24 个专题，分为 16 章，围绕大学生学习、生活的各个方面，采用"内容提要、警钟格言、案例回放、点睛提示、安全知识、法律链接、与您共勉、思考思考"的编写体例，精选大学生身边发生的典型案例，介绍防范与避害的知识、方法和技巧，阐述相关的法律法规。

未经许可，不得以任何方式复制或抄袭本书的部分或全部内容。
版权所有，侵权必究。

图书在版编目（CIP）数据

校园警钟：大学生安全教育读本／贵州省教育厅组编. —3 版. —北京：电子工业出版社，2020.9
ISBN 978-7-121-38922-1

Ⅰ. ①校… Ⅱ. ①贵… Ⅲ. ①大学生—安全教育 Ⅳ. ①G641

中国版本图书馆 CIP 数据核字（2020）第 052753 号

责任编辑：裴　杰
印　　刷：四川新华印刷有限责任公司
装　　订：四川新华印刷有限责任公司
出版发行：电子工业出版社
　　　　　北京市海淀区万寿路 173 信箱　邮编　100036
开　　本：787×1 092　1/16　印张：14.25　字数：419.5 千字
版　　次：2010 年 10 月第 1 版
　　　　　2020 年 9 月第 3 版
印　　次：2021 年 7 月第 2 次印刷
定　　价：25.00 元

凡所购买电子工业出版社图书有缺损问题，请向购买书店调换。若书店售缺，请与本社发行部联系，联系及邮购电话：（010）88254888，88258888。
质量投诉请发邮件至 zlts@phei.com.cn，盗版侵权举报请发邮件至 dbqq@phei.com.cn。
本书咨询联系方式：peijie@phei.com.cn。

序

　　安全是人类永恒的追求，没有安全就没有一切。没有安全，教育改革发展无从谈起，学生成长成才也无从谈起。重视和切实抓好大学安全工作，是教育行政部门和学校的本职之一，是保障广大师生人身安全和亿万家庭幸福的现实需要，是坚持以人为本、敬畏生命，贯彻落实党的教育方针的必然要求。学校安全是最让人牵挂的公共安全，维护校园安全，既是教育部门和学校义不容辞的职责，也是全社会共同的责任。各地各校要扎实做好学校安全工作，以更扎实的工作、更有效的措施、更完善的制度，把学校安全工作抓实、抓细、抓好，着力健全校园安全风险防控体系，推动安全教育常态化，创造平安、和谐、健康、阳光的大学校园环境。

　　总体上说，大学校园是安全的。但安全隐患不容忽视，校园安全的形势不容乐观。在高等教育事业改革和发展的进程中，高校由原来相对单纯的学习园区转变为全方位、多功能、开放型的"小社会"，高校管理方式社会化，办学形式多样化，学生结构复杂化，校园与社会相互交叉、相互渗透，这种复杂的格局，客观上给高校的安全造成诸多不确定性。面对大学校园复杂的安全形势，我们深感肩上任务很重、责任很大，如履薄冰，丝毫不敢懈怠。加强高校学生安全教育，不断增强大学生的安全意识和提高大学生自我防范能力，已成为教书育人和维护校园安全的基础性工作。为此，贵州省教育厅组织在这一领域长期从事研究的专家在广泛调查研究的基础上编写了《校园警钟——大学生安全教育读本》（第3版）一书，作为高校安全教育的教材。大学校园安全工作必须从"预防"抓起，从树立安全防范"观念"入手，我们期望通过本书的出版，以这种锲而不舍的"警钟长鸣"，以这种润物细无声的"潜移默化"，使安全意识真正在大学生的头脑中深深扎根，让安全防范观念真正融入大学生的综合素质。

　　加强大学生安全教育是立德、树人的必然要求，高校党委和行政管理部门要把学生安全教育工作摆在重要位置。要高度重视，加强领导，齐抓共管。学校的一切工作是为了学生的健康成长，实施安全教育是学校的职责所在。学校要从"以人为本"的高度出发，本着维护良好的教育教学秩序和对学生高度负责的精神，按照"安全第一，预防为主"的方针和"安全重于泰山"的基本要求，充分认识抓好大学生安全教育工作的重要意义，在思想上、制度上、组织上给予高度重视。作为学校安全管理职能部门的保卫处（科），既要抓安全管理，又要抓安全教育，要以安全教育促进安全管理。学校广大思想政治工作干部、班主任、辅导员，以及全体教师要把安全教育作为义不容辞的责任，努力形成齐抓共管的工作格局。要突出安全教育特色，开展形式多样的安全教育。要以防范教育为主，不断提高大学生的安全素质。着力抓好大学生必备安全防范能力的训练。对大学生进行常规安全防范训练，重点是进行防火、防盗、防骗、防抢劫、防侵害、防渗透、防事故等，传授他们处理安全问题的策略和方法，提高他们防范安全事故的实际应对能力。增强大学生健康成长、遵纪守法、保障安全、珍惜生命、预防犯罪的责任心和自信心，切实提高大学生自我教育、自我管理、自我保护的能力。着力抓好大学生应急能力训练。让大学生积极主动地参与学校日常安全管理和综合治理，使学生在实践中强化安全意识，提高安全防范能力。

我希望，《校园警钟——大学生安全教育读本》（第3版）对加强高校学生安全教育，增强大学生的安全意识和自我防范能力，对高校安全教育和管理工作起到积极有益的作用。

是为序。

贵州省教育厅党组副书记、副厅长　鞠洪
2020年8月

前言

促膝谈心话安全

邹　渊

本书是一本与大学生促膝谈心的书，专门讲述大学校园的安全问题，尤其是大学生的安全意识和安全常识问题。本书自出版以来，在安全教育课程化体系化建设中发挥了重要作用，受到高校师生的欢迎，连续刊行至今已有十年，这是我国冲刺全面建成小康社会风云巨变的十年，"明者因时而变，知者随世而制。"十年来本书紧贴高校安全形势的变化，适应高校安全教育的需求，分别在2016年和2020年两次进行修订，现在已经发行出版到第3版。说明它是一本大学生需要的书，不断更新、青春常在的书。

安全是指没有危险、不受威胁、不出事故、不受侵害的状态。安全，是人类生存和幸福的前提，是社会发展的保障。"生于忧患，死于安乐。"这是中华民族的千年古训，也是中国人民的历史自觉。习近平总书记说："坚持总体国家安全观。统筹发展和安全，增强忧患意识，做到居安思危，是我们党治国理政的一个重大原则。必须坚持国家利益至上，以人民安全为宗旨，以政治安全为根本，统筹外部安全和内部安全、国土安全和国民安全、传统安全和非传统安全、自身安全和共同安全，完善国家安全制度体系，加强国家安全能力建设，坚决维护国家主权、安全、发展利益。"[1]

常言道："平安，平安，平平安安，人人平安，家家喜欢。"什么事都只有人活着才能由人去做，这是显而易见的道理。

大学校园安全是总体国家安全的有机组成部分，校园安全是全国人民最为关注的社会公共安全之一。大学生安全一直受到国家的高度重视。2018年在全国教育大会上习近平总书记指出："各级党委和政府要为学校办学安全托底，解决学校后顾之忧，维护老师和学校应有的尊严，保护学生生命安全。"[2] 李克强总理也说："校园应该是最阳光、最安全的地方！"[3] 安全工作必须警钟长鸣，常抓不懈。教育部先后颁布了《学生伤害事故预

---

[1] 习近平：《决胜全面建成小康社会，夺取新时代中国特色社会主义伟大胜利》（2017年10月18日），人民出版社单行本，第24页。

[2] 《共同努力办好教育事业——四论学习贯彻习近平总书记全国教育大会重要讲话精神》载于2018年9月16日《光明日报》。

[3] 2017年04月13日中国政府网：李克强总理在2017年4月12日国务院常务会议上的讲话。

防与处理办法》、《学生集体用餐卫生监督办法》等一系列教育安全规章。2019年教育部全国学校安全工作电视电话会议提出:"安全稳定是干好一切工作的前提和基础。各地各校要对学校安全稳定工作中存在的诸多亟待解决的问题高度重视、保持警醒,即知即改、立行立改,以实而又实、细而又细的态度和作风,扎实做好学校安全稳定工作。"要求把学校建成学生最安全、家长最放心的地方。但大学并非世外桃源,涉世未深的大学生也难免面对各种危险,它们可能是明显的,也可能是潜在的;也许是在校内产生的,也许是来自校外的;或者是明知故犯的,或者是幼稚无知造成的。接受现代科学文明教育的大学生们具有应对安全事故的一定素质基础,但也有容易发生某些安全事故的特点和不足。在充满青春朝气和传播文明火种的大学殿堂,也存在许多必须时刻关注的安全问题。

当代大学生,一是从小就生活在父母和老师的呵护之中,大学是他们独立生活的第一站,生活经验不足,缺乏必要的预防和应对外来侵害、灾害事故方面的基本常识和经验,安全防范意识和能力比较欠缺。二是大学生们跨进大学门槛由此开始独立面对世事人生,世界观、人生观、价值观、恋爱观、幸福观等正在打磨形成,意志容易摇摆,在金钱、名誉、享受、感官刺激等面前,易受诱惑。三是我国正处于改革开放的关键时期,在社会外界各种因素冲击下,大学生们思想的独立性、选择性、差异性明显增强,呈现出多种思想观念并存与交锋、价值取向多元化的局面。当各类安全隐患和诱惑出现时,大学生们的思想与行为备受考验,安全风险增大。四是大学阶段是青年心理转型的重要时期,大学生面临来自各方面的困扰,如学习生活环境日益复杂化、社会化,竞争与就业压力增大,各种新的不平衡、不和谐因素增多,在人际关系、情绪稳定和学习适应方面的问题尤为突出。五是网络、电脑、数码相机、手机、日新月异的电器、汽车驾驶等大学生喜爱的现代潮流,在提供现代文明的同时,也带来新的安全问题。六是近年来,全国高校硬件与软件的建设不能完全适应高等教育迅速发展的需要,也为高校安全带来新的矛盾。大学连续扩招,全国在校大学生数目急剧增长,学生动辄上万,校园面积不断扩展、校园内部环境不断优化。例如,校内道路由窄变宽、单行道变为双行道,社会车辆每天进出校园的频率高达数百上千次,这就构成了大学交通安全的巨大隐忧。

安全的前提是及时预见和预防,预料到可能发生的危险和灾祸并且努力避免。正所谓"备豫不虞,为国常道",才能化险为夷,把损失降到最低。一份对中国传媒大学和北京第二外国语学院的200名学生的问卷调查表明:有49.1%的大学生不知被困废墟的急救措施;27.63%的同学表示对校园安全关注度不够;81.2%的大学生不关注消防安全;近四成大学生有过不遵守交通规则行为;24.55%的同学表示没有随手关宿舍门窗的习惯,超过半数的同学没有在宿舍拉闸限电前拔掉电源的习惯。火灾中本可以避免伤亡的,因为不懂自救知识而被窒息死亡或盲目跳楼伤亡的惨剧,在贵州省和外地高校都有实例。这不能不使我们对大学生应对突发安全事故的能力感到担忧。据教育部等单位的调查显示,尽管学生伤亡事件甚多,有80%的学生非正常死亡是可以通过预防措施和应急处理得到避免的,但是现在大学生中普遍缺乏自我保护的意识、知识和能力,使得安全事故导致的意外伤亡更容易不期而遇。[①]

安全事故灾害固然可怕,更可怕的是对防范和应对安全事故的无知,尤其可怕的是对血的教训的冷漠。当在安全事故中逝去生命造成的创伤尚未抚平,当血迹和眼泪尚未擦干、遗憾尚记忆犹新时,我们惊异地发现同样的隐患每天都存在我们身边,同样的悲剧随时都可能上演。

[①] 肖建国:<高校意外伤亡事件与学生的自我防范>,<思想理论教育>2006年5期。

生命就像一只蜡烛，你不珍惜它，它就会熄灭。隐患处处有，安全须时时记。

因此，加强对大学生的安全防范教育和法治教育非常必要。加强大学生安全教育，是维护国家安全和利益的需要；是维护高校稳定的需要；是提高学生自我保护能力的需要。安全是一个大学生完成学业的重要保证，是每一位大学生健康成长和立志成才的基本条件。大学生是未来国家和民族的栋梁，他们的安全与健康关系着国家和民族的未来。这是我们编写出版本书的宗旨。

高等学校学生安全教育和管理的主要任务是，宣传、贯彻国家有关安全管理工作的方针、政策、法律、法规，对学生实施安全教育及管理，妥善处理各类安全事故，引导学生健康成长。贯彻"预防为主，保护学生、教育先行、明确责任、教管结合、实事求是、妥善处理的原则"。

本书遵循上述原则，通过与大学生促膝谈心，希望大学生们能增强自我保护的意识；远离各种受害源；掌握在遇到困难和侵害时自救和求助的方法；懂得与侵害行为作斗争的策略和技巧；了解受到意外伤害时的急救处置；并希望大学生们能勇敢和正确面对受到的伤害。

同时本书也是大学新开设的安全教育课的教材。开设这一课程旨在使大学生安全教育走向制度化、规范化、系统化，进而达到普及安全知识，提高学生安全防范意识、法治意识和自我保护意识，增强防范能力的目的，同时也为今后大学生走向社会，成为一名正直守法公民打下基础。

千重要万重要，大学生们树立清醒的安全意识最重要。校园安全应当警钟长鸣；面对身边潜伏的安全危机，大学生要学会预防，学会自救，学会维权。只有如此，才能远离或减少伤亡，生命之花才会在遭遇挫折时顽强开放、更加娇美！

常言道"平安是福"，一声"平安"虽然仅有短短的二个字，却道出了家人最深的挂念，寄托着亲人最深情的爱。安全是生命之本，安全是头等财富，大学生们一定要将安全牢牢地记在心中，让事故警钟在你们耳畔长鸣！

愿本书在帮助大学生树立清醒的安全意识中，能成为大学生们的知心良友。

邹渊系贵州民族大学教授、本书统稿专家
2020 年 5 月

目录

第1章　国家安全　使命担当 / 001

一、反间谍渗透 / 001
　　警钟格言 / 002
　　案例回放 / 002
　　点睛提示 / 006
　　安全知识 / 006
　　法律链接 / 009
二、反恐防暴 / 010
　　警钟格言 / 011
　　案例回放 / 011
　　点睛提示 / 012
　　安全知识 / 013
　　法律链接 / 015
　　与您共勉 / 016
　　思考思考 / 016

第2章　拒绝暴力　防止伤害 / 017

　　警钟格言 / 018
　　案例回放 / 018
　　点睛提示 / 019
　　安全知识 / 022
　　法律链接 / 024
　　与您共勉 / 025
　　思考思考 / 025

第3章　校园盗抢　预防优先 / 026

　　警钟格言 / 026
一、防抢劫 / 027
　　案例回放 / 027
　　点睛提示 / 028
　　安全知识 / 028
　　法律链接 / 030
二、防盗窃 / 031
　　案例回放 / 031
　　点睛提示 / 033
　　安全知识 / 033
　　法律链接 / 035
　　与您共勉 / 036
　　思考思考 / 036

第4章　谨防诈骗　避免上当 / 037

　　警钟格言 / 038
　　案例回放 / 038
　　点睛提示 / 042
　　安全知识 / 045
　　法律链接 / 048
　　与您共勉 / 050
　　思考思考 / 051

第5章　讲究卫生　预防疾病 / 052

一、传染病防治 / 052
  警钟格言 / 053
  案例回放 / 053
  点睛提示 / 054
  安全知识 / 055
  法律链接 / 056
  与您共勉 / 057
  思考思考 / 057

二、预防食品中毒 / 057
  警钟格言 / 057
  案例回放 / 058
  点睛提示 / 059

  安全知识 / 061
  法律链接 / 063
  与您共勉 / 063
  思考思考 / 063

三、预防一氧化碳中毒 / 064
  警钟格言 / 064
  案例回放 / 064
  点睛提示 / 065
  安全知识 / 066
  法律链接 / 068
  与您共勉 / 069
  思考思考 / 069

第6章　拒绝诱惑　文明上网 / 070

  警钟格言 / 071
  案例回放 / 071
  点睛提示 / 074
  安全知识 / 078

  法律链接 / 081
  与您共勉 / 085
  思考思考 / 085

第7章　加强自律　戒除赌博 / 086

  警钟格言 / 087
  案例回放 / 087
  点睛提示 / 089
  安全知识 / 092

  法律链接 / 093
  与您共勉 / 093
  思考思考 / 094

第8章　抵制毒品　远离毒害 / 095

  警钟格言 / 096
  案例回放 / 096
  点睛提示 / 099
  安全知识 / 102

  法律链接 / 104
  与您共勉 / 107
  思考思考 / 107

第9章　学防身术　防性侵害 / 108

  警钟格言 / 108
  案例回放 / 109

  点睛提示 / 110
  安全知识 / 111

法律链接 / 117
与您共勉 / 117

思考思考 / 117

第 10 章　爱护身体　切勿酗酒 / 119

警钟格言 / 120
案例回放 / 120
点睛提示 / 121
安全知识 / 123

法律链接 / 124
与您共勉 / 125
思考思考 / 125

第 11 章　"校园网贷"　警惕风险 / 126

警钟格言 / 126
案例回放 / 127
点睛提示 / 130
安全知识 / 133

法律链接 / 134
与您共勉 / 138
思考思考 / 138

第 12 章　居安思危　消除火患 / 140

警钟格言 / 141
案例回放 / 141
点睛提示 / 142
安全知识 / 144

法律链接 / 149
与您共勉 / 150
思考思考 / 150

第 13 章　教学安全　严防事故 / 151

一、实验室安全 / 151
　警钟格言 / 151
　案例回放 / 152
　点睛提示 / 152
　安全知识 / 153
　法律链接 / 157
　与您共勉 / 157
　思考思考 / 157
二、实习安全 / 158
　警钟格言 / 158
　案例回放 / 158
　点睛提示 / 159
　安全知识 / 160

　法律链接 / 160
　与您共勉 / 160
　思考思考 / 161
三、体育和军训安全 / 161
　警钟格言 / 161
　案例回放 / 162
　点睛提示 / 162
　安全知识 / 163
　法律链接 / 166
　与您共勉 / 166
　思考思考 / 166

XI

第14章　出行安全　防灾避险 / 167

一、交通安全 / 167
警钟格言 / 168
案例回放 / 168
点睛提示 / 169
安全知识 / 171
法律链接 / 173
与您共勉 / 175
思考思考 / 175

二、游泳安全 / 176
警钟格言 / 176
案例回放 / 176
点睛提示 / 177
安全知识 / 179
法律链接 / 180
与您共勉 / 181
思考思考 / 181

三、自然灾害安全 / 181
警钟格言 / 182
案例回放 / 182
点睛提示 / 183
安全知识 / 184
法律链接 / 186
与您共勉 / 187
思考思考 / 187

四、驴友安全 / 187
警钟格言 / 187
案例回放 / 188
点睛提示 / 189
安全知识 / 190
法律链接 / 191
与您共勉 / 192
思考思考 / 192

第15章　预防艾滋　珍爱生命 / 193

警钟格言 / 194
案例回放 / 194
点睛提示 / 196
安全知识 / 199
法律链接 / 202
与您共勉 / 203
思考思考 / 203

第16章　身心健康　乐观向上 / 204

警钟格言 / 204
案例回放 / 205
点睛提示 / 208
安全知识 / 209
法律链接 / 213
与您共勉 / 213
思考思考 / 213

后　记 / 214

Chapter 1 第1章

国家安全　使命担当

政治安全是国家安全体系的重要组成部分，是国家命脉所系。坚持总体国家安全观，是习近平新时代中国特色社会主义思想的重要内容。党的十九大报告强调，统筹发展和安全，增强忧患意识，做到居安思危，是我们党治国理政的一个重大原则。习近平同志围绕总体国家安全观发表的一系列重要论述，立意高远，内涵丰富，思想深邃，把我们党对国家安全的认识提升到了新的高度和境界，是指导新时代国家安全工作的强大思想武器，对于新时代坚持总体国家安全观，坚定不移走中国特色国家安全道路，完善国家安全体制机制，加强国家安全能力建设，有效维护国家安全，实现"两个一百年"奋斗目标、实现中华民族伟大复兴的中国梦，具有十分重要的意义。

国家安全需要人人参与，维护国家安全人人都是主角！作为国家接班人和中国特色社会主义事业的未来建设者，大学生肩负着新世纪中国伟大复兴的重任，加强大学生政治安全意识教育，对于中国长治久安和大学生健康成长都具有重要意义。目前大学生政治安全意识不容乐观，大学生参与国家泄密案件频频被报道，加强大学生政治安全观教育刻不容缓。在当前意识形态领域斗争日益复杂、敌特分子对我窃密手段多样的情况下，大学生更要时时筑牢"铁壁铜墙"，自觉在维护国家安全方面发挥重要作用。本文通过对反间谍渗透与反恐防暴相关案例及安全知识的讲述，以期唤起大学生对国家政治安全的重视。

一、反间谍渗透

筑起反间谍的"铁壁铜墙"

警钟格言

> 坚持人民安全、政治安全、国家利益至上的有机统一，人民安全是国家安全的宗旨，政治安全是国家安全的根本，国家利益至上是国家安全的准则，实现人民安居乐业、党的长期执政、国家长治久安……
>
> ——习近平
>
> 安而不忘危，存而不忘亡，治而不忘乱。
>
> ——（周）《周易·系辞下》
>
> 明者防祸于未萌，智者图患于将来。
>
> ——（西晋）陈寿《三国志》
>
> 备豫不虞，为国常道。
>
> ——（唐）吴兢《贞观政要》
>
> 近朱者赤，近墨者黑。
>
> ——（西晋）傅玄《太子少傅箴》

案例回放

案例一 大学生为境外间谍搜集军事情报

广东省某高校专科生徐某的父母都在农村，家里经济不宽裕。2012年4月，当徐某考入某重点大学时，他在QQ群里发了一条求助帖——"寻求学费资助2000元"。

不久，一个网名为"Miss Q"的人回帖，然后表示愿意提供帮助。徐某喜出望外，把银行卡号告诉对方，第二天就收到2000元汇款。"Miss Q"自称是"一家境外投资咨询公司的研究员"，需要为客户"搜集解放军部队装备采购方面的期刊资料"，希望徐某协助搜集，作为资助学费的回报。徐某痛快地答应了，但没能在学校的图书馆找到相关的资料。

2012年5月，徐某主动联系"Miss Q"，对方给他提供了一份"田野调研员"的兼职工作，月薪2000元。徐某所在的广东省某市有一个军港码头和一家历史悠久的造船厂，他的"调研"工作就是到军港拍摄军事设施和军舰，到船厂观察、记录在造在修舰船的情况，并将有舰船方位标志的电子地图做成文档，提供给"Miss Q"。

23岁的徐某后来承认，做"调研员"不久，就意识到对方是搜集我国军事情报的境外间谍，曾经因为内心的不安主动放弃了学校的一些荣誉，但利诱当前，又难以拒绝对方。2013年5月，徐某被国家安全机关依法审查。

（案例来源：《南方日报》2015年4月20日）

案例二 大学生寻找网络兼职被策反、被利用

之一

北方某重点航空航天院校的一名大四学生在校内论坛找兼职工作时，看中一则待遇不错的

"网络兼职"信息,并主动发邮件联系"雇主"。之后5个月里,这名学生多次向网名为"吉娜"和"Roby"的两名境外间谍提供航天、航空、船舶、武器装备类学术资料,并帮助他们订阅和翻拍内部学术期刊,后被国家安全机关查处。

(案例来源:《环球时报》《环球军事》)

之二

卢某某,某高校在校学生。卢某某家境贫寒,在大学学习期间曾经多次在校园论坛上发布求职信息。2013年5月,卢某某接到一封来自境外的自称S主编的电子邮件。在邮件中,S主编称正在办一份学术刊物,需要卢某某协助查找某方面的资料,并许诺给予重酬。卢某某以从事学术研究为名,通过其导师和图书馆馆长的帮助,在图书馆借阅了大量内部刊物,并将有关内容拍成照片发给S主编。卢某某从中获取报酬16000元,主要用于购买手机、电脑、学习驾驶,以及支付学习期间的生活费。2013年8月,卢某某被国家安全机关抓获。因卢某某归案后能如实供述自己的违法行为,有悔罪表现,其行为尚未造成严重危害,国家安全机关决定对卢某某予以警告,并没收其作案工具和非法获取的报酬。

(案例来源:黑龙江大学安全保障部)

案例三 一起境外间谍策反大学生的"窝案"

2008年四川省某市某高校发生一起被间谍机构策反的"窝案"。本科生吴某通过Skype找英语聊友,结识自称"外籍华商"的境外间谍。吴某介绍同学冯某加入,冯某又在校内论坛发布招聘广告,吸收同校研究生刘某、赵某加入。4人均在联系初期就觉察到对方的"网特"身份,但仍然签订"保密工作合同",先后为其提供国内政治、经济、教育等领域大量内部期刊资料,其中包括多份"秘密级"刊物。案发时,4人共获得报酬4万余元,相关人员被依法处罚。

(案例来源:《环球时报》)

案例四 间谍重金诱使大学生搜集情报

2012年下半年,浙江省某重点大学毕业生宋某在招聘网站投递简历。12月初,"市场研究公司专员李某"发来邮件,邀宋某加盟。李某称,该公司主要业务是为在我国投资的外资企业提供信息服务。宋某的工作是搜集中央政府部门的政策研究资料和撰写调研报告,报酬为2000～50000元,高质量报告奖金丰厚。宋某先后接到中央经济工作会议、农村工作会议、行业重组、能源产业发展等10项"调研课题",他通过学校图书馆、论文期刊数据库、校内学术讲座等渠道收集资料,向李某提交多份"研究报告"。其间,李某曾让宋某到他所在高校收集两岸关系材料,但宋某不熟悉学校的台湾研究所的人事和情况,没能做成。

李某的要求逐渐深入,他要宋某积极培养人脉,从政府和有官方背景的智库、学者那里抓幕后信息、听观点,"拉关系的钱全由公司出"。2013年1月,宋某着手报考公务员,李某表示全力支持,并提供每月3000元生活费。李某还对宋某报考的基层公务员岗位提出异议,因为"对公司获取信息没有帮助",建议报考省级机关、研究部门。宋某后被国家安全机关查处。

(案例来源:《环球时报》)

案例五 台湾间谍利用大学生搜集情报

之一

2011年,大学生小哲(化名)赴中国台湾进行学习交流,认识了台湾女子许某。许某向小哲表示好感,并在随后的日子里对他百般照顾,两人关系迅速升温。她打听小哲的各种情况,比如亲戚中有没有公务员,能不能接触到政府的一些文件,而小哲学习的专业,恰好可以接触到不少国防科工的机密。

小哲的交流学习即将结束,很快要回大陆。许某以恋人身份要求小哲,回去以后把"学习成果"发过来,彼此做对方的眼睛。小哲对许某有求必应,而许某也投桃报李,给了他不少经济资助。2014年,许某的活动被国家安全部门发现,她其实是台湾军情局的间谍人员。她用多种手段引诱小哲,对小哲实施控制,就是为了获取情报。而小哲在金钱和美色诱惑下,没能守住底线。小哲因为不再适合相关专业的学习而退学,并被追究相关的法律责任。

之二

2015年,大陆学生小朱(化名)到中国台湾一所大学做交流,有一次去台湾大学听公开课,结识了一个做大陆研究的台湾学生。小朱当时正在做论文,想采访一些当地的高层人士,但又找不到门路,这个同学表示可以给他引荐一名政客徐某。徐某自称是"立法委员"助理。在徐某的帮助下,小朱很快采访到了好几位自己根本没机会认识的台湾"高层人士"。后来,小朱将××部的一个公务人员小丁(化名)介绍给徐某认识。小丁在徐某提供的利益驱使下,开始频繁地给徐某发送单位带有密级的文件。短短三个月的时间,小丁先后向徐某提供了多份内部文件资料,其中秘密级一份,机密级四份。由于他们的交易被安全部门及时发现,小丁很快地沦为阶下囚。

徐某,1980年8月出生,真实身份是中国台湾间谍人员。她以不同的面目接近大陆学生,目的就是从中物色策反对象。据国家安全部门掌握,目前徐某勾连的大陆学生有十余人。小朱的行为对国家安全构成了威胁,受到了相应的惩罚,小丁因为在涉密岗位上为中国台湾间谍发展相关工作人员被判刑。

(案例来源:《焦点访谈》)

案例六 两名大学生被间谍勾连,一人举报受奖励,另一人上当被查处

涉世未深的大学生成为境外间谍策反勾连的重点对象之一。据河南省国家安全厅消息,郑州两所大学的两名学生,日常上网时被境外间谍组织人员要求添加QQ,随后对方打着"共同兴趣爱好""兼职可赚钱"等幌子,试图搜集我军及军事相关单位的情报。后来因为河南省国家安全部门及时介入,打破了境外间谍人员策反利诱我大学生从事窃密活动的企图,方挽救了险些上钩的两名大学生。

之一:半途警觉举报获奖

小张(化名)是郑州市某大学大一学生,课余时间喜欢军事、政治方面的新闻。2018年11月的一天,小张登录QQ上网时发现,他所在的"军事爱好者群"有陌生人员主动与其联系,添加好友后,对方问了他的学习专业、兴趣爱好、家庭关系、社会交往等信息。对方自称是"某研究中心研究员",希望能够获得小张的帮助,完成一些领域的研究。出于好奇和兼职考虑,小

张询问对方的工作信息以及需要哪些方面的资料。对方回复称,"我受雇于境外民间企业,对中国发展情况有着极大的研究兴趣,目前主要负责社会文化、政治、军事方面的研究……"

在来往数封邮件和多次聊天后,对方告诉小张,搜集我国部队、军事等相关领域信息交与他即可获得高薪报酬。小张发觉对方动机可疑,第一时间拨打国家安全机关的举报电话12339,并到国家安全机关反映掌握的情况。经过郑州市国家安全局侦察,查明和小张联系的"某研究中心王研究员"真实身份为境外间谍情报机关人员。由于小张的及时举报,国家安全机关第一时间消除了相关间谍窃密的敌情隐患,维护了国家安全。省国家安全厅对小张不为金钱蒙蔽利诱,主动协助国家安全机关工作的行为表示称赞,并按照相关的规定对其给予奖励。

之二:提供情报遭查处

小李(化名)是郑州市某大学的大学生,学习之余考虑兼职。2018年11月16日,有陌生人请求添加QQ好友。小李通过了申请,在交流的过程中,对方自称是"一家军民融合企业的职员",目前正在进行军民融合项目调研,可以给小李介绍工作机会。随后,小李向对方传送了拍摄到的军事杂志图片、我国海军成立70周年阅兵以及新中国成立70周年国庆阅兵等信息,先后共计收到酬金2900元。虽然对方的反常行为让小李有点怀疑,但自信不会碰上间谍。直到学校辅导员打电话找他,他才觉醒。郑州市国家安全局的侦察员找他谈话,并进行审查。经过调查,该"公司职员"实际上是境外间谍情报机关人员,他以兼职为由策反利诱小李从事窃密活动。得知对方确为境外间谍,小李懊悔不已:"这些间谍就是抓住大学生想做兼职,又想赚快钱的心理,才让我一步步上套。"值得庆幸的是,国家安全机关及时终止了他的错误行为,避免他在错误的道路上越陷越深。因为小李被查后能如实供述自己的违法行为,有悔过表现,所以国家安全机关依法没收其非法所得,并将作出进一步处理。

(案例来源:《大河报》)

案例七 "海归"成间谍:一位大学生的毁灭之路

秦赢(化名)出生于军人家庭,自小勤奋好学,2008年本科毕业后,以优异的成绩申请到A国著名大学攻读硕士学位。在A国,秦赢每天过着实验室、宿舍"两点一线"的生活。业余时间,秦赢最爱阅读自小就特别喜欢的"007"系列小说,幻想着自己像"詹姆士·邦德"一样,投身谍海。这些想法像欲念的种子,在秦赢心里生长。终于,秦赢主动联系A国间谍组织,成为间谍。

2010年2月,秦赢回国,进入某涉密单位工作。在对方刻意"培训"下,秦赢很快在单位崭露头角。他不仅出色地完成自身工作,还会主动加班加点帮助他人承担任务,是单位有口皆碑的"业务骨干",很快成为最年轻的副处级技术干部。此后4年多时间里,秦赢将接触到的涉密文件、信息泄露给A国间谍组织。据统计,秦赢作案期间共获利5万美元、人民币150万元。正当他以为一切都在秘密中进行,还可以放开手脚"大干一场"时,一副冰冷的手铐打碎了他的美梦。2017年12月17日上午,秦赢因为犯间谍罪,被判处有期徒刑12年,剥夺政治权利3年,并处没收部分个人财产。

(案例来源:微信公众号"保密观")

👁 点睛提示

习近平同志在中国共产党第十九次全国代表大会上的报告中指出：国家安全是安邦定国的重要基石，维护国家安全是全国各族人民根本利益所在。要提高保障和改善民生水平，必须有效维护国家安全，必须严密防范和坚决打击各种渗透颠覆破坏活动、暴力恐怖活动、民族分裂活动、宗教极端活动。

前文中多个案例均表明，境外间谍情报机关运用人力和技术等各种方法与手段，对我国国家安全利益造成严重威胁。国家安全是国家生存和发展最基本、最重要的前提，它关系民生、关系国家稳定、关系社会长远发展。维护国家安全既是国家责任，也是包括大学生在内的每位公民的责任。随着网络信息技术的迅猛发展和移动互联网终端的快速普及，中国网民数量已经跃升世界第一位。境外间谍情报机关正是利用这一点，利用网络对中国实施勾连、渗透、策反和窃密等非法活动。

从近年侦破的案件来看，被境外间谍情报机关通过网络勾连、渗透、策反的涉世未深的年轻人居多，甚至不乏在校大学生。境外间谍情报机关人员伪装成军事爱好者、招聘猎头、美女等身份，广泛活跃于各类论坛、社交、求职等网站，以提供丰厚报酬的"兼职""约稿"等为诱惑，一步步将普通人发展成为"情报员"。境外间谍情报机关的网上勾连、渗透、策反、窃密活动已经给中国国家安全和军事安全造成了严重危害。

近年来，高校学生被境外间谍利用，为其提供情报的事件时有发生。究其原因，主要是大学生安全防范意识不强，尤其是政治安全意识淡薄。大多数大学生社会经验不足，有的还需要寻求经济来源以便支撑学业。境外间谍利用招聘兼职人员等形式，发放调查问卷，以丰厚报酬为诱饵，吸引大学生为其搜集国家机密。最初给对方提供信息时，这些被盯上的在校大学生并不知情，但有部分人在觉察对方身份后，仍然因为贪图利益而继续配合，直至被国家机关依法处理。另外，有的境外间谍还介入大学生求职，利诱交流生、研修生，支持鼓励他们应聘涉密单位，企图将他们"策反"。

国家安全意识教育是大学生思想政治教育的重要内容，也是国家长治久安的重要保证。随着我国经济社会发展进入新阶段，国家安全面临新挑战，当代大学生的国家安全意识亟待加强。提高大学生的国家安全意识，必须从扩大学生的国际视野开始，同时应该充分发挥案例实践教学的作用，使大学生的国家安全教育水准有质的提高。近年来，境外间谍组织威逼利诱策反在校大学生案件频频发生。相关部门调查显示，境外间谍情报机关一般以积极兑现酬金的形式吸引和诱惑大学生，兼以要挟、色诱等手段，使个别在校大学生掉入陷阱。针对这种情况，高校应该将国家安全教育纳入安全教育的内容。让大学生知道应该如何"警惕身边的暗战"，提高大学生的国家安全意识。

⚠ 安全知识

一、我国国家安全体系

国家安全是一个国家处于没有危险的客观状态，是国家政权、主权、统一和领土完整、人民福祉、经济社会可持续发展和国家其他重大利益相对处于没有危险和不受内外威胁的状态，以及保障持续安全状态的能力。我国的当代国家安全包括 16 个方面的基本内容，即政治安全、国土安全、军事安全、经济安全、文化安全、社会安全、科技安全、网络安全、生态安全、资源安全、核安全、海外利益安全、生物安全、太空安全、极地安全、深海安全。

二、你需要了解的关于"间谍罪"的知识

根据我国《刑法》规定，间谍罪是危害国家安全罪中的一种，是指参加间谍组织或接受间谍组织及其代理人的任务，或者为敌人指示袭击目标的行为。根据刑法的规定，间谍罪是行为犯，并不以实际上发生法定的危害结果作为犯罪成立的要件，只要实施了间谍行为，即构成犯罪。

（一）网络上策反、造谣类间谍的表现

网络上的间谍活动由于更加隐蔽，而且信息渠道单一，因此容易伪装严密，更具有破坏性。这些间谍广泛分布于国内国外，有大张旗鼓的，也有秘密进行的。在网络上活跃的主要有以下几种间谍。

1. 刺探军政情报的间谍

这类间谍活跃在军事和国政类论坛上，为的是从网友那里套取最新的军政情报。其惯用手法有以下几种。

（1）故意诋毁贬低中国的军政实力，引来爱国人士的反击。在此过程中，间谍会故意引诱爱国人士透露一些绝密情报。

（2）故意说一些错误的信息，例如部队的番号、导弹的射程等，引起一些真正知道这些情报的人的不满，利用某些人喜好表现自己知识渊博的弱点，诱使其将正确的信息说出来。

（3）展示自己收集的一些装备的照片，诱使其他网友贴出他们自己拍摄的装备、军营等照片。一张船坞的照片就可以分析出中国新建造的军舰的大致性能。

（4）利用做兼职、发调查问卷之类的名目，以丰厚的酬金为诱饵，吸引大学生为其搜集、窃取情报。大学生"上钩"后如果想退出，境外间谍就会采取威胁、讹诈等手段逼迫大学生继续为他们效力。此外，境外间谍还可能介入大学生的求职过程，支持、鼓励其报考涉密工作单位，企图将大学生发展成为安插在涉密单位中的"潜伏间谍"。

2. 打击人民安全感的间谍

这类间谍通常也活跃在论坛上，他们的相似手法是，用许多似是而非的东西来攻击中国军队和政府，其目的就是让人民觉得中国军队非常腐败，技术也远不如别人，因此无力保家卫国。

（1）歪曲历史，刻意贬低中国军队的形象，打击人民对军队的信任感和自豪感。最常见的例子，例如抹杀中国人民志愿军抗美援朝的意义，故意说当时不进行抗美援朝更好，等等。

（2）以一些子虚乌有的所谓"内部数据"来证明中国的武器根本无法与某国武器相抗衡，鼓吹某国制胜论。

（3）揭露所谓的"军队内的腐败黑幕"，试图让大家相信中国军队已经非常腐败，像当年清朝军队一样，不堪一击。殊不知多年的强军整训，我国军队实力在国际上已经不容小觑。

3. 以谣言煽动反党、反政府情绪的间谍

这类间谍经常活动于时政、强国等类型的论坛上，造谣所谓的社会事件"内幕"以便煽动人民的反党、反政府情绪。

这类间谍属于最隐蔽的一种，因为他们的表现和一般的"愤青"及不满现实的持改良政见者不容易分开，而且信息渠道单一（仅仅通过网上言论）。然而，专业的反间谍人员在长期的监控过程中，也发现了一些迹象。虽然对于这样的间谍，即便是专业的反间谍人员也需要通过专业手段才能最终确认，平常人就更难以分辨，但是仍然可以依靠一些蛛丝马迹，有一个倾向性的判断，这样就不容易被他们的言论所迷惑，和这些间谍以及间谍言论保持距离。

（二）作为大学生应该为反间谍、维护国家安全做什么

第一，大学生要有防范间谍的基本意识和爱国意识。要树立国家安全高于一切的观念，克服麻痹思想，提高识别能力，在与境外人员接触时严守国家秘密。应该积极参加和主动接受学校组织的国防教育、安全教育等活动，弄清楚什么是间谍、间谍窃取机密的惯用伎俩及怎么防间谍和"被间谍"。

第二，不要贪便宜，交友必须谨慎。学习工作不能急功近利，要脚踏实地。这个世界上不存在不劳而获的"成功"，也不存在"天上掉馅饼"的好事，凡事必须三思而后行。大学生到国外学习、旅游前，应该了解、掌握国家安全知识，提高安全防范意识，自觉维护国家安全，坚决抵制境外间谍情报机关及敌对势力的策反、拉拢、威胁、利诱等活动。

第三，要积极投身到有关国家安全法律知识宣传教育中，帮助身边的同学、朋友、亲人了解公民保护国家安全的责任，明白间谍对国家安全带来的严重危害，以及从事间谍行为带来的法律后果，从而提高安全意识，远离间谍的陷阱。

第四，平时上网一定要有保密意识，对自己准备提供在网上的信息，要看是否有涉密内容。如果有涉密问题，一定不要在网络上发布，切忌为了炫耀自己或获得网友追捧而发布一些涉密内容，特别是一些军事信息和科研信息，更不能出于好奇心和虚荣心，对重要军事设施进行偷拍、探听，用作网上谈资。此外，还要注意不要使用互联网的电子邮件收发带密的信件，不要把涉及国家机密的内容保存在与互联网连接的计算机、移动硬盘、光盘等介质中。

作为当代大学生应该充分认识到网络不是一片净土，那里也存在着危险、敌情和诱饵，盲目轻信是被人利用的开始；天下没有白吃的午餐，任何不劳而获或者超出个人付出价值的报酬，背后隐藏的往往是可怕的陷阱；成功的路上没有捷径可走，今天承诺要"助你成功"的推手，明天可能是推你跌落深渊的魔掌；利诱面前"莫伸手，伸手必被捉"，任何人不要试图抱有一丝侥幸心理。国家安全不容破坏！

第五，时刻提高警惕，防止间谍利用金钱、供职等手段诱惑，谨防上当受骗。特别提醒的是，反奸防谍，人人有责。大学生对于间谍行为，应该及时主动向国家安全机关举报。国家兴亡，匹夫有责。反华势力亡我之心不死，他们在策划和实施着"以华人制华"的策略。为了保护国家安全，为了中国人在世界各地不再受到欺辱，为了我们人民的幸福生活和祖国的繁荣富强，我们要保持警惕，防范和远离间谍。

记住一段口诀：警惕间谍在身边，交友切记要防奸；利诱胁迫加欺骗，敌人常用须分辨；网上求职留心眼，切莫助敌做眼线；通话上网莫涉密，泄密就在一瞬间；涉密载体要管好，丢失泄密不得了；发现间谍早报告，举报电话要记牢（国家安全机关受理举报电话为12339）。

法律链接

以下摘录了与本章相关的法律法规，请读者仔细阅读。

《中华人民共和国宪法》

第五十四条 中华人民共和国公民有维护祖国的安全、荣誉和利益的义务，不得有危害祖国的安全、荣誉和利益的行为。

《中华人民共和国国家安全法》

第二条 国家安全是指国家政权、主权、统一和领土完整、人民福祉、经济社会可持续发展和国家其他重大利益相对处于没有危险和不受内外威胁的状态，以及保障持续安全状态的能力。

第三条 国家安全工作应当坚持总体国家安全观，以人民安全为宗旨，以政治安全为根本，以经济安全为基础，以军事、文化、社会安全为保障，以促进国际安全为依托，维护各领域国家安全，构建国家安全体系，走中国特色国家安全道路。

第十一条 中华人民共和国公民、一切国家机关和武装力量、各政党和各人民团体、企业事业组织和其他社会组织，都有维护国家安全的责任和义务。

第十四条 每年4月15日为全民国家安全教育日。

第十五条 第二款 国家防范、制止和依法惩治任何叛国、分裂国家、煽动叛乱、颠覆或者煽动颠覆人民民主专政政权的行为；防范、制止和依法惩治窃取、泄露国家秘密等危害国家安全的行为；防范、制止和依法惩治境外势力的渗透、破坏、颠覆、分裂活动。

第七十七条 公民和组织应当履行下列维护国家安全的义务：

（一）遵守宪法、法律法规关于国家安全的有关规定；
（二）及时报告危害国家安全活动的线索；
（三）如实提供所知悉的涉及危害国家安全活动的证据；
（四）为国家安全工作提供便利条件或者其他协助；
（五）向国家安全机关、公安机关和有关军事机关提供必要的支持和协助；
（六）保守所知悉的国家秘密；
（七）法律、行政法规规定的其他义务。

任何个人和组织不得有危害国家安全的行为，不得向危害国家安全的个人或者组织提供任何资助或者协助。

《中华人民共和国反间谍法》

第二十一条 公民和组织发现间谍行为，应当及时向国家安全机关报告；向公安机关等其他国家机关、组织报告的，相关国家机关、组织应当立即移送国家安全机关处理。

第二十七条 境外机构、组织、个人实施或者指使、资助他人实施，或者境内机构、组织、个人与境外机构、组织、个人相勾结实施间谍行为，构成犯罪的，依法追究刑事责任。

实施间谍行为，有自首或者立功表现的，可以从轻、减轻或者免除处罚；有重大立功表现的，给予奖励。

第二十八条　在境外受胁迫或者受诱骗参加敌对组织、间谍组织，从事危害中华人民共和国国家安全的活动，及时向中华人民共和国驻外机构如实说明情况，或者入境后直接或者通过所在单位及时向国家安全机关、公安机关如实说明情况，并有悔改表现的，可以不予追究。

第二十九条　明知他人有间谍犯罪行为，在国家安全机关向其调查有关情况、收集有关证据时，拒绝提供的，由其所在单位或者上级主管部门予以处分，或者由国家安全机关处十五日以下行政拘留；构成犯罪的，依法追究刑事责任。

《中华人民共和国刑法》

第一百一十条　有下列间谍行为之一，危害国家安全的，处十年以上有期徒刑或者无期徒刑；情节较轻的，处三年以上十年以下有期徒刑：

（一）参加间谍组织或者接受间谍组织及其代理人的任务的；

（二）为敌人指示轰击目标的。

第一百一十一条　为境外的机构、组织、人员窃取、刺探、收买、非法提供国家秘密或者情报的，处五年以上十年以下有期徒刑；情节特别严重的，处十年以上有期徒刑或者无期徒刑；情节较轻的，处五年以下有期徒刑、拘役、管制或者剥夺政治权利。

第一百一十三条　本章上述危害国家安全罪行中，除第一百零三条第二款、第一百零五条、第一百零七条、第一百零九条外，对国家和人民危害特别严重、情节特别恶劣的，可以判处死刑。

犯本章之罪的，可以并处没收财产。

二、反恐防暴

近年来，受国际形势的影响，伴随着国际局势和部分地区的不稳定因素，暴恐势力有所抬头，世界各地均出现了多起不同程度的暴恐事件。我国也未能幸免，例如，2013 年发生在新疆维吾尔自治区和 2019 年发生在中国香港的恐怖暴行。在已经发生的各类事件中，暴恐分子袭击民众对男女老幼手段凶残，令人发指。他们的血腥暴行，是对人类文明底线的严重挑战，是对基本人权的严重践踏，他们是各族人民的共同敌人。

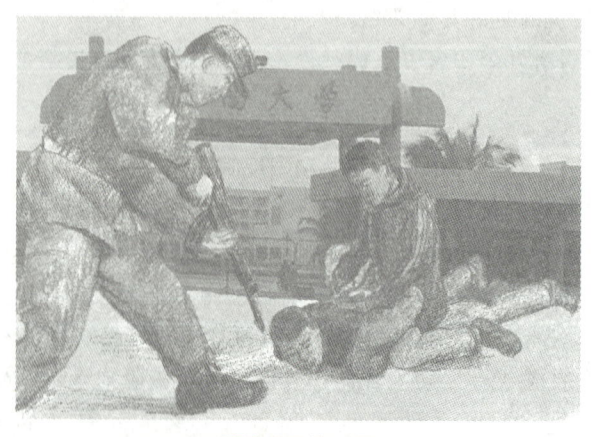

恐怖分子的下场

作为大学生，要清楚地认识到暴恐事件的严重社会危害性，提高自身的安全防范意识，保障自己的人身安全，确保校园安全稳定，为创造和谐稳定的校园环境尽自己力所能及的一份力。

警钟格言

立百福之基，只在一念慈祥；开万善之门，无如寸心挹损。

——（明）洪应明《菜根谭》

真正的坚忍是当一个人无论遇到什么灾祸或危险的时候，他都能够镇静自处，尽责不辍。

——（英）洛克

有生命，那里便有希望。

——（古罗马）泰伦提乌斯

愚蠢的人经常显示厚颜的暴力。

——（美）爱默生

暴力是盲目的野兽。

——（英）丁尼生

案例回放

案例一 一起发生在大学校园中的恐怖事件

2009年5月中旬，北方某"211工程"重点大学红湖的湖心亭，一名中年维吾尔族男子情绪激昂地发表演说。180多名听众聚集在这个相当于一个篮球场大的场所里，他们大多是来自该校的少数民族学生。按照演讲者事先公布的主题，这是一个"学术报告"，目的为"鼓励少数民族学生创业"。演讲持续了大约70分钟，用的是维吾尔语。演讲内容大都是针对敏感问题的煽动性语言。

发表演讲的人是艾某，1978年从阿克苏地区考进该大学物理系，毕业后曾任美国某公司高级工程师。他是境外"三股势力"（暴力恐怖势力、民族分裂势力、宗教极端势力）的主要领导骨干之一。1994年加入"东突青年民主联盟"美国分部，1996年直接策划并参与了美国"东突民族解放中心"的成立活动，并担任该组织执行委员，随后当选为某"东突"恐怖组织教科文部部长。主张境外"东突组织"走"联合之路"，并服从"美国维吾尔联盟"的统一领导，共同开展分裂活动。

2009年艾某回国，多次表示希望到一些大学做"学术交流"，多次被拒绝。曾经两次到甲大学，三次到乙大学。最后潜入某医药大学时，在监控录像中被发现后遭到驱逐。艾某秘密潜入北方某重点大学发表上述煽动性演讲一个多月后，2009年7月5日"乌鲁木齐7·5打砸抢烧严重暴力犯罪事件"发生。在暴力事件中，当晚约9时40分，有暴徒冲进该大学，打人、烧车，每当汽车被烧爆炸时，就有人高喊反动口号。而且，在"乌鲁木齐7·5打砸抢烧严重暴力犯罪事件"逮捕的犯罪嫌疑人中，警方确认也有部分人是学生。事实表明，"乌鲁木齐7·5打砸抢烧严重暴力犯罪事件"是一起由境外遥控指挥、煽动，境内具体组织实施，有预谋、有组织的暴力犯罪。政府及时调集警力处置，事态得到了有效控制。2009年10月至2010年1月乌鲁木齐市中级人民法院依法对包括冲击北方某大学在内的乌鲁木齐严重暴力犯罪事件中18起重大犯罪案件的40名被告人进行审理，并依据法律进行了判处。

（案例来源：腾讯网）

案例二 新疆暴恐分子洗脑女学生：用"来世"进行恐吓

"12·15新疆疏附暴力恐怖袭击案"罪犯米某是一名大学生，在和极端分子接触并接受了所谓的"教义"洗脑后，她决定加入团伙。米某说："看了（视频）以后，我本身就有一种厌学情绪，再加上看到的这些东西我就被迷惑了。他们说如果我们不搞'圣战'而死的话，来世会受到各种各样的折磨，在我的心里蒙上了恐怖的阴影，他们就用这些话来恐吓我。"米某参与了喀什地区疏附县2013年12月15日的暴恐案件，在那起案件中，两名警察殉职。

（案例来源：央视新闻客户端）

👁 点睛提示

"暴恐犯罪"是暴力恐怖主义犯罪的简称。"暴恐犯罪"具有下述特征：一是危害国家安全和公共安全；二是反社会性十分鲜明；三是具有高度的组织性。

近年来，我国部分地区发生的暴力恐怖案件表现形式呈现多样化，且均与宗教极端犯罪活动相关联，对国家安全、社会稳定、民族团结和人民群众生命财产安全造成了严重危害。例如，2013年10月28日中午时分，发生在天安门前金水桥边的暴恐事件，暴恐分子驾驶越野车，连续冲撞天安门广场前人行道上的行人，造成无辜群众3人死亡，39人受伤。2014年3月1日晚发生于云南昆明火车站的暴恐袭击事件，短短12分钟恐怖袭击，致31人死亡，141人受伤，其中40人系重伤。暴力恐怖主义犯罪漠视基本人权，践踏人类道义，手段残忍，危害极大，对这样的暴力恐怖主义犯罪活动绝不能手软，要坚决打击、严厉制裁。其中，大学校园也是暴恐势力选择的一个重要场合，大学生切不可掉以轻心。

本章所讲述的暴恐犯罪涉及许多人包括大学生的生命及财产安全，与每一个人息息相关。

从当前发生在我国的暴恐犯罪来看，虽然有些暴恐犯罪在形式上有所变化，但是暴恐犯罪活动仍然表现出以下基本特点。

（1）暴恐组织国际化。当前我国的暴恐组织具有明显的国际化特征，与境外联系密切。这表现在两个方面：一是暴恐犯罪分子越来越多地利用信息技术直接从国外获取从事极端暴恐犯罪活动的宣传品、教材，作为自身意识形态宣传和行动的资源；二是与境外暴恐组织或暴恐犯罪分子进行直接交流，得到境外组织或个人的资助或雇佣然后回到国内参加暴恐犯罪活动。

（2）暴恐组织政治性意图明显，恐怖主义犯罪目的或动机具有政治色彩。实际情况表明，几乎所有恐怖主义活动普遍具有政治诉求或政治倾向，无论这些政治色彩来自政治分歧、文化冲突还是来自民族纷争、宗教矛盾，他们以对抗政府为特征，往往通过持续实施暴恐犯罪，来表达他们的政治利益诉求。

（3）规模和频度显著增加，重复攻击同一地点且作案方式发生变化。从目前国内发生的暴恐案件来看，暴恐犯罪分子参与的人数增加，制造的人员伤亡、财产损失加重，活动地域的范围扩大，策动暴恐犯罪活动的时间间隔明显缩短，且常常对同一地点进行重复袭击。

（4）社会危害性严重。为了追求具有影响的暴恐效应，暴恐犯罪分子通常是不计后果的，除了给国家安全、社会稳定和公民的人身财产造成重大损失以外，他们还借助于现代媒体的传播速度和广度，将这些暴恐犯罪活动的情况传播出去，给广大人民群众造成巨大的心灵震撼和精神冲击。

⚠ 安全知识

面对暴徒，一般人都会选择四散逃生，很难组织起有效的抵抗和自救。此时就要根据自身的情况，冷静选择逃生方式，不要慌不择路，给暴徒以可乘之机。发生突发事件时不要好奇围观，发生暴力恐怖袭击时，要保持镇静，紧急判断自身位置和逃生方向，第一时间远离事发中心，不要随大规模人群前进，尽可能选择多条路径，并抛弃一切妨碍行动的随身物品，切忌贪恋财物，也不要逆着人流方向行动，防止被挤倒、踩踏，及时报警。无法找到安全的逃生通道时，尽量选择临近的店铺、宾馆、洗手间等狭窄封闭的空间躲避，利用手边可以作为武器的物品抵抗，边报警边等待救援。面对迫在眉睫的伤害应该就地寻找掩体，避免腹背受敌，利用手头的行李箱等物体保护易受伤的要害部位，尽可能拖延时间，以便提高生还概率。当恐怖分子迂回寻找目标施暴时，已经受伤者不要急于逃离，让自己成为被追杀的对象，可以就地躲藏或趴在地上不动。到达安全区后，及时检查是否受伤，就近寻求医护人员帮助或采取紧急自救措施，并积极向警方提供现场信息，协助警方控制局势，缉捕暴徒等。

以下是各类常见暴恐事件的应急处理措施。

（一）如何识别恐怖袭击嫌疑人

实施恐怖袭击的嫌疑人脸上不会贴标签，但是会有一些不同寻常的举止行为可以引起我们的警惕，例如神情恐慌、言行异常者；着装、携带物品与其身份明显不符，或者与季节不协调者；冒充熟人、假献殷勤者；在检查过程中，催促检查或态度蛮横、不愿意接受检查者；频繁进出大型活动场所的人员；反复在警戒区附近出现的人员；疑似公安部门通报的嫌疑人员。

（二）遇到炸弹袭击时的应对措施

爆炸物可能放置在重大活动场所、人员相对聚集的场所、交通工具等公共场所等，遇到爆炸的情况，要采取以下措施。

（1）卧倒。要俯卧，寻找掩体，上体和头部远离爆炸物，护住身体重要部位，观察有无二次爆炸及二次伤害的可能，切记不要惊慌乱跑，否则容易成为被袭击的目标。

（2）就近寻找灭火器灭火，火势较大无法灭火时，用矿泉水、饮料等润湿布块捂住口鼻。如果身上着火，那么不要奔跑，就地打滚或用厚重衣物压灭。

（3）如果发生大量人员慌乱撤离，那么尽量溜边靠墙，防止被挤倒后踩伤。人员拥挤时，若被挤倒，则应该设法让身体靠近墙根或其他支撑物，把身体蜷缩起来，双手紧扣置于颈后，保护身体的重要部位和器官。

（4）搬运伤员时应该注意使脊柱损伤患者保持平躺，以便防止移位而发生严重后果。

（三）遇到纵火袭击时的应对措施

（1）用湿毛巾、湿口罩或湿布块捂鼻，匍匐撤离。浓烟处，用湿毛巾、湿棉被、湿毯子等将头和身体裹好，再冲出去。

（2）如果身上着了火，那么应该尽快脱掉衣服或就地打滚，压灭火苗。

（3）如果在高层、多层公共建筑，又没有高空缓降器或救生绳，安全通道被堵，就应该迅速利用身边的绳索或床单、窗帘、衣服等自制简易救生绳，并用水浸湿，从窗台或阳台沿绳滑到下层或地面。

（4）如果门窗都无法逃出，就关紧迎火的门窗，打开背火的门窗，用湿毛巾、湿布塞堵门缝，或者用水浸湿棉被塞上门窗，然后用水淋透房间，固守房内等待救援。

（5）呼救时尽量在阳台、窗口等易于被人发现和避免烟火近身的地方。白天可以向窗外挥动鲜艳的衣物，或者抛出轻型晃眼的东西，晚上可以用手电筒、用手机灯光不停地在窗口闪动或敲击东西，引起救援者的注意。

提醒：处在陌生的环境时，例如入住酒店、商场购物、进入娱乐场所时，务必提前留意疏散通道、灭火设施和紧急出口及楼梯方位等，以便关键时刻能尽快逃离现场。忌惊慌失措，忌盲目呼喊，忌贪恋财物，忌乱开门窗，忌乘坐电梯，忌随意奔跑，忌轻易跳楼。

（四）遇到枪击时的应对措施

（1）快速掩蔽，降低身体姿势，利用一切可以利用的物体作为掩体，不要躲避在门后或衣橱内，不要随意站起走动，不要尝试与子弹赛跑。如果你恰好在警匪对战的中间地带，那么最好趴着别动直到枪战结束。

（2）快速撤离。判明情况后，快速撤离到较为安全的地方。

提醒：可以挡子弹的掩体包括墙体、立柱、大树干，汽车前部发动机及轮胎等；不能挡子弹的掩体包括木门、玻璃门、垃圾桶、灌木丛、花篮、柜台、场馆内座椅、汽车门和汽车尾部等，但能够提供隐蔽作用。

另外选择形状易于隐藏身体的掩体，例如立柱；不规则物体容易产生跳弹，掩蔽其后容易被跳弹伤及，例如假山、观赏石等。

（五）被劫持时的应对措施

（1）保持冷静，在没有反抗能力的情况下不要反抗，相信政府和警务人员。

（2）不对视，不对话，趴在地上，动作要缓慢。

（3）尽可能保留和隐藏自己的通信工具，及时把手机改为静音，适时用短信等方式向警方（全国统一短信报警号码12110）求救，短信主要内容包括自己所在的位置、人质人数、恐怖分子人数等。

（4）在警方发起突击的瞬间，尽可能趴在地上，在警方掩护下离开现场。

（六）在交通工具例如地铁、飞机上遭遇恐怖劫持时的应对措施

（1）公交车相对狭窄，空间密闭，在暴徒持械袭击瞬间，位于其背后和侧面的人员应该迅速反抗，可以用脚踹暴徒膝窝处，或者用手从后面抓头发向后、向下猛扯，或者肘击暴徒侧面太阳穴位置，其他人员应该协力控制暴徒的上肢，因为暴徒通常会携带爆炸物或汽油罐上车，谨防其之后采取自杀式纵火袭击。乘车人员下车疏散时，切忌向路中间逃窜，以免被过往车辆撞击

产生二次伤害。

（2）如果未确认已彻底安全，那么在地铁遭袭后不应该短时间再次搭乘，恐怖分子常常在短时间内针对同一目标进行二次袭击，以此加剧公众恐慌。

（3）如果在飞机上遭遇袭击，那么伺机寻找身边工具。把杂志和报纸塞进衣服里，尤其是前胸部，能阻挡袭击者锋利的刀锋。折成尖角的杂志封面，可以刺进袭击者的鼻孔、喉结或猛击袭击者的后脑，力度足够大时可以致其昏迷。装满饮料的瓶子、钢笔笔尖、钥匙、高跟鞋、安全带都可以作为防范或反抗袭击者的武器。座椅底下的救生衣可以偷偷拿出来，对付刀刺的效果不错。如果条件允许，那么还能用救生衣的带子在过道上设置路障，绊倒袭击者。

（4）恐怖分子往往有同伙，通常在开始袭击时不露面，混在乘客中。当第一批袭击者被制服后，他们往往会跳出来开枪。这时要尽快趴下，等他打完子弹后的瞬间出击，否则他可能有第二种武器或装新弹夹。

（5）如果有机会抢到枪，那么记住，最重要的不是开枪，而是瞄准。

法律链接

以下摘录了与本章相关的法律法规，请读者仔细阅读。

《中华人民共和国国家安全法》

第二十八条　国家反对一切形式的恐怖主义和极端主义，加强防范和处置恐怖主义的能力建设，依法开展情报、调查、防范、处置以及资金监管等工作，依法取缔恐怖活动组织和严厉惩治暴力恐怖活动。

《中华人民共和国反恐怖主义法》

第二条　国家反对一切形式的恐怖主义，依法取缔恐怖活动组织，对任何组织、策划、准备实施、实施恐怖活动，宣扬恐怖主义，煽动实施恐怖活动，组织、领导、参加恐怖活动组织，为恐怖活动提供帮助的，依法追究法律责任。

国家不向任何恐怖活动组织和人员作出妥协，不向任何恐怖活动人员提供庇护或者给予难民地位。

第三条　本法所称恐怖主义，是指通过暴力、破坏、恐吓等手段，制造社会恐慌、危害公共安全、侵犯人身财产，或者胁迫国家机关、国际组织，以实现其政治、意识形态等目的的主张和行为。

本法所称恐怖活动，是指恐怖主义性质的下列行为：

（一）组织、策划、准备实施、实施造成或者意图造成人员伤亡、重大财产损失、公共设施损坏、社会秩序混乱等严重社会危害的活动的；

（二）宣扬恐怖主义，煽动实施恐怖活动，或者非法持有宣扬恐怖主义的物品，强制他人在公共场所穿戴宣扬恐怖主义的服饰、标志的；

（三）组织、领导、参加恐怖活动组织的；

（四）为恐怖活动组织、恐怖活动人员、实施恐怖活动或者恐怖活动培训提供信息、资金、物资、劳务、技术、场所等支持、协助、便利的；

（五）其他恐怖活动。

本法所称恐怖活动组织，是指三人以上为实施恐怖活动而组成的犯罪组织。

本法所称恐怖活动人员，是指实施恐怖活动的人和恐怖活动组织的成员。

本法所称恐怖事件，是指正在发生或者已经发生的造成或者可能造成重大社会危害的恐怖活动。

第四条　第二款　国家反对一切形式的以歪曲宗教教义或者其他方法煽动仇恨、煽动歧视、鼓吹暴力等极端主义，消除恐怖主义的思想基础。

第六条　第二款　在反恐怖主义工作中，应当尊重公民的宗教信仰自由和民族风俗习惯，禁止任何基于地域、民族、宗教等理由的歧视性做法。

第十七条　第二款　教育、人力资源行政主管部门和学校、有关职业培训机构应当将恐怖活动预防、应急知识纳入教育、教学、培训的内容。

第七十九条　组织、策划、准备实施、实施恐怖活动，宣扬恐怖主义，煽动实施恐怖活动，非法持有宣扬恐怖主义的物品，强制他人在公共场所穿戴宣扬恐怖主义的服饰、标志，组织、领导、参加恐怖活动组织，为恐怖活动组织、恐怖活动人员、实施恐怖活动或者恐怖活动培训提供帮助的，依法追究刑事责任。

《中华人民共和国刑法》

第一百二十条　组织、领导恐怖活动组织的，处十年以上有期徒刑或者无期徒刑，并处没收财产；积极参加的，处三年以上十年以下有期徒刑，并处罚金；其他参加的，处三年以下有期徒刑、拘役、管制或者剥夺政治权利，可以并处罚金。

犯前款罪并实施杀人、爆炸、绑架等犯罪的，依照数罪并罚的规定处罚。

与您共勉

有国才有家，有家才有我，国家安全，你我都是受益者，国家利益高于一切，祖国永远在我们心中。

思考思考

1. 大学生应该如何警惕可能发生在身边的"暗战"？
2. 当发生暴力恐怖事件时应该怎样应对？

Chapter 2 第 2 章

拒绝暴力　防止伤害

剪除暴力侵害

发生在大学校园中的暴力事件,不仅给受伤的学生造成无法弥补的身心伤害,也严重影响了其他在校学生的学习和生活,关系到众多家庭的幸福和社会稳定,成为全社会关注的问题。李克强总理对校园暴力频发曾批示指出：校园应该是最阳光、最安全的地方。校园暴力频发,不仅伤害未成年人身心健康,也冲击社会道德底线。教育部要会同相关方面多措并举,特别是要完善法律法规、加强对学生的法制教育,坚决遏制漠视人的尊严与生命的行为。[1]

本章通过案例评述,针对大学生中发生凶杀斗殴事故的表现和原因,侧重对发生凶杀斗殴的危害、预防及防止凶杀斗殴的安全知识和法律常识进行系统的分析与介绍,目的是使大学生不断增强安全防范意识,掌握安全防范技能,自觉遵纪守法,妥善并机智处理相关问题,不断提高自救、自我保护和预防伤害的能力,有效避免凶杀、斗殴事件的发生。

---

[1] 2016 年 6 月,李克强总理对校园暴力频发作出重要批示。

警钟格言

校园应该是最阳光、最安全的地方。

——李克强

愤怒以愚蠢开始，以后悔告终。

——（古希腊）毕达哥拉斯

每一次的克制自己，就意味着比以前更加强大。

——（苏联）高尔基

当你凝视深渊时，深渊也在凝视你。

——（德）尼采

对于人类冲突，人们必须进化出一种停止仇恨、暴力、复仇的方法，而其基础，就是爱。

——（美）马丁·路德·金

使欲望得到升华，才能制止欲望的泛滥。

——（德）尼采

案例回放

案例一　大学生遭社会流氓殴打致死

2019年5月19日凌晨2点多，贵阳市某职业技术学院机电分院学生罗某、李某、敖某等8名同学（6位男生、2位女生）在某市的一座酒吧喝酒结束后，走出酒吧在街口处被另一群人（10余人）拦住去路，对方声称要把2名女生留下来陪他们喝酒，罗某等为保护2名女生与对方理论。在这个过程中，罗某被对方用钝器击中头部，后期手术中取出脑盖骨一块，脑干细胞受损严重，经过医院抢救无效死亡。犯罪嫌疑人最后被依法追究刑事责任。

（案例来源：贵州省教育厅安稳处）

案例二　口角斗殴重伤致死获刑11年

2010年9月，贵阳市某高校大二学生，张某、何某深夜在该大学周边酒吧喝酒，与邻桌另一所高校的大学生李某发生口角。在打斗过程中，张某持利刃刺中李某左大腿大动脉，使李某失血过多，当场死亡。经过周边群众报警，公安人员到达现场后，张某、何某已经逃离现场，经过公安机关排查走访，在某村一间出租屋内将张某、何某抓获。后来张某被判处有期徒刑11年。

（案例来源：贵阳市某高校保卫处）

案例三　群殴受治安处罚

2016年5月，贵阳市某高校王某、李某、何某等人在校园旁一个酒吧喝酒，在与邻桌同学认老乡时话不投机，发生肢体冲突。在冲突过程中学生周某用啤酒瓶打砸，使王某、李某多处受伤。很快公安人员赶到现场控制了群殴局面，该派出所对肇事者周某给予了拘留治安处罚。

（案例来源：贵阳市某高校保卫处）

案例四　因为琐事不满研究生林某投毒杀人

林某与黄某均为上海某大学医学院 2010 级硕士研究生，同住该大学某宿舍楼 421 室。林某因为一些琐事对黄某不满，逐渐对黄某怀恨在心，想用投毒方法加害黄某。2013 年 3 月 29 日，林某在宿舍听黄某和其他同学调侃说愚人节快要到了，想做节目整人。林某想起其他学校用毒整人的事件，便计划投毒"整"黄某。2013 年 3 月 31 日下午，林某以取物为名，进入实验室，取出他于 2011 年参与动物实验时剩余的装有剧毒化学品二甲基亚硝胺的试剂瓶随身带离。当日 17 时 50 分，林某将前述物品带至宿舍，将二甲基亚硝胺投入饮水机内。4 月 1 日上午，黄某从饮水机中接取并喝下已经被投入二甲基亚硝胺的饮用水。之后，黄某发生呕吐，于当日中午至中山医院就诊。次日下午，黄某再次至中山医院就诊，被发现肝功能受损严重。在黄某就医期间，林某还故意隐瞒黄某的病因。4 月 11 日，林某在两次接受公安人员询问时均未供述投毒事实，直至次日凌晨经过公安机关刑事传唤到案后，才如实供述上述投毒事实。4 月 16 日，黄某经过抢救无效死亡，经过诊断林某无精神异常。2014 年 2 月 18 日，林某投毒案在上海市第二中级人民法院一审判决，被告人林某犯故意杀人罪被判处死刑，剥夺政治权利终身。2015 年 12 月 11 日被执行死刑。

临刑前林某接受中央电视台采访时说："那天的事情，其实有很多机会可以阻止它发生。在黄某长达 16 天的医院抢救过程中，我完全有机会将真相说出来。如果说出来，那么也许黄某的性命还可以保住，我的命运也可能改变，而我当时却没有那样做。那是因为我的层次不够，精神境界不够，觉悟还没到，缺乏对生命的敬畏。"

（案例来源：搜狐新闻、百度百科）

案例五　大学生药某故意杀人案

2010 年 10 月 20 日 22 时 30 分，西安市某学院学生药某驾驶小轿车从西安市某大学校区送完女朋友返回市区途中，将前方在非机动车道上骑电动车同方向行驶的被害人张某撞倒。药某恐怕张某记住车牌号找其麻烦，即持尖刀在张某胸部、腹部、背部等处捅刺数刀，将张某杀死。10 月 22 日，公安机关找其询问被害人张某被害案是否系其所为，药某矢口否认。10 月 23 日，药某在其父母陪同下到公安机关投案自首。2011 年 4 月 22 日，西安市中级人民法院对被告人药某故意杀人案作出一审判决，以故意杀人罪判处药某死刑，剥夺政治权利终身，并处赔偿被害人家属经济损失约 4.5 万元。经过最高人民法院核准，药某于 2011 年 6 月 7 日在陕西省西安市被依法执行死刑。

（案例来源：搜狐新闻网）

点睛提示

本章所讲述的校园安全问题，包括凶杀、斗殴和投毒等各类暴力型人身伤害。有研究统计数据表明，2008—2017 年十年间，大学校园发生暴力恐怖事件共 48 起[1]。据另一份对某市高校

---

[1] 张敏：《高校校园暴力恐怖事件特征及防控对策》，载于《中国学校卫生》2018 年第 11 期。

200 名学生就校园暴力的抽样调查显示，4%的学生认为校园暴力普遍存在，49%的学生认为存在少数校园暴力，29%的学生承认自己或朋友曾经遭受校园暴力侵害[①]。

首先，这类伤害对大学生的生命、健康和自由危害极大，往往导致死亡或残废，大多构成犯罪或严重犯罪。不但给受害的大学生及其家人带来无法弥补的巨大痛苦和损失，而且对作案的大学生来说，如果构成刑事犯罪，那么也葬送了自己的前程，同样给自己和家人带来巨大的灾难和伤害。

其次，凶杀、斗殴等暴力伤害行为完全与大学中的现代文明背道而驰。它破坏了大学生成才的优良环境，损害了大学生的良好形象，败坏了大学"神圣殿堂"的声誉。

产生于大学校园中的凶杀、斗殴和投毒等暴力人身伤害，常见的原因主要有以下几种。

（一）恋爱情斗

大学生的恋爱受多种因素的制约，在追求爱情的过程中遇到各种波折在所难免，心理挫折对大学生的心理承受能力就是一种考验。恋爱不成有时会使人产生心理变异，因爱生恨，从而导致暴力伤人；或者因为心理负担过重，产生病态心理，导致自杀，最终酿成悲剧。

我们考虑问题要有"利他"意识，处理问题时最好能做到换位思考。已往的案例中的周某发现女友与其前男友有联系时，两人只是一味地争吵，最后导致周某一时情绪失控采取极端的方式而酿成悲剧。如果当时两人能静下心来好好把事情说清楚，能站在对方的角度考虑问题，那么或许事情又是另外一种截然不同的结果。同时，从周某冲动的行为可以看出，其自控能力不强，法律素养有待提高，遇到问题缺乏理性的分析解决能力，更没能从法律的角度来控制、约束自己，为此付出了惨痛代价。

恋爱观应该是理想、道德、事业和爱情的有机结合。大学生要正确对待恋爱过程，当恋爱受挫后，用理智来驾驭感情，在新的追求中确认和实现自己的价值，从而提高自己的心理承受能力和思想水平。通过适当的情绪调节、宣泄和转移，来减轻痛苦。

（二）酗酒闹事

过量的酒精刺激可以使人的中枢神经系统活动失调，使大脑皮层对皮下中枢的抑制作用减弱或解除，兴奋性加强，因此有的人在酒醉状态下会缺乏自制力，变得极度放肆、粗暴，不能控制自己，很容易发生人身伤害等违法犯罪行为。在过去的案例中，安某酗酒后，因为看不惯女学生抽烟，而上前制止。醉酒后的安某因为情绪控制能力变差，不能有效地控制自己的言行。行为过激，而惹出是非。在酒精的刺激下变得粗暴好斗，最终引来社会上的不良青年骚扰校园进行斗殴报复。因为缺乏冷静思考，未通过学校保卫科解决此事而擅自与其斗殴闹事，使本来可以心平气和解决的事情变得失控，破坏了校园原有的安全秩序。酒后闹事，害人害己。

诗人艾青在诗歌《酒》中写道：

她是可爱的

具有火的性格

水的外形

……她会使你

忘掉痛苦

---

① 赵珊，熊英：《大学校园暴力行为分析与防控》，载于《高校辅导员学刊》2011 年第 2 期。

……你可要当心
在你高兴的时候
她会偷走你的理性
不要以为她是水
能扑灭你的烦忧
她是倒在火上的油
会使聪明的更聪明
会使愚蠢的更愚蠢

（三）报复与泄愤

报复心理是一种属于情感范畴的狭隘心理，是在人际交往过程中，以攻击方法发泄那些曾经给自己带来挫折的人的一种不满的、怨恨的方式。它极具攻击性和情绪性，报复心理和报复行为常发生在心胸狭窄、个性品质不良者遭到挫折的时候。

案例四中林某的投毒动机是因为琐事对同学黄某不满，产生报复心理。在这类案件中，往往都是因为觉得自己受了欺负或者吃了亏，因此怀恨在心伺机报复，导致伤害案件发生。进入大学后，在大学看似宽松实则竞争激烈的教育环境中，在社会转型期的各种变迁进一步冲击下，致使有些同学对新环境不能适应，人格发生扭曲，心理失衡。我们要加强完善自己的人文、审美、道德、人际交往和法律与心理教育，否则容易产生"智力极高而社会化程度极低"的情况，甚至走向犯罪。大学生要消除和克服报复心理，一是要学会自我克制，二是要加强自我修养，三是要加强对性格的陶冶和改造。

据社会心理学家研究表明，报复心理的产生不仅与个性特点有关，而且与挫折的归因和环境有关，报复常常以隐蔽的形式进行。这种心理给报复者的人际交往带来了非常大的阻力和压力。要想改变这种心理，就需要提高报复者自身的自制力，要反思报复结果的危害性，学会宽容。有句话说得好："宰相肚里能撑船"，要有宽阔的胸襟。

（四）意气用事

意气用事酿成的悲剧之所以发生，首先是家庭教育的缺失。同学们处于青春发育期，思想还不成熟，很多父母没有给予积极的引导，任其放纵发展。其次是受社会不良现象的影响。案例中反映的这类意气用事的暴力伤害，一是发生在大学校园内的大学生之间；二是发生在校园周边的公共场所，例如餐厅、歌舞厅、网吧、酒吧、录像厅等中的大学生与社会人员之间；三是个别外来人员在校园内寻衅滋事。但归根结底都是因为一点小事，缺乏冷静和理智，最终导致重大伤害事件的发生。

学生发生打架斗殴往往源于生活琐事，每个人在人际交往过程中都会遇到一些冲突，但处理的方式不同其结果也就不一样。退一步则海阔天空，进一步就可能走进犯罪深渊，必须让理智控制一时的感情冲动。克制与冷静是制止冲突和化解矛盾的好方法。孔子在《论语》中说："小不忍，则乱大谋"。大学生要学会爱，爱这个世界，爱每个生命。我们希望大学教育培养出来的是积极向上的人，是对社会充满责任感的人，而非对这个社会冷眼旁观者、漠视者。

频频发生于大学校园中的暴力伤害，包括上述林某投毒案、药某车祸杀人案和2004年云南某大学马某某杀害4名同学案、2016年四川某大学滕某杀人案等，说明对大学生进行生命教育很重要。我们应该"热爱生命，敬畏生命"，既珍惜自己的生命，也尊重他人的生命。自己不伤害他人,也要学会保护自己不被他人伤害。相当一段时期以来,一些大学生缺乏受"热爱生命,敬畏生命"的熏陶,敬畏生命的意识较为淡薄,遇到挫折时,走极端的学生越来越多,动辄采取暴力方式处理同学之间很细微的矛盾,不利于和谐社会的构建。

此外,还要做好防范校园以外不法分子对学生的伤害,例如案例一社会青年对罗某的杀害。加强学校的保卫工作,规范学生纪律和行为自律。

⚠ 安 全 知 识

(一)积极预防大学生中的人身伤害

在高校发生的治安、刑事案件中,凶杀等人身伤害案件时有发生。在高校发生的凶杀等伤害案件大致有两种:一种是学生与校外人员之间的伤害;另一种是学生与学生之间的伤害。

下面着重说明大学生应该如何做好预防,确保人身安全。在大学生中,防止人身受到凶杀等伤害主要应该注意以下几点。

(1)提高防范意识,增强自我保护能力。尽量少去或不去治安环境复杂的场所,远离那些寻衅滋事的人员,不感情用事,避免与其发生矛盾纠纷。

(2)互相关心,互相照顾,相互谅解,求同存异。大学生在学校中,大家来自五湖四海,在生活、处事方式上肯定有所差别。在一起生活,要互相尊重,宽以待人。不为小事和他人发生纠纷,避免受到进一步的伤害。

(3)严格遵守学校的规章制度。学校制定的规章制度是大家都要遵守的准则。只要大家自觉去遵守,生活中便会出现许多共同点,不致侵害他人利益,减少许多纠纷出现的可能。

(4)避免社会不良风气的侵蚀,预防黄、赌、毒的侵害。克服"老乡观念"和"哥们义气",不参与打架斗殴。黄、赌、毒不仅影响了大学生的正常学习和生活,也使天之骄子的心灵和精神受到严重污染与伤害。大学生要洁身自爱,参加健康向上的活动,避免因此对自己、对他人、对家庭、对社会造成严重危害。

(5)遵守社会主义精神文明,学会用文明幽默的语言化解纠纷。俗话说:"祸从口出",说话不当可能会引来祸端,大学生中的许多纠纷都是由口角引起的,而口角的发生大多与恶语伤人有关。要学会礼貌待人,要大度。这样,纠纷就会自然化解。

(6)及时化解矛盾,切忌深究,导致激化矛盾。一个班,特别是一个宿舍的同学在一起生活几年,难免会产生矛盾,有些伤害人感情的语言和行为容易造成积怨。要注意及时化解,避免因为矛盾激化而采取极端行为。

(二)防止因为纠纷而引发斗殴

打架斗殴是人们在现实生活中超出理智约束的一种激烈的对抗性、互相侵害的行为,这种行为一般发生在青少年身上。大学生正是血气方刚的时候,生活中有时会不理智地处理同学之间的矛盾,或者遇到突发性纠纷时无视危险的警示,最后步入歧途。

在大学生中,防止斗殴造成人身伤害要做到以下四点。

1. 平息萌芽状态的校园斗殴

校园内同学之间交往频繁,由于性格不合、见解不一和利益冲突等原因,常常会引发各种各样的矛盾和纠纷,从而导致打架斗殴现象的发生。打架斗殴是校园内的一大公害,成为在校大学生违法违纪行为的主要表现之一。所以大学生应该尽力避免发生纠纷，防止一失足成千古恨。当你感到可能发生纠纷的时候，希望你尽力做到：

（1）冷静克制，切莫莽撞

无论争执由哪一方面引起，都要持冷静态度，尽量避免情绪激动、莽撞行事，这就要求我们要大度，虚怀若谷。有一副颂扬大肚弥勒佛的对联："大肚能容，容天下难容之事；开口便笑，笑世间可笑之人"。就是说人们要有海纳百川、有容乃大的胸怀。对于那些可能发生摩擦的小事，宽容面对，一笑了之。如果能够做到这一点，就能"猝然临之而不惊，无故加之而不怒"，一切纠纷都会化为乌有。

（2）诚实谦虚，宽容他人

在与同学及其他人相处的过程中，诚实、谦虚是加强团结、增进友谊的基础，也是消除纠纷的灵丹妙药。诚实、谦虚并不是懦弱、妥协。在发生纠纷时，要认真听取他人的意见，宽以待人，处理好相互之间的争执。培根说过："经得起各种诱惑和烦恼的考验，才算达到了最完美的心灵健康。"

（3）措辞文雅，互相尊重

实践证明，大学生中的纠纷多数由口角引起，而口角的发生都是恶语伤人的必然结果。俗话说："病从口入，祸从口出""话不投机半句多"，深刻揭示了语言与纠纷的辩证关系。一是说话要和气，以理服人，不恶语伤人；二是说话要文雅，不说粗话、脏话；三是说话要谦虚，尊重对方，不盛气凌人。

良好的人际关系能够淡化矛盾、减少隐患、消除不稳定因素，是最好的自我保护工具。在现实生活中，大多数案件都是由于人与人之间关系处理不当引起的。如果人们在相互交往的过程中都能够做到待人以礼、以诚、以信，那么往往能够化干戈为玉帛。

防止发生纠纷的原则是：恪守本分、互谅互让、求同存异、相互理解。

2. 防止几类常见斗殴的发生

（1）防止突发性斗殴

突发性斗殴往往是由偶然起因不能冷静对待而引起的。针对不同的对象，认真说服讲清道理，指出"行少顷之怒，丧终身之躯"的严重后果，使其冲动的头脑迅速冷静下来，不自酿苦酒。

（2）防止报复性斗殴

报复性斗殴往往产生于某种奇特的变态心理。大学生一般来说自尊心都比较强，要注意关心同学的思想变化，发现问题及时而又有针对性地进行委婉相劝，攻心为上，用一种相似的人或事来善意暗示对方。正如周恩来所说："与人说理，须使人心中点头。"让对方自己觉悟，从而领悟到同学之间的情谊，避免事端。

（3）防止演变性斗殴

生活在一起的同学，不可避免地会在思想上和生活上出现一些摩擦与冲突。演变性斗殴一般有较长时期的滋长过程，都是因为伤人感情的话语长期积怨，引发斗殴，甚至危害到生命。

（4）防止群体性斗殴

为了帮同学、老乡或朋友而进行群体性斗殴的现象时有发生。教育学家认为，一句话能改变别人的行动。大学生应该从纷繁复杂的生活现象中分辨是非，判断正误。

法律链接

以下摘录了与本章相关的法律法规，请读者仔细阅读。

《中华人民共和国刑法》

第二十条　为了使国家、公共利益、本人或者他人的人身、财产和其他权利免受正在进行的不法侵害，而采取的制止不法侵害的行为，对不法侵害人造成损害的，属于正当防卫，不负刑事责任。

第二百三十二条　故意杀人的，处死刑、无期徒刑或者十年以上有期徒刑；情节较轻的，处三年以上十年以下有期徒刑。

第二百三十三条　过失致人死亡的，处三年以上七年以下有期徒刑；情节较轻的，处三年以下有期徒刑。本法另有规定的，依照规定。

第二百三十四条　故意伤害他人身体的，处三年以下有期徒刑、拘役或者管制。

犯前款罪，致人重伤的，处三年以上十年以下有期徒刑；致人死亡或者以特别残忍手段致人重伤造成严重残疾的，处十年以上有期徒刑、无期徒刑或者死刑。本法另有规定的，依照规定。

第二百三十五条　过失伤害他人致人重伤的，处三年以下有期徒刑或者拘役。本法另有规定的，依照规定。

第二百九十三条　有下列寻衅滋事行为之一，破坏社会秩序的，处五年以下有期徒刑、拘役或者管制：

（一）随意殴打他人，情节恶劣的；

（二）追逐、拦截、辱骂他人，情节恶劣的；

（三）强拿硬要或者任意损毁、占用公私财物，情节严重的；

（四）在公共场所起哄闹事，造成公共场所秩序严重混乱的。

《中华人民共和国治安管理处罚法》

第二十六条　有下列行为之一的，处五日以上十日以下拘留，可以并处五百元以下罚款；情节较重的，处十日以上十五日以下拘留，可以并处一千元以下罚款：

（一）结伙斗殴的；

第四十三条　殴打他人的，或者故意伤害他人身体的，处五日以上十日以下拘留，并处二百元以上五百元以下罚款；情节较轻的，处五日以下拘留或者五百元以下罚款。

有下列情形之一的，处十日以上十五日以下拘留，并处五百元以上一千元以下罚款：

（一）结伙殴打、伤害他人的；

（二）殴打、伤害残疾人、孕妇、不满十四周岁的人或者六十周岁以上的人的；

（三）多次殴打、伤害他人或者一次殴打、伤害多人的。

《普通高等学校校园秩序管理若干规定》（教育部）

第十四条　禁止师生员工赌博、酗酒、打架斗殴以及其他干扰学校的教学、科研和生活秩序的行为。

第十八条　对违反本规定，经过劝告、制止仍不改正的师生员工，学校可视其情节给予行政处分或者纪律处分；属于违反治安管理行为的，由公安机关依法处理；情节严重构成犯罪的，由司法机关处理。

《普通高等学校学生管理规定》（教育部）

第四十二条　第二款　学生不得有酗酒、打架斗殴、赌博、吸毒，传播、复制、贩卖非法书刊和音像制品等违反治安管理规定的行为；不得参与非法传销和进行邪教、封建迷信活动；不得从事或者参与有损大学生形象、有损社会公德的活动。

《学生伤害事故处理办法》（教育部）

第十四条　因学校教师或者其他工作人员与其职务无关的个人行为，或者因学生、教师及其他个人故意实施的违法犯罪行为，造成学生人身损害的，由致害人依法承担相应的责任。

第二十三条　对发生学生伤害事故负有责任的组织或者个人，应当按照法律法规的有关规定，承担相应的损害赔偿责任。

《贵州省学校学生人身伤害事故预防与处理条例》

（2014年9月29日贵州省第十二届人民代表大会常务委员会　第十一次会议通过）

第十八条　学生应当遵守法律法规、学校的规章制度和纪律，服从学校的教育和管理，学习安全知识，增强自我保护意识，不得参加赌博、吸毒、酗酒、威胁勒索、打架斗殴等可能危及自身或者他人人身安全的活动。

与您共勉

斗殴迎来枷锁（插图：欧阳秋）

孔子说：己所不欲，勿施于人。
曾子说：吾日三省吾身，为人谋而不忠乎，与朋友交而不信乎，传不习乎？
雨果说：当一个人的心中充满了黑暗，罪恶便在那里滋长起来。

思考思考

1. 在与他人交往的过程中，你该怎样处理与他人的关系？
2. 大学生应该如何保护自己免受凶杀与斗殴的侵害？
3. 结合身边的事例，谈谈你对高尔基名言"每一次的克制自己，就意味着比以前更加强大"的体会。

Chapter 3
第 3 章

校园盗抢　预防优先

抢劫绝无好下场

　　大学校园给人的印象是神圣、文明与和谐,但是校园也并非世外桃源。因为大学的生活、学习环境相对自由,与社会的沟通更加开放,所以校园周围甚至校园内部偶尔会有不和谐因素产生。俗话说:"害人之心不可有,防人之心不可无。"大学生在享受宁静校园生活的同时,也要加强自我保护意识,学习防盗防抢知识,居安思危,谨防盗抢。

　　本章从发生在我们身边的案例说起,希望大学生可以从这些真实的案例中吸取经验教训,有所收获,顺利、安全地度过美好的校园时光。

警钟格言

　　患生于所忽,祸起于细微。

——(汉)刘向《说苑·说丛》

　　先其未然谓之防,发而止之谓之救,行而责之谓之戒,防为上,救次之,戒为下。

——(汉)荀悦《申鉴·杂言》

　　守法和有良心的人,即使有迫切的需要也不会偷窃,可是,即使把百万金元给了盗贼,也没法指望他从此不偷不盗。

——(俄)克雷洛夫

> 医治罪恶的正确方法是和它进行斗争。
>
> ——（印度）泰戈尔
>
> 明者远见于未萌，而智者避危于无形。
>
> ——（汉）司马相如《上书谏猎》

一、防抢劫

案例回放

案例一　罪犯狡诈连续作案　冒充保安抢劫

2007年11月，贵州省某高校附近山上连续发生3起抢劫案，有关部门根据受害人的描述画出了犯罪嫌疑人的模拟画像。2008年2月27日晚，该校保卫处接到群众电话，称有一个与模拟画像十分相似的人在曾经发生抢劫的山上出现，值班人员立即出动将其抓获。经过公安部门进一步侦查，一举破获了2007年的"11·13"抢劫案、"11·27"强奸抢劫案、"12·12"抢劫案等系列案件。该犯罪嫌疑人的作案手段是：白天跑"摩的"，晚上带上作案用的假证件等，到山上以单身妇女或谈情说爱的男女为目标伺机抢劫，看准作案对象后，犯罪嫌疑人就自称是某大学保卫处的工作人员，要将男女分开盘查，让男性离开后找机会向女性实施犯罪。从2007年11月13日接到第一次报案开始，该校保卫处就和公安机关采取各种手段，对此案进行侦破。在"11·27"强奸抢劫案中，受害人帮助侦破人员画出了犯罪嫌疑人的画像，在走访调查的过程中，也发动周围的群众辨认、记住画像，提醒广大群众发现可疑情况和可疑人员及时向公安机关报告，终于使该犯罪嫌疑人在2008年2月27日落入法网。

（案例来源：贵州省某高校保卫处）

案例二　抢手机强暴女生连捅160多刀

王某是武汉市江夏区一所高校的在读学生，因为家庭经济困难，买不起手机，听同学说，自习室可能有人落下手机。王某便在同学的建议下，去隔壁学校的自习室"捡手机"。

2013年6月12日，正好是端午节，王某再次来到隔壁学校的自习室。为了被抓住时逃跑的需要，王某拎着一个装着剪刀和雨伞的袋子。来到教学楼后，他发现一名女生戴着耳机，独自在一间自习室里学习，他假装学校工作人员去其他教室说，今天端午节提前关门，把人清走，然后来到这个女生所在的教室，把门窗反锁，抢走了手机，还强奸了该女生。害怕女生报警，王某拿出剪刀，在女生身上连续捅了160多下。警方根据监控最终将其抓获。2016年1月16日，王某被武汉市中级人民法院执行了死刑。

据了解，当时王某原准备在另一间教室对另一个独处的女生下手，但那个女生看到他拉窗帘后，就立刻收拾书包离开了。此事，提醒广大学生，防人之心不可无，尽量不要独处。

（案例来源：搜狐网）

案例三 四川省一名女大学生搭"黑摩的"回校被抢劫猥亵

2014年6月20日，在四川省成都市某县读大学的张璐（化名）从成都城区搭乘地铁回学校，下午3时左右，她从地铁站下车。张璐原本想搭正规出租车回学校，但在路口站了半天都没看到一辆空车，无奈之下，她坐上了冯某的"黑摩的"。然而，没走出多远，张璐就觉得有点"不对劲"，冯某走的是一条小道，而且越走越偏僻。但冯某说，他走的是一条近道，也可以到学校，张璐并没有多疑。冯某将张璐载到途中一处偏僻的荒地后，露出了狰狞的面孔，拔出匕首威胁张璐，抢走其挎包内的800多元现金，后采用捆绑、持刀威胁的方式迫使张璐用手机联系其母亲，并以张璐的人身安全为由要挟对方汇款。张璐的母亲被迫将5000元作为赎金汇入冯某指定的银行账户，冯某获款后迅速逃离现场。

事发两天后，冯某又将罪恶之手伸向了另一名回校的女大学生。6月22日，冯某载女大学生王倩（化名），同样来到上次作案那处荒地，用持刀威胁的方式，抢走王倩身上的900多元现金及一部价值千元的三星手机，并强迫王倩电话联系家人汇钱，等钱汇入王倩的银行卡后，冯某又挟持王倩从银行卡取出2800元，并对王倩实施亲吻等猥亵行为。

案发后，2014年6月24日下午，民警在作案所在镇的网吧内将冯某抓获。冯某供述了犯罪事实。县法院经过审理认为，冯某以非法占有为目的，采取暴力、胁迫手段，强行劫取他人财物，其行为已经构成抢劫罪；以勒索财物为目的绑架他人，其行为已经构成绑架罪；以胁迫方式强行对妇女实施淫秽下流行为，其行为已经构成强制猥亵妇女罪。冯某犯抢劫罪、绑架罪、强制猥亵妇女罪，数罪并罚，决定合并执行有期徒刑十二年六个月，并处罚金一万元。办案法官提醒，女大学生切勿坐"黑车"，最好结伴出行。

（案例来源：凤凰网）

点睛提示

抢劫是指以非法占有为目的，以暴力胁迫或其他方法将公私财物据为己有的一种犯罪行为。抢夺则是指以非法占有为目的，乘人不备，公然夺取他人的财物的一种犯罪行为。这两类犯罪行为都会侵害他人的人身权利，且容易转化为凶杀、伤害、强奸等恶性案件，比盗窃犯罪更具有社会危害性。

案例中的受害人是无辜的，但是以上悲剧发生在她们身上也并不是纯粹的偶然事件。试想：一个单身女性走在灯火辉煌的闹市中心和走在伸手不见五指的荒野山林，她在哪种情况下更容易成为犯罪分子的作案对象呢？答案当然是后者！一些不法分子往往利用某些人特殊的身份、心态寻找实施犯罪的机会。大学生要谨记：害人之心不可有，防人之心不可无。避免让自己成为受害人，也是预防犯罪的一种途径。我们应该总结相关的安全知识，不给犯罪分子可乘之机，避免悲剧的发生。

安全知识

（一）高校校园内的抢夺、抢劫案件的特点

（1）发案时间：一是学生午休或夜深人静之时；二是新生刚入学报到的一段时间内。

（2）发案地点：校园内绝大多数抢夺、抢劫案件多发生在校内比较偏僻、阴暗、人少的地带。例如学校后花园的树林中、小山上，偏僻、人少、黑暗的小道上，正在兴建的建筑物内等。

（3）抢劫对象：一是携带贵重财物、单身行走的；二是晚归时无伴或少伴的；三是谈恋爱滞留于偏僻、无人地带的。

（二）大学生遭遇抢劫应该如何处理

大学生若遭遇抢劫，则应该针对不同的情况采取不同的对策。

（1）沉着冷静不恐慌。无论何时遭遇抢劫，首先要保持镇定，克服畏惧、恐慌情绪。其次要有正义必然战胜邪恶的信念。只有这样，才能从精神和心理上震慑对方，继而以灵活的方式战胜对手。

（2）力量悬殊不蛮干。犯罪分子实施抢劫作案时，一般都做了相应的准备，要么人多势众，要么以凶器相逼，有的同学由于性情刚烈，往往冲动行事，所以容易被犯罪分子所伤害。在遭遇持械抢劫时，尽量不要抵抗，避免人身受到伤害。

（3）快速撤离不犹豫。古话说："三十六计走为上"，当遇到抢劫时，对比双方力量，感到无法抗衡时，可以看准时机向有灯光或人员集中的地方快速奔跑。犯罪分子由于心虚，所以一般不会穷追不舍，从而可以有效地避免抢劫案的发生。

（4）巧妙周旋不畏缩。当自己已经处于犯罪分子的控制之下无法反抗时，可以先交出部分财物缓和气氛，再理直气壮地向作案人进行法制宣传教育或晓以利害，造成犯罪分子心理上的恐慌而终止作案，或者在犯罪分子开始动摇放松警惕时，看准时机反抗或逃脱。也可以利用有利地形和身边的砖头、木棒等足以自卫的武器与作案人形成僵持局面，使作案人短时间内无法近身，以便引来援助者并对作案人造成心理上的压力。

（5）留下印记不放过。要注意观察作案人，尽量准确地记下其特征，例如身高、年龄、发型、体态、衣着、胡须、纹身、特殊瘢痕、语言及行为等。条件具备时还可以趁其不注意在作案人身上留下暗记，例如在其衣服上擦墨水、抹痕迹等，便于为公安机关侦破案件提供线索，留心记住作案人逃跑的方向。

（6）大声呼救不胆怯。犯罪分子有其胆大妄为和凶悍的一面，更有其心虚的一面，只要把握机会，及时呼救，一些抢劫案便可以避免。无论在什么情况下，只要有可能，就要大声呼救或故意与作案人高声说话。

（7）伺机逃跑不犹豫。在单人作案且在没有持械的情况下，如果比犯罪分子的身体条件或人数处于明显优势，可以借故拖延，环视其周围没有同伙时，用语言分散其注意力，之后乘其不备将其制服或逃跑，就近迅速报案。当自己无法与作案人抗衡时，可以看准时机向有人、有灯光的地方或宿舍区奔跑。

（三）在旅途中遇到坏人抢劫怎么办

（1）当有人在你背后跟踪时，要注意这可能是坏人要对你下手的征兆，要立即改变方向，并不断地向背后察看，使跟踪你的人知道你已经发现了他的企图。要朝有人、有灯光的地方走，到商店、住户、机关等人多的地方寻求帮助。要记住跟踪你的那个人的体貌特征，及时向公安部门报告。

（2）当遇到抢劫时，要胆大心细，勇敢机智，想办法调动和团结身边的群众，与犯罪分子做斗争。如果只有你一个人，力量不如犯罪分子大，就更要冷静，损失不大时就"丢卒保车"，以保护生命安全为原则。要尽量记住犯罪分子的身体特征（例如身高、年龄、衣服、文身等），及时向公安部门报告。重要的是智斗罪犯，利用犯罪分子的虚弱本质和心理，可以智取。

（四）大学生如何才能避免被抢劫

校园内发生的抢劫案件在时间上多发生在夜晚，地点大多是僻静处。尤其是正在恋爱的同学，不要在光线不好的僻静处行走和逗留，即使是光线好的地方，如果路面已经无人，也不要逗留。如果必经偏僻路段，就要三人以上结伴同行。

（1）尽量不要携带贵重财物单身在行人稀少的晚上、深夜和凌晨时外出，确需外出时，要选择比较繁华和灯光明亮的地段和路线行走，最好是结伴而行，并且准备一些防卫的工具。

（2）不要到校内比较偏僻、阴暗、人少的地带，例如树林中、小山上、远离宿舍区的教学、实验楼附近或无灯的人行道、正在兴建的建筑物内。

（3）不要随便交友，不要被对方的"热情"所迷惑。如果发现有形迹可疑的人长时间跟踪尾随自己，就立即往人多、繁华的地方走并及时向保卫部门、公安局或行人求助。

法律链接

《中华人民共和国刑法》

第二百六十三条 以暴力、胁迫或者其他方法抢劫公私财物的，处三年以上十年以下有期徒刑，并处罚金；有下列情形之一的，处十年以上有期徒刑、无期徒刑或者死刑，并处罚金或者没收财产：

（一）入户抢劫的；

（二）在公共交通工具上抢劫的；

（三）抢劫银行或者其他金融机构的；

（四）多次抢劫或者抢劫数额巨大的；

（五）抢劫致人重伤、死亡的；

（六）冒充军警人员抢劫的；

（七）持枪抢劫的；

（八）抢劫军用物资或者抢险、救灾、救济物资的。

第二百六十七条 抢夺公私财物，数额较大的，或者多次抢夺的，处三年以下有期徒刑、拘役或者管制，并处或者单处罚金；数额巨大或者有其他严重情节的，处三年以上十年以下有期徒刑，并处罚金；数额特别巨大或者有其他特别严重情节的，处十年以上有期徒刑或者无期徒刑，并处罚金或者没收财产。

携带凶器抢夺的，依照本法第二百六十三条的规定定罪处罚。

第二百六十九条 犯盗窃、诈骗、抢夺罪，为窝藏赃物、抗拒抓捕或者毁坏罪证而当场使用暴力或者以暴力相威胁的，依照本法第二百六十三条的规定定罪处罚。

二、防盗窃

校园寝室中的盗窃

📽 案例回放

案例一 私欲膨胀盗窃财物　一念之差葬送前程

2008年12月26日，贵州省某高校学生宿舍发生盗窃案，现场勘察，没有撬门扭锁的痕迹。12月29日，学校保卫处经过多方排查，将犯罪嫌疑人锁定为某职高学院的杨某，后杨某供认了盗窃笔记本电脑等物品的事实。

杨某于2008年12月20日到该案被盗宿舍找朋友李某，在该宿舍住宿两晚。她离开时将李某的宿舍钥匙拿走。2008年12月26日下午杨某从自己的学校来到李某的宿舍，先敲门，确认没人后，用钥匙打开宿舍门盗走李某笔记本电脑一台，价值8000多元，该寝室衣服若干，当天将盗取物品带回自己的学校宿舍存放。2008年12月29日下午杨某被公安机关刑事拘留。

（案例来源：贵州省某高校保卫处）

案例二 嗜好不良共同犯罪　疯狂盗窃锒铛入狱

范某与杨某两人是贵州省某高校同班同学。因为有着相同的爱好——网络游戏、名牌消费而成为好友。父母每月提供的生活费仅能供其使用10天或半个月，钱不够用时两人便谋划行窃。曾经先后盗窃同班同学的3部手机，变卖后所得赃款共960元，赃款很快被两人挥霍掉。之后两人又纠集社会上有不良恶习的3个青年，先后潜入学院办公楼的5个办公室和微机室，共窃得笔记本电脑、金银首饰、名贵手表、计算机主机等价值6万余元的物品。此案被公安机关侦破，范某、杨某等5人被抓获归案。范某与杨某的行为已经构成盗窃罪且属于数额巨大和屡次犯罪，分别被判处有期徒刑5年和4年。两人均被学校开除学籍。

（案例来源：贵州省某高校保卫处）

案例三　流窜全国大学城盗窃

2015年9月下旬，南京市仙林大学城连续发生多起学生手机被偷案件。民警调取监控录像后判断，作案人员为一名青年男子邱某，决定部署警力在高校内进行蹲守。9月18日下午，嫌疑人邱某流窜至南京市某大学仙林校区，尾随该校学生伺机行窃。下午5时30分左右，邱某来到该校食堂，寻找下手目标。

当一名身穿白色上衣的女生从他身前走过时，邱某注意到该女生上衣左侧口袋露出了半个手机，且双手抱着一个包裹，周围视线狭窄。邱某跟上了这名女生，尾随了几步后，他用手中的宣传单遮住女生左侧的视线，伸手将她的手机掏走。得手后，邱某正准备离开食堂，被反扒民警当场抓获。民警从邱某随身携带的书包内找回了受害人丢失的手机，同时发现了一本中国交通实用地图册。

邱某交代，他是广西人，今年19岁，正是通过这本地图册发现了南京市仙林地区有大学城，故流窜到此实施行窃。原来，邱某在老家欠了一大笔高利贷无力偿还，本身也无一技之长，便想到用扒窃手机换钱的方式还债。他听说大学校园扒窃容易得手，专门买了一本中国交通地图册，寻找各地大学城伺机扒窃。自2012年起，邱某先后在广州、深圳、南京等地大学城扒窃学生手机，也曾经多次被警方拘留。

经过调查，邱某在南京大学城内扒窃学生手机10多部，涉案价值3万余元。最后，嫌疑人邱某被依法查处。

（案例来源：搜狐网）

案例四　男子扮学生听课，先后5次偷窃

2016年3月中旬至4月期间，武汉某大学文理学部教学楼教室里经常发生学生的笔记本电脑或手机莫名丢失事件，大学保卫部接到学生反映后向珞珈山派出所报案。

"我们调阅多起被盗案时的视频，发现一个穿酱色夹克上衣的学生背着书包进入教室，奇怪的是他每次进教室后不像是听课，而是四处观察后趴在课桌上睡觉，然后趁课间休息学生上厕所的间隙，迅速拿起桌上的笔记本电脑或手机离开。"民警李某说，"上课的学生没想到教室里会藏着小偷，一点防范意识都没有。"

珞珈山派出所民警联合大学保卫部对文理学部教学楼进行了布控。4月11日中午，当该男子穿着同一件上衣再次在教室内实施盗窃时，被当场抓获。据查，犯罪嫌疑人梁某，今年24岁，甘肃省陇南人，曾经在长沙某大学用此手法盗窃被判刑，刑满释放后于今年3月来到武汉某大学盗窃。被民警抓获时，他的书包内装满了书籍。梁某交代，他平时经常扮成学生模样，混到大学各个教室踩点，对于每间教室什么时间人少，学生学习时的物品摆放习惯非常熟悉。他利用学生上洗手间的时间盗窃学生财物，1个月先后在该大学文理学部等教室盗窃5次，盗走4台笔记本电脑和3部手机。

民警提醒大家：在任何时间、任何场合，学子们都要让自己的财物处于有人监管的状态，保管好自己的财物。

（案例来源：中新网）

点睛提示

从跨入大学校门的那一刻起，很多大学生离开了熟悉的家乡和父母无微不至的关怀与庇护而独立生活。生活费用要由自己计划支配，学习和生活用品要靠自己整理、保管。大学生可以按照自己喜欢的生活方式安排作息，对新的学习与生活环境充满了新鲜感，这个时候切勿忽视日常生活中的财产和人身安全问题。从案例一中我们应该吸取受害学生的教训，贵重物品用后要收好。不要随意留宿外来人员，因为宿舍是公共空间，我们在做任何事情的同时都要顾及他人的感受，试想如果大家都任意带外来朋友住宿，那么宿舍怎能作为大家生活与学习的安静场所。宿舍钥匙丢失要及时采取措施，例如更换新锁，或者室友们安排好在宿舍留守的时间。此外，不少大学生习惯于用自己的手机号码、生日、宿舍房间号等容易被他人了解的数字作为银行卡、支付宝、微信支付等的密码，也为犯罪分子在短时间内迅速盗取钱款提供了可乘之机。例如，山东省某大学一名女生崔某发现自己的钱包丢失，银行卡存款已经被人取走现金1万元。犯罪嫌疑人被抓获后交代，是利用钱包里的崔某身份证上的生日作为密码进行试探，发现果然是该银行卡的密码，随即取款的。通过上述分析，可以得出这样的结论：虽然无法控制他人的行为，但是我们可以从自身做起，绝不给居心叵测的人任何下手的机会。

案例二中的范某和杨某是可悲的，二人进入高校后，不是努力学习一技之长掌握本领，使自己将来能立足社会，而是贪图享受，甚至不惜以身试法。他们失去的不仅是宝贵的人身自由，还无谓地葬送了自己的大好前途。刚刚进入高校，个别学生缺乏生活经验和良好的理财意识，毫无节制地挥霍钱财，早早地就成了"月光一族"，这不是受高等教育的大学生应有的消费观念。大学生要时刻牢记来到高校学习的根本目的是用知识武装自己，将来更好地创造和实现自身价值，奉献社会。

安全知识

盗窃犯罪是指以非法占有为目的，秘密窃取数额较大的公私财物或多次秘密窃取公私财物的行为。

（一）校园防盗应该注意以下几个方面

（1）大学生平时应该注意保管好自己的财物

较贵重的物品要妥善保存并上锁，随身携带的重要物品不要离身或离开自己的视线。大笔现金存入银行，注意所设密码的保密性，尽量避免用自己的姓名、网名、生日等易于被别人了解的信息作为密码。如果遇到手机、存折、银行卡丢失或被盗，那么应该立即到银行挂失，以防存款被冒领。

（2）保护好宿舍门窗防止溜门贼和钻窗贼

溜门贼和钻窗贼最爱光顾学生的宿舍楼，溜门贼混入学生宿舍楼后，如果推门发现屋里有人，他们就会借口找人逃走。一旦屋里没人或学生在睡觉，他们就迅速下手偷走手机、笔记本电脑、相机等贵重物品。为了防止这类事件发生，宿舍钥匙不要随便乱放、乱丢。除了同寝室的同学以外，不要随意把钥匙借给老乡或其他同学。

"钻窗贼"一般趁夜晚或学生上课时钻窗实施盗窃。特别是在夏季天气炎热，住在低楼层的学生往往习惯开阳台门或开窗通风。盗窃犯罪分子则利用凌晨两三点左右学生熟睡之际疯狂作案。例如，贵州省某高校学生宿舍曾经连续发生盗窃案，受害的6名同学共丢失手机6部，价值人民币6000余元。经过侦查员现场勘察，确认犯罪嫌疑人是从窗外铁栏杆伸手把靠近窗户而卧的几名同学放在枕头底下的手机或手表盗走。破案后追回了大部分被窃财物。因此，住在低楼层宿舍的同学们在夏季开窗睡觉时，应该注意采取必要的防范措施，千万不可因为掉以轻心而造成经济损失。

离开宿舍时注意室内有无其他人。俗话说：出门三回头，就是提醒人们离家出门时，要注意关好门窗、防火、防盗。无论何时，最后离开宿舍的人一定要关好、锁好门窗。

（3）食堂谨防拎包贼

学生食堂是校园人员密集且复杂的场所，学生习惯拿书包占座，容易发生拎包盗窃案件。在走路和打饭的时候不要把贵重物品、手机放在外侧的口袋，给小偷以可乘之机。

（4）走路要当心手机被顺手牵羊

曾经，贵州省某高校二年级的三名学生均在该校南区学生宿舍至南区一个教学楼的路段被偷了手机。次日中午，失主向学校保卫科了解情况，获悉学校昨天已经抓获一名犯罪嫌疑人，有三人在逃。据了解，这是一个流窜作案的盗窃团伙。同学们切莫把手机等贵重物品放在容易被他人轻易接触到的外套外侧口袋内。

（5）体育场和英语角要看好小物件

同学们在体育场运动或锻炼时，习惯把书包、眼镜、手机、MP3等小物件放在篮球架下，这样做十分危险。警方发现，校园里的英语角也成为扒手的"新宠"，因为环境开阔，身边人又多，学生在练习时大多没有防范意识，所以有些扒手就混迹于学生之间扒窃。一定要随身携带好自己的贵重物品，不要让自己的贵重物品离身或离开自己的视线。

（6）校园"一卡通"丢失要及时挂失

校园"一卡通"发放后，领取人应该立即修改自己的"一卡通"密码和消费限额。如果发现"一卡通"丢失，那么应该立即向学校申报挂失。

（二）学生出行时的防盗措施

（1）在校大学生经常在周末或节假日到繁华市区游览或购物，一般应该避免单独出行，尽可能结伴出行以便互相照应，这样可以有效地预防被窃。

（2）外出购物时应该把钱包放在贴身的口袋内。不要携带大量现金到人多拥挤的地方，不要在乘车时或在商店里翻点现金，做到"有财不外露"，以免被小偷盯上。出行时不要把手机、钱包等放在身后的裤袋或外衣口袋里。带包外出时，现金或其他贵重物品不要放在背包的底部或边缘处，防止小偷用刀片割包行窃。因为特殊情况需要随身携带较多现金时，注意不要把钱都放在一处，要放一部分在能照看到的口袋内，以便在购物时取用。

（3）搭乘公共汽车时，应该把随身携带的背包、手提包放在身前，不管是购物、进餐还是去洗手间，要做到包不离身，以免因为疏忽而被盗。在乘车或购物发生拥挤时，要提高警惕，防止扒手趁人多拥挤时下手行窃。

（4）扒手一般具有如下特征：

① 大多穿得较少，喜欢随身携带书、报纸、杂志和小型手包等，用以掩护作案。

② 眼神与平常旅客不同，喜欢东张西望，重点是观察他人的行李和钱物。
③ 喜欢在车厢内频繁走动，不常坐在固定的座位上。

（三）遭遇盗窃的处置方式

（1）平时记住学校安全保卫部门的位置和报警电话，以便需要时可以在第一时间报警。对已经发生的盗窃事件应该尽快报案。发现盗窃案件正在发生时，首先要确保人身安全，应该尽量避免与犯罪分子正面冲突，立即向学校保卫处报告并隐蔽地监视犯罪嫌疑人。

（2）保护现场，及时报案。一旦发生被盗事件，不要惊慌失措，应该迅速组织在场人员保护好现场，并及时向学校保卫部门或公安部门报告，不要先行翻动、查看自己或宿舍丢失了什么东西，否则将会破坏现场有关的痕迹物证，不利于取证破案。

（3）发现可疑，及时控制。发生盗窃后，如果案发现场周围有形迹可疑人员，要沉着冷静，并主动上前盘查询问，一旦发现其回答有疑问就应该设法将其稳住，必要时组织同学围堵，并及时向学校保卫部门或公安部门报告。记住盗贼的体貌特征（包括年龄、性别、身高、胖瘦、相貌、衣着、纹身、口音、动作习惯、佩戴首饰等）以便向公安部门或学校保卫部门提供破案线索。

（4）盗窃案件发生后，如果发现校园卡、银行卡或存折等丢失，那么应该当尽快挂失。知情人员应该积极配合公安、保卫部门的调查取证工作。

（5）出行乘车时一旦发现被盗，应该及时告知司机或售票员，请求他们帮助，将车开至公安机关报案。

法律链接

《中华人民共和国刑法》

第二百六十四条 盗窃公私财物，数额较大的，或者多次盗窃、入户盗窃、携带凶器盗窃、扒窃的，处三年以下有期徒刑、拘役或者管制，并处或者单处罚金；数额巨大或者有其他严重情节的，处三年以上十年以下有期徒刑，并处罚金；数额特别巨大或者有其他特别严重情节的，处十年以上有期徒刑或者无期徒刑，并处罚金或者没收财产。

第一百九十六条 盗窃信用卡并使用的，依照本法第二百六十四条的规定定罪处罚。

《中华人民共和国治安管理处罚法》

第四十九条 盗窃、诈骗、哄抢、抢夺、敲诈勒索或者故意毁损公私财物的，处五日以上十日以下拘留，可以并处五百元以下罚款；情节较重的，处十日以上十五日以下拘留，可以并处一千元以下罚款。

最高人民法院、最高人民检察院
《关于办理盗窃刑事案件适用法律若干问题的解释》
法释〔2013〕8号

第一条 盗窃公私财物价值一千元至三千元以上、三万元至十万元以上、三十万元至五十万元以上的，应当分别认定为刑法第二百六十四条规定的"数额较大""数额巨大""数额特别巨大"。

各省、自治区、直辖市高级人民法院、人民检察院可以根据本地区经济发展状况,并考虑社会治安状况,在前款规定的数额幅度内,确定本地区执行的具体数额标准,报最高人民法院、最高人民检察院批准。

第十四条 因犯盗窃罪,依法判处罚金刑的,应当在一千元以上盗窃数额的二倍以下判处罚金;没有盗窃数额或者盗窃数额无法计算的,应当在一千元以上十万元以下判处罚金。

贵州省高级人民法院、贵州省人民检察院《关于对我省盗窃犯罪数额认定标准的规定》

一、盗窃公私财物"数额较大"的起点为人民币一千元。具有法释〔2013〕8号司法解释第二条规定的八种情形之一的,"数额较大"的起点为人民币五百元;

二、盗窃公私财物"数额巨大"的起点为人民币三万元;

三、盗窃公私财物"数额特别巨大"的起点为人民币三十万元。

与您共勉

"天天防火、夜夜防贼"是我们应该遵循的古训;"天网恢恢,疏而不漏"更是对不法分子的警示;"谨慎交友、理智守法"是每个公民应该恪守的准则;"居安思危、防患未然"更是青年学生应该铭记的箴言。

思考思考

1. 在宿舍这样的公共空间应该如何保证个人财物的安全?
2. 学生在假期回家或返校的旅途中应该注意哪些安全问题?
3. 大学生在平时的学习和生活中应该如何预防盗抢?

Chapter 4
第4章

●●●● 谨防诈骗 避免上当 ●●●●

切勿相信诈骗信息

  大学生由于涉世未深，所以往往容易上当受骗。俗话说："天上掉下大馅饼，不是坑，就是井"，这句话的意思是说，诱惑和灾难往往是同时降临的。宁静美丽的大学校园并不是与世隔绝的真空地带，反而成了形形色色的骗术屡屡得逞的"风水宝地"。一些不法之徒盯上涉世未深的大学生，想方设法接近他们，利用大学生善良的同情心、获取财富的急切心理和少数同学贪便宜的心理，开始了疯狂作案。骗术巧妙翻新，手段日益"隐蔽""科技""智能"和"网络"。

  本章通过发人深省的案例，使大学生认识诈骗的危害，同时揭示了大学生被骗的危害和严重后果，系统地介绍了防止上当受骗的安全知识和惩治诈骗的法律常识，使大学生永远与才学、机智、安全一道同行。

警钟格言

能够享受幸运的人，同时也会提防幸运。

——（古罗马）塞涅卡

诚者，天之道也；思诚者，人之道也。

——（战国）孟子

生命不可能从谎言中开出灿烂的鲜花。

——（德）海涅

一个人最伤心的事情无过于良心的死灭。

——郭沫若

闪光的东西并不都是金子，动听的语言并不都是好话。

——（英）莎士比亚

害人之心不可有，防人之心不可无。

——（明）洪应明《菜根谭》

上当受骗，不要怪骗子高明，是你心中空虚，正中下怀。

——十二《不畏将来 不念过去》

案例回放

案例一　大学生被骗花 8.7 万"刷单"43 笔

2018 年 12 月 9 日，上海市青浦公安分局夏阳派出所接到 110 报警称，在校大学生兼职"刷单"被骗近 10 万元。12 月 8 日，在校大一学生黄某发现电子邮箱内有一份有关"刷单"兼职广告的邮件。为了赚取生活费，黄某根据邮件提示加对方为 QQ 好友。在聊天过程中，对方自称是"网络兼职招聘中心"，可以为黄某提供"刷单"兼职。被害人黄某选择了 10 万元返现 8000 元一档的兼职"刷单"，但需要先垫付本金。于是，黄某将自己的某网络购物平台账户给了对方，对方下单，黄某再登录账号进行支付。第一笔刷单 5 万元，黄某收到了对方返现 4000 元。这让他深信不疑，又根据对方要求继续"刷单"。在其完成了 43 笔刷单、共计支付了 8.7 万元后，黄某的室友提醒其小心电信诈骗，当黄某要求对方返还自己已经支付的 8.7 万元时，对方以尚未完成 10 万元的"刷单"任务为由，不予返还。在同学的劝说下，黄某选择了报警。

据上海市公安局刑侦总队九支队探长范华介绍，黄某遇到的是典型的"兼职刷信誉"类电信诈骗。黄某手机收到兼职"刷单"广告的短信和链接后，主动添加犯罪嫌疑人在短信或网络中预留的社交软件，填写个人简历和各种申请表，并拍下犯罪嫌疑人在电商平台指定的商品付款刷单，很快就会收到少量的"刷单"返现，在赢取被害人的信任以后，要求被害人在不同的电子商务平台内拍下指定商品刷单，然后再以"系统故障""刷单延时"等理由要求被害人多次反复"刷单"，后来被害人申请退款没有回应方知被骗。

（案例来源：临夏网警巡查执法）

案例二　大学生谋兼职遭遇诈骗

2019年5月，武汉某高校大二学生小邓想找暑假兼职，他下载了一款兼职类App，从一条置顶帖内找到了"芒果兼职"杨主管的联系方式，对方告诉小邓，让他拿着自己的身份证等相关的资料到光谷中心花园A栋的一户民房内接受面试。5月24日，小邓如约而至，签了一份兼职协议书，并缴纳了300元作为定金，对方承诺将在一个月后为他安排工作并退还定金。但一个月过去了，与小邓一起的数十名大学生始终没有接到任何兼职安排，遂报警，多名犯罪分子落网。

（案例来源：互联网）

案例三　校园网络借贷行骗花样多

之一：骗称贷款记录可以被消除

2017年4月份，韩鹏（化名）以假称贷款记录可以被消除的方式，诱使山西某大学学生周某在"名校贷"平台借款15000元，从中抽成骗取8300元。在贷款到手后，韩鹏秘密篡改"名校贷"平台登录手机号，使周某无法登录"名校贷"平台，让周某误以为"贷款记录已经消除"。之后，韩鹏还在周某的介绍下先后给太原两所大学的6名大学生在"名校贷"平台贷款，以相同的方式实施诈骗。案发后，韩鹏以诈骗罪被判处有期徒刑并处罚金。

（案例来源：互联网）

之二：骗称帮助网络贷款给好处费行骗

2017年6月，内蒙古自治区鄂尔多斯市东胜区公安分局经侦大队的一则通报，让一起"校园贷"上升到刑事诈骗案件的层面。据内蒙古市某学院在校学生崔某报案称，一名叫贾某的女子到她所在的学院，骗她用自己的身份信息帮忙从手机App上为其公司贷款，贷款下来后支付她高额好处费。她先后帮助贾某通过7个App网络贷款软件，共贷款2万余元。由于贾某手机关机，人失联，怀疑被骗遂报案。随后，民警陆续接到该校50余名学生报案，他们以同样的方式被嫌疑人贾某以校园贷方式诈骗，致使网络贷款公司向他们催债。据统计，此案受害人多达60人，涉及呼和浩特市、包头市、鄂尔多斯市、乌海市，涉案金额80余万元。

（案例来源：《投资时报》2017年8月10日）

案例四　大学生陷入传销诈骗陷阱

之一

2015年3月24日21时，贵州省某高校化学工程学院学生许某离校出走。接报后，学校保卫处立即到该学生宿舍进行调查，询问该学生班主任、同宿舍室友，对其在学校的云南老乡、同学等社会关系进行调查。同时，通过移动公司将许某手机开机，用打电话、发短信等方式劝其回校。最后通过公安厅技术手段，定位许某在广西壮族自治区钦州市。后来经过学校保卫处、当地派出所多方寻找，最后发现其受老乡诱骗至广西壮族自治区钦州市从事传销活动。5月15日，其父亲、叔叔将许某从广西钦州市接回学校。

（案例来源：贵州省某高校保卫处）

之二

2017年8月，湖北省钟祥市警方接到湖南省某职业学院大二学生林某溺水身亡报警后，迅速开展工作，终于破获一起组织领导传销活动案。8月4日12时许，钟祥市公安局110接到群众报警称，在郢中镇孔庙村直河水面有人落水。接警后，皇庄水陆派出所民警迅速赶到现场，组织开展搜救，并将与林某同行的许某某等三人带回派出所询问。鉴于三人言行存在诸多疑点，钟祥警方随即组织专班开展侦查。经过调查，林某经过校友卿某某介绍，于2017年7月12日来到钟祥，被许某某等人纠缠劝说其参与传销活动，并限制林某的人身自由，致使林某与许某某、郭某某和谢某某共同行至河边而纵身跳入河中溺亡。经过进一步侦查，一举端掉这个传销窝点。钟祥警方已经将5名犯罪嫌疑人刑事拘留，追究其刑事责任。

（案例来源：新浪财经）

案例五 警惕"套路贷"对大学生的诈骗

2017年12月15日，一起24人团伙"套路贷"案件在上海市闵行区法院宣判，其中5名主犯被判处十年以上有期徒刑。本案中受害人之一的被骗女大学生小蓉（化名）的遭遇，值得所有人警惕。2016年3月，小蓉在一次同学聚会过程中与单某相识。在聊天时，小蓉无意中透露，自己的父母已经以她的名义购买了两套房产。聚会之后，单某对小蓉展开了热烈的追求，小蓉很快陷入爱河。不久，单某告诉小蓉，自己的好兄弟出了交通事故，急需10万元赔偿对方。单某提出："我认识社会上的大哥，请你去借点钱，救救急。"同时还一再承诺自己会还这10万元，"今生今世都不会忘了你的恩情"。小蓉答应了单某的请求。2016年4月19日，小蓉在几名中介的带领下，来到了聚鑫公司，双方谈妥以25%的利息，借款10万元，期限一个月。可是到了签署合同时，小蓉却发现借款合同上写着借款25万元。聚鑫公司的人和中介称，写翻倍借条是"行业规定"，对企图赖账的人起震慑作用。如果小蓉到时按期还钱，就只需按照实际约定的12.5万元还款就可以了。小蓉就这样被催促着稀里糊涂地签了字。第二天，小蓉被带到银行，聚鑫公司的人将25万元现金打入小蓉的账户后，又要求小蓉当场取现，并把小蓉取现的经过录制为视频。随后，聚鑫公司的人向小蓉要回了15万元，留给小蓉10万元现金后离开。接着，在场的中介张某、韩某，以及小蓉的男友单某等人，又以中介费、服务费等各种名义从小蓉那里拿走了9万多元。

半个月后，韩某等中介人员与聚鑫公司又故技重施，再次诱骗小蓉签下人民币25万元的虚假借条，上面的情形再次上演。就这样，小蓉前后签订了总额50万元的借款合同，实际拿到手的却只有一万余元。更令她措手不及的是，在签完这两笔合同之后，生死相许的恋人单某突然人间蒸发。眼看着一个月期限就要到了，小蓉简直惊慌失措。就在这时，又一个贷款中介找上了小蓉，说能帮她代还款项。2016年5月14日，六神无主的小蓉被带到了博得公司。博得公司人员在实地看房、考核资质后，同意代小蓉偿还之前的50万元债务，并约定借期6个月，月息6%。但到了签订合同时，又是以违约金、保证金等名义，要求小蓉签下134万元的借款合同和名下房产的租赁合同，并到银行走账、取现，录制了借款视频。虽然约定了6个月的借款期限，可是刚过了两个星期，小蓉又被带到了鑫哲公司，再次以偿还欠款为名签订了500万元的借款合同。

2016年9月，鑫哲公司以追偿借款为名将小蓉起诉到了法院。在法庭上，鑫哲公司出示了小蓉亲笔签署的借款合同、公司的银行走账记录、小蓉的取现视频。面对这些证据，小蓉只觉得自己跳进黄河都洗不清了。就这样，在短短半年的时间内小蓉的借款就从实际到手的1万多元垒高到了500万元，贷款公司和中介不仅起诉要求其归还高额借款，还对其名下的房产申请了查封。

2016年10月，小蓉到公安机关寻求帮助。公安机关介入调查并最终侦破这起案件，小蓉才明白自己遭遇了一起典型的套路贷案件。所谓的"男友"单某其实也是犯罪团伙的一员，他正是在得知自己名下有房产才展开追求，目的就是引其进入这个"套路贷"的陷阱。

（案例来源：上观新闻、中国青年网）

案例六　被诈骗学生跳海自杀

诈骗团伙陈某、范某等七人，在网络中群发"奔跑吧兄弟"等虚假中奖信息，诱骗收到信息者登录"钓鱼网站"填写个人信息认领奖品，然后以兑奖需要交纳保证金、公证费、税款等为由，骗取被害人财物，再通过冒充律师、法院工作人员以被害人未按要求交纳保证金或领取奖品构成违约为由，恐吓要求被害人交纳手续费，2016年6月至8月间，共骗取高考学生蔡某等63人共计681 310元。蔡某得受骗后，于2016年8月29日跳海自杀。陈某还通过冒充"爸爸去哪儿"等综艺节目发送虚假中奖诈骗信息共计73万余条。

陈某组织、指挥电信诈骗团伙，有利用"钓鱼网站"链接、冒充司法机关工作人员、诈骗未成年人、在校学生、造成一名被害人自杀等多个从重处罚情节，被法院判处无期徒刑，剥夺政治权利终身，并处没收个人全部财产；以诈骗罪判处范某等人十五年至十一年不等有期徒刑。充分体现了对此类犯罪从严惩处的精神。

（案例来源：最高人民法院发布2019年十起电信网络诈骗犯罪典型案例之一）

案例七　新冠肺炎疫情期间，以销售口罩为名实施诈骗

2020年2月21日上午9时许，山东省临沂市一家医疗有限公司业务员王某到兰山公安分局刑侦大队报案称，2月12日，他的公司受一家单位委托，要采购大量口罩、测温枪等防疫物资。王某通过微信了解到田某销售医疗用口罩，王某就与田某联系购买口罩，往田某的个人账户和其指定的银行账户汇款136.6万元。汇款后一直未收到货物。接到报案后，兰山公安分局刑侦大队于同日在日照市东港区将田某、苑某、渠某等人抓获归案。

经过调查，嫌疑人田某今年19岁，是一名在校大学生。田某春节前与家人发生矛盾离家出走，她失去生活来源后，发现疫情期间介绍口罩生意能从中获利，她在内蒙古自治区短短时间就赚到了15万元。为了得到更多利润空间，开始约同伙苑某租车来到山东省，联合他人谎称有外贸公司，可以联系口罩生产厂家发货，在网络上疯狂发布广告，先后诱使临沂市、河南省、安徽省、河北省等多人上当，共诈骗钱财400余万元。就在田某落网时，合肥一家公司正与她洽谈一笔3000万元的采购口罩业务，因为民警及时出现，才使这家公司免遭损失。目前，犯罪嫌疑人均被采取强制措施。

（案例来源：搜狐网）

点睛提示

  大学生诈骗案件是指以大学生为作案目标、以非法占有为目的、用虚构事实或隐瞒真相的方法骗取数额较大财物行为的案件。近年来，高校大学生被骗事件频频发生，尤为可恶的是，各类传销及变相传销组织、"套路贷"等如同一个个毒瘤，也不断地侵蚀着高校校园。大学生逐渐成为诈骗分子的作案对象，从事诈骗活动的犯罪嫌疑人，往往一开始通过"套近乎"的形式接近大学生，利用大学生思想上的弱点，骗取他们的信任，继而以兼职、高薪、恐吓、限制人身自由、情感满足等手段敲诈、骗取钱财。随着网络经济的迅速发展，网络交易安全等问题也日益凸显，网络陷阱不断，网络与信息安全形势严峻。网络交易具有不可实地目测商品、不能当面验货等诸多不利因素，因此也就出现了网络招聘、冒充网络银行网站或公安骗取账号与密码、网络传销、网络无担保贷款等诸多行骗勾当。犯罪分子以这些极其低劣的手段行骗大学生却屡屡得手，这与大学生生活阅历、性格特点等有很大关系。同时，有不少大学生上当受骗后，因为爱面子，不会向公安机关报案，仅当作是吃了一个"哑巴亏"，也助长了诈骗分子的犯罪行为。还有个别大学生意志不坚定，抵御不住社会的巨大诱惑，思想出现偏差，甚至成为诈骗他人的罪犯。

  在当今的大学校园，大学生之所以容易上当受骗或去诈骗他人，究其原因主要有以下几个方面。

  （1）思想单纯，不加选择地结交朋友，抱着"多个朋友多条路"的心理，随意答应某些人的要求，结果上当受骗。某高校保卫部门接到的17起学生受骗报案中，有10起案件是诈骗分子冒充在校大学生在路上拦住学生，编造理由开口向学生借钱，学生对骗子的谎言不怀疑，有的甚至连对方身份证明也没有查看的情况下便轻易将钱借出，事后才意识到上当受骗，后悔莫及。

  （2）缺乏社会生活经验和辨别能力，遇事欠考虑，防范意识不强，轻信他人。

  诈骗分子正是利用大学生防范意识差的特点，与学生拉关系、套近乎，接近学生，骗走钱物。某高校的保卫部门在受理学生受骗报案时，有几个受骗学生在较长时间还保留着诈骗分子留下的假姓名、假地址，天真地认为向自己借钱的陌生人会在不久的将来归还"借走"的钱款，谁知等来等去，仍然不见借钱者踪影，意识到已经受骗才到学校保卫部门报案。诈骗分子正是利用了大学生缺乏社会经验，容易轻信别人的心理。正所谓"害人之心不可有，防人之心不可无"，大学生应该对随便检查自己物品的人员严词拒绝，不要轻信他人，不要轻易告诉他人自己的账号密码，更不要随意向不熟悉的人转款送物。如果发现可疑苗头，就要及时报警。

  （3）贪小便宜，急功近利。贪心是受害者最大的心理缺点。很多诈骗分子之所以屡骗屡成，在很大程度上也正是利用人们的这种不良心态。"贪"与"贫"仅一念之差，因为这一念之差才会误入歧途。在贪欲心作怪下，才会上"中奖信息""高薪""无息低息贷款"等圈套。受害者往往是为诈骗分子开出的"好处""利益"所深深吸引，自以为可以用最小的代价，获得最大的利益和好处，见"利"就上，趋之若鹜。对于诈骗分子的所作所为不加深思和分析，不做深入地调查研究，最后落得个"人财两空"的下场。

  （4）求人办事，成事心切。明知道有些事情是不可行的，但仍然存有侥幸心理，盲目地听信别人，从而导致上当受骗。

（5）误信网络，疏于防范。现在网络方便，很多用人单位也在网络上发布招聘广告，大学生在网上求职时没有防范意识，泄露个人信息。不法分子利用大学生家校之间距离较远，联系不便和家长爱子心切的特点，向家长谎报学生遭遇意外，从而使该大学生家长落入其设下的重重陷阱中，造成了钱物被骗。此类向学生家长行骗案件当前时有发生，且诈骗金额较大，少则几千元，多则数万元。诈骗分子惯用的作案手法往往是冒充学生的老师打电话给学生家长，谎称其子女出车祸、患重病、受重伤，现在正在医院抢救，急需汇款到指定账户。千万不能轻信陌生人冒充的身份，更不要急于汇款，以防被骗。

另外，在网上找工作时要尽量从正规渠道、可信度高的网站获取信息。不断翻新的骗术，顶着"网络"的光环，伪装巧妙，更具有极大的欺诈性和隐蔽性，危害很大。目前，大学生就业形势严峻，一部分大学生因为急于求职，在选择工作时"慌不择路"，这给非法传销组织提供了可乘之机，一些急于就业的大学生被传销组织诱骗加入。另一些大学生则贪图钱财，忘记世上没有免费的午餐，而误入传销。在这种情况下，传销被某些大学生当作"事业"来经营，是"一种新生事物"，上当受骗。近年来，网络通信诈骗、贷款诈骗来势凶猛、愈演愈烈，严重危害大学生财产安全，扰乱大学校园正常生活秩序，已经成为影响校园稳定的突出犯罪问题。作为典型的远程非接触性犯罪，网络诈骗犯罪颠覆了传统犯罪的概念范畴，打破了犯罪的时空界限。犯罪分子借助发达的现代通信、网上银行、手机银行等科技手段，在空间上轻易地实现跨区域犯罪。

（6）心智不坚，沦为罪犯。有的大学生面对社会的名利诱惑，没有正确的价值取向，为了过上自以为的"好生活"，满足自己不断膨胀的私欲，不惜丢掉底线，企图不劳而获，最终沦为诈骗他人钱财的罪犯。他们害人害己，毁掉了自己的大好前程。

通过以上的分析，现在将发生在大学校园中比较常见的骗术总结归纳如下。

（1）假冒身份。诈骗分子往往利用假名片、假身份证与人进行交往，通常采用游击方式流窜作案，财物到手后即逃离。还有人以骗到的钱财、名片、身份证、信誉等为资本，再去诈骗他人、重复作案。有的冒充在校大学生、学校工作人员、有身份地位的领导来接近大学生，取得信任后，再编造各种理由来诈骗学生；有的利用手机发中奖短信诈骗；有的假称自己发生意外，利用同学的同情心理寻机诈骗。还有的不法分子假冒银行名义，在柜员机等处张贴告示：如果自动提款机发生吞卡或其他操作故障，可打所留的咨询电话。当受骗大学生拨打该咨询电话时，对方声称是柜员机发生故障，骗取大学生银行卡密码后取走卡里的存款，或者让大学生将其银行卡上的钱转入某个安全账号，第二天再到银行取卡，或者在大学生取款时，偷看输入的密码，以掉钱的方式转移取款大学生的注意力后乘机换掉银行卡，等大学生一走开，立即将银行卡上的钱转走。

（2）失踪战术。一些骗子利用高校学生社会经验少、法律意识差、急于赚钱补贴生活的心理，常以公司名义、真实的身份让学生为其推销产品，事后却不见人影，不兑现诺言和酬金而使学生上当受骗。对于类似的案件，由于事先没有完备的合同手续，所以处理起来比较困难，往往时间拖得很长，花费了许多精力却得不到应有的回报。

（3）设置招聘陷阱。勤工俭学已经成为大学生谋生求学的重要途径。因为就业形势严峻，所以在校大学生非常希望能得到适应社会、提升工作能力的培养与锻炼。诈骗分子往往利用这个机会，用兼职、招聘等名义对一些学生设置骗局，骗取介绍费、押金、报名费等。某高校几位学生通过所谓的"家教中介"机构联系家教业务，交了中介费后，拿到手的只是几个联系的电话号码，其实，对方并不需要家教，但想要回中介费是绝对不可能的。

（4）以"求助"行骗。此类诈骗以一男一女搭配作案为主，或者是两三个人结伙作案。部分不法分子还驾驶车辆作案，以便使其谎言更逼真，更令人信服。不法分子以与师生走散、出车祸、被盗、银行卡被吞或购物为由向大学生借手机打电话，或者借银行卡转账，或者以（假）手机、（低值或假）外币抵押借钱，或者以双倍返还借款的方式诈骗大学生的财物。

（5）以"中奖"行骗。作案流程为：打事主电话→冒充某公司人员称事主的手机中了现金大奖→事主拨打联系电话→自称该公司的某主任称领奖前必须先交纳手续费→留下银行账号及账户名→收到事主汇款后再次拨打事主手机，编造其他理由（交纳税费、公证费、转账费等）叫事主再次汇款→如果事主继续汇款就不断地编造理由，直到事主发现被骗。

（6）以"传销"设局。通常传销人员会以"招工"或"发展事业"为名，将受害者骗至外地。等受骗者抵达后，即要求拉来人的"业务员"80%谈感情，20%谈事业，绝对不能讲有关传销的事，目的是谋取受害者的好感，为正式"洗脑"铺平道路。等到受害人被安顿下来后，其朋友会找一个借口带领受害者去听课，能说会道的"讲师"结合所谓的"成功案例"，向听讲者灌输快速致富理论。"讲师"用图表来宣传其虚假的高回报率，运用"几何倍增""五级三阶制"等原理推算传销者能赚取的利润。在传销者的"家"里，5：30起床，先是读书、背书，一般是《世界上最伟大的推销员》《做自己想做的人》《谁动了我的奶酪》、卡耐基的著作，以及李嘉诚等人的传记。接着站5分钟军姿，之后是开心一刻，每人讲一个笑话。最后是即兴演讲，锻炼口才。为了制造"磨砺意志"的假象，规定每人每天的生活费不能超过几元，吃的都是烂菜叶子。男女同住，女的睡床铺，男的睡地板。生活是完全模式化的，受害者进来后，很快就被模式化的生活同化。此外，传销组织还积极营造出一种感恩的心态，实施"三捧"法则，主动捧"公司"、捧"上线"、捧"公司的理念"。这些原则的运用，使受骗者打心底感觉到自己终于找到了一个成功的平台，最终选择加入传销组织。

（7）冒充公检法机关行骗。利用改号软件，让大学生手机显示的号码为公检法机关的座机，冒充三机关人员利用多数大学生对法律不熟悉的心理，进行恐吓后要求将银行卡上的钱转出。大学生在接到此类电话后，切不可惊慌，"不做亏心事，不怕鬼敲门"，机关人员也得合法合理，慢慢与其周旋。挂断电话后，可以再拨打110电话进行确认。切记机关单位绝不会让市民将银行卡上的钱转出。

（8）机票改签诈骗。多发生于寒暑假、春运等节点，手法多样，但不管何种借口，始终要求大学生打款、转账，且每次金额不会太大。大学生接到这种电话或短信，一定要先致电航空公司官方客服确认。

（9）手机短信网址植入木马。诈骗分子能准确说出接收短信的大学生的姓名，让大学生点击短信中的网址有惊喜，从而使大学生手机被植入木马。大学生在接收到此类短信后，短信中的网址切不可轻易点击，应该立即删除。

（10）"套路贷"诈骗。"套路贷"经常以网络贷款、"校园贷"等名义在网页、微信朋友圈、街边小广告中出现。由于大学生无稳定收入，所以一般无法通过银行或其他正规金融机构的借款审核。正规机构贷款审核程序复杂、耗时长，且不一定能申请成功。所以，"套路贷"行骗者往往以无息或低息借款、不需要抵押、快速放款来吸引急需资金又不能快速通过正规渠道获得资金的大学生。行骗者通常经过精心策划，不惜向借款大学生提供"个性订制服务"，使借款学生深信自己已经"走投无路",只能通过行骗者提供的借款来解决眼前危机。大学生遇到困难,特别是经济困难时,一定要告诉亲人、辅导员、老师、同学等,寻求正确的帮助,切忌"病急乱投医",让自己陷入诈骗者的圈套中。

⚠ 安全知识

(一)大学生防骗策略

大学生被骗,给其人身和财产造成了损害,影响了正常的学习和生活,危害很大。因此,大学生应该掌握一些防骗策略,擦亮双眼,识破骗子的诡计。

(1)知己知彼,心明眼亮。校园人际交往具有多样性,诈骗犯罪常在临时性的人际交往过程中发生。大学生在与他人接触的过程中应该保持警惕性,要认真考察对方的来历、真实身份,增强防范意识,提高识别诈骗犯的能力,不被他人的花言巧语所蒙骗。同时,要正确评价自己,处理问题时,要听得进逆耳忠言。对于"初相识的朋友",不要轻易"掏心窝子",更不能言听计从,受其摆布利用。对于那些"来如风雨,去如微尘"的上门客,态度要热情,处理要谨慎,尽量避免与他们单独接触,以免给犯罪分子创造作案机会。

(2)不图私利,不贪虚荣,增强抵御诱惑的能力。对飞来的"横财"和"好处",特别是不太熟悉的人所许诺的利益,要深思和调查。要知道,天上是不会掉下馅饼的,克服贪小便宜的心理,就不会对突然而来的"好处"欣喜若狂。

(3)防止"标签效应"的副作用。标签效应就是以名取人,以头衔取人。有的大学生往往被对方的"名牌大学的研究生""记者""导演"等假冒身份所诱骗而深信不疑,不做考证,结果受骗。有不少诈骗犯就是利用这些"标签"扮演不同的显赫身份而行骗的。那些自称名流、能人的诈骗分子为了能更快地取得你的信任,以便达到其不可告人的目的,大多都会主动地在你面前炫耀自己的"本事",说自己如何了得,取得过什么成就,而且他能运用他的"本事""能耐"为你解决困难或满足你的需求。当遇到这种人时,应该格外注意。

(4)克服"第一印象"的消极影响。在日常生活中,人们十分注重第一印象。诈骗犯利用这种社会心理,施展骗局,刻意装扮自己,而一些大学生往往便被诈骗犯的仪表、风度所吸引,爱屋及乌,使自己陷入了骗局。

(5)在择业过程中防止受骗。有些大学生为了留在大城市就多方寻找门路、找关系,往往放松警惕,轻易相信别人,对对方的许诺深信不疑,对对方提的要求也是言听计从,到头来很可能是"赔了夫人又折兵"。大学生找工作应该通过正规渠道,例如人才市场、大学生供需见面会、校园招聘、企业正规招考等进行双向选择,不要轻易自找门路。一旦遇到麻烦,就应该迅速向公安机关和学校保卫部门报案,保留证据,协助调查,尽可能将损失减到最小。

(6)服从校园管理,自觉遵守校规校纪。为了加强校园管理,学校都会制定一系列的管理制度,制度总是用来约束人们行为的,在执行的过程中可能会给同学们带来一些不便,但是制度却是必不可少的,有助于控制闲杂人员和犯罪分子混入校园,以便维护大学生的正当权益和校园的良好秩序。

(二)提防网络诈骗

网络世界,鱼龙混杂,有些骗子总会披着美丽的外衣,在网络上进行诈骗。面对网络上五花八门的诈骗手段，大学生应该如何预防呢？

（1）网络交友要谨慎。网络交友已经是不少大学生与他人交流沟通的方式，但网络空间虚拟成分很大，在交友过程中一定要多留个心眼，不要轻易相信陌生人。当并未谋面的对方提出涉及钱财交易、转账、借款等，一定不要轻易相信，以免自己蒙受财产损失。当对方提出见面要求时，特别是女大学生一定要注意人身财产安全，以免上当受骗。

（2）购物尽量使用第三方支付平台交易。在网站购物时，大学生要尽量避免直接汇款给对方，可以采用支付宝、微信、银联等第三方支付平台交易。一旦发现对方是诈骗，就应该立即通知支付平台冻结货款。即便是采取货到付款方式，也要约定先验货再付款，防止不法商家偷梁换柱。大学生一定要在市场上认可度比较高的购物网站上购物，在支付过程中最好选择支付宝、微信、网银等较为安全的支付方式，切记不可现金转账，以免被骗。此外，大学生在接到网络购物的退款电话时，一定要提高警惕，特别是对方要求你提供身份证、手机号码及支付宝、微信、银行卡的相关信息，千万不要轻易将账号和密码告诉给陌生人。

（3）网络账号密码要及时更换。大学生千万不要嫌麻烦、年复一年地用一个密码，例如支付宝、微信、网银账户、QQ、邮箱一定要做到不定期修改密码，最好是与自己不离身的手机进行捆绑，以便在第一时间掌握自己网上的信息。

（4）重要信息别存在网盘。随着互联网的发展，网络云盘也越来越被大学生所接受。随时随地保存文件、保密传输，还不占用内存空间，然而，网络云盘却并没有大家想象中那么安全。稍不留意，就会给犯罪分子以可乘之机。网络云盘不是保险箱，千万不要将账号、密码等重要私人信息存放在云盘中。为了避免账户被盗，大学生还可以使用数字证书、加密钥匙、口令卡等安全产品，提升自己网络账户的安全等级。

（5）不要随意拨打网上的电话。有些诈骗网站会留下自己的联系方式让你拨打，这时候大学生一定要提高警惕了，必须先做一个全方位的了解，再考虑进行下一步的行动。千万不可自以为是，总觉得自己很谨慎、很精明，你怎么知道那些骗子不正是抓住了你的这个心理呢？

（6）认真甄别网络信息。网络信息庞杂多变，不容易辨别真伪。作为大学生，在极其复杂的网络时代中，应该树立正确的价值观，对任何事情都要有正确的认识与判断，必须对接触到的网络信息加以认真甄别，切忌相信"天上掉馅饼"，贪图利益、上当受骗。

大学生一旦发现自己进入了诈骗圈，就应该第一时间去网络官方举报，然后保留好证据，例如聊天记录等。若有钱财流失，则要马上报警。一定要做到冷静处理，不能试图自己解决，要知道网络诈骗分子的手段不是你能想象得到的，以免给自身造成伤害。

（三）大学生如何识别传销组织

无论如何变化，传销组织的本质是不会改变的，传销者总要露出真面目，大学生可以从以下方面辨别自己是否参与了传销。

1. 是否收取金钱

无论传销组织如何变化，传销者说得如何动听，传销组织的根本目的都是为了牟取非法利益。当大学生进入传销组织一定的时间后，传销者总会以各种理由收取金钱。过去的传销组织要求参加者缴纳入门费或以认购商品等变相缴纳入门费的方式敛取金钱，而现在的传销组织则以上岗培训为借口，让大学生先缴纳培训费和上岗押金，通常3000元左右，这样无论大学生是否再进一步接受其"洗脑"，传销者的目的都已经达到了。这是大学生辨别自己是否已经进入传销组织的最根本的一点。

2. 是否有真实的产品，是否去过生产一线现场

传销者在培训大学生时，要么说自己的产品正处在研发或生产阶段，还没有上市，现在是为产品上市而储备干部；要么就以某知名企业的产品为载体，让大学生了解该知名企业的产品。总之，就是只停留在口头描述上，绝不会拿出一件真实的产品让大家看。真正的制造企业在上岗培训时，通常让销售人员到生产一线现场观摩实习一段时间，以便使其对企业和产品有更深入的了解和认识。而传销组织是不可能有生产一线现场的，传销者会以生产保密为借口搪塞大学生，培训时绝不会到生产一线现场参观实习。

3. 培训过程中是否有"几何倍增学"等快速暴富思想内容

"几何倍增学"的本质是宣传快速暴富的思想。传销者靠玩数字游戏来说服大学生，什么十的一次方加上十的几次方，什么 E 级会员 B 级代理员，什么一变二、二变四等，凡是通过数学计算说明什么时间财富就能达到多少的，就可以基本断定是传销。不论传销培训内容如何变化，其核心就是拉人头，发展亲朋好友作为自己的下线。

4. 核实自己的介绍人是否为招聘企业的成员

传销组织在发展大学生时，充分利用了当前的就业形势、知名企业招聘和同学信任这些因素。传销者以在某知名企业工作为幌子，借口企业不公开对外招聘，自己好不容易要到一个名额，要求大学生前去实习。当大学生接到自己这位传销同学的电话时，往往是喜出望外，不假思索背起行李立即前往。一个企业接受大学毕业生实习，其目的是使之成为自己的成员。试想，哪一个正规企业会不经过考察、随随便便接受一个大学生实习呢？大学生若接到类似的电话，最简单的办法就是联系那家企业，核实该企业是否招聘员工及介绍人是否为该企业的员工。

5. 是否设立店铺经营

直销企业设立开架式或柜台式店铺，推销人员直接与公司签订合同，其从业行为直接接受公司的规范与管理。而非法传销的经营者通过发展人员、组织网络从事无店铺或"地下"经营活动。我国经历了 1998 年全面整顿金字塔式传销后，很多外来直销企业纷纷转型。从那时起，"店铺雇用推销员"的模式就成了规范直销企业的主要销售模式，以示与传销的区别。这种特殊的直销经营方式，让推销员归属到店，这样不仅与公司关系直接而且还便于管理。

6. 报酬是否按劳分配

直销企业为愿意勤奋工作的人提供务实创收的机会，而非一夜暴富。每位推销人员只能按其个人销售额计算报酬，由公司从运营经费中支出，在公司统一扣税后直接发放至其指定账户，不存在上、下线关系。而非法传销通过以高额回报为诱饵招揽人员从事变相传销活动，参加者的上线从下线的入会费或所谓的业绩中提取报酬。

通过以上几点基本可以识别传销真面目，希望广大大学生擦亮眼睛，不要落入传销陷阱。

（四）误入传销组织的自我保护与逃离技巧

（1）如果有亲戚、同学和朋友跟你说帮你在外地找工作发财，那么一定要提高警惕，请对方说明工作单位名称、地点、联系电话等，可以上网或打电话查实并跟家长说明后再去。

（2）一旦被骗进传销组织，身份证、学生证等一定要坚持带在身上，身上的钱到了传销组织不会立即被没收，但是一旦意识到是进入了传销组织一定要在适当的时候将身上的钱分开放置，以防他们搜去，想逃脱时没有钱买票。

（3）想方设法让他们对自己放松警惕或以回家拿钱之类的方式逃脱，若他们说让家里人将钱打在卡上或者存折上，则坚持说自己的父母不识字或不会操作，让他们相信并放你回家。

（4）想方设法告诉家里人或老师自己被困的地点，合适的时候可以向警察求助，或者在交通便利的地方想办法坐车摆脱他们。

（5）让他们意识到家里人和老师要找你的决心。一般传销人员还是很不想引起注意的，一旦意识到因为你可能要搬迁，他们就可能会放你回家。

（6）要学会保护自己，不要跟他们产生正面冲突，以便避免他们的打骂或极端行为而造成自身伤害。

（五）坚定信念，树立正确的人生观

习总书记说："幸福都是奋斗出来的。"幸福美好的生活不是免费午餐，不是天上掉馅饼，更不是一夜暴富、不劳而获，只有埋头苦干、真抓实干才能梦想成真。大学生要树立正确的人生价值观，美好生活的实现，需要认真学好专业知识，拓展自己的知识边界，将来一步一个脚印踏实干好本职工作，才能创造自己的幸福与辉煌。

防骗口诀：丢包分钱是陷阱，天上不会掉馅饼；天上馅饼含陷阱，通信诈骗要当心；免售抵押全都假，别听骗子瞎说话；家庭情况要保密，不明来电多警惕；短信诈骗花样多，不予理睬准没错；网络购物要小心，反复要钱是圈套；QQ交友要谨慎，要钱见面都留心；飞来大奖莫惊喜，让你掏钱洞无底；中奖信息多扯淡，警惕网上搞诈骗；飞来横财祸者多，朝夕艳福要不得；网络时代诈骗多，涉钱信息勿轻信；防范连着你我他，幸福欢乐千万家。

六个"一律"：接电话，遇到陌生人，只要一谈到银行卡，一律挂掉；只要一谈到中奖了一律挂掉；只要一谈到"电话转接公安局、法院"的，一律挂掉；所有短信，但凡点击链接的，一律删掉；微信不认识的人发来的链接，一律不点；一提到"安全账户"的一律是诈骗。

四个不：不贪心、不轻信、不透露、不转账。

法律链接

《中华人民共和国刑法》

第二百二十四条 【合同诈骗罪】有下列情形之一，以非法占有为目的，在签订、履行合同过程中，骗取对方当事人财物，数额较大的，处三年以下有期徒刑或者拘役，并处或者单处罚金；数额巨大或者有其他严重情节的，处三年以上十年以下有期徒刑，并处罚金；数额特别巨大或者有其他特别严重情节的，处十年以上有期徒刑或者无期徒刑，并处罚金或者没收财产：

（一）以虚构的单位或者冒用他人名义签订合同的；

（二）以伪造、变造、作废的票据或者其他虚假的产权证明作担保的；

（三）没有实际履行能力，以先履行小额合同或者部分履行合同的方法，诱骗对方当事人继续签订和履行合同的；

（四）收受对方当事人给付的货物、货款、预付款或者担保财产后逃匿的；

（五）以其他方法骗取对方当事人财物的。

第二百二十四条之一 【组织、领导传销活动罪】组织、领导以推销商品、提供服务等经营活动为名，要求参加者以缴纳费用或者购买商品、服务等方式获得加入资格，并按照一定的

顺序组成层级，直接或者间接以发展人员的数量作为计酬或者返利依据，引诱、胁迫参加者继续发展他人参加，骗取财物，扰乱经济社会秩序的传销活动的，处五年以下有期徒刑或者拘役，并处罚金；情节严重的，处五年以上有期徒刑，并处罚金。

第二百六十六条　诈骗公私财物，数额较大的，处三年以下有期徒刑、拘役或者管制，并处或者单处罚金；数额巨大或者有其他严重情节的，处三年以上十年以下有期徒刑，并处罚金；数额特别巨大或者有其他特别严重情节的，处十年以上有期徒刑或者无期徒刑，并处罚金或者没收财产。本法另有规定的，依照规定。

《禁止传销条例》（国务院）

第二条　本条例所称传销，是指组织者或者经营者发展人员，通过对被发展人员以其直接或者间接发展的人员数量或者销售业绩为依据计算和给付报酬，或者要求被发展人员以交纳一定费用为条件取得加入资格等方式牟取非法利益，扰乱经济秩序，影响社会稳定的行为。

第七条　下列行为，属于传销行为：

（一）组织者或者经营者通过发展人员，要求被发展人员发展其他人员加入，对发展的人员以其直接或者间接滚动发展的人员数量为依据计算和给付报酬（包括物质奖励和其他经济利益，下同），牟取非法利益的；

（二）组织者或者经营者通过发展人员，要求被发展人员交纳费用或者以认购商品等方式变相交纳费用，取得加入或者发展其他人员加入的资格，牟取非法利益的；

（三）组织者或者经营者通过发展人员，要求被发展人员发展其他人员加入，形成上下线关系，并以下线的销售业绩为依据计算和给付上线报酬，牟取非法利益的。

第九条　利用互联网等媒体发布含有本条例第七条规定的传销信息的，由工商行政管理部门会同电信等有关部门依照本条例的规定查处。

第十条　在传销中以介绍工作、从事经营活动等名义欺骗他人离开居所地非法聚集并限制其人身自由的，由公安机关会同工商行政管理部门依法查处。

最高人民法院、最高人民检察院、公安部、司法部
关于办理"套路贷"刑事案件若干问题的意见

为持续深入开展扫黑除恶专项斗争，准确甄别和依法严厉惩处"套路贷"违法犯罪分子，根据刑法、刑事诉讼法、有关司法解释以及最高人民法院、最高人民检察院、公安部、司法部《关于办理黑恶势力犯罪案件若干问题的指导意见》等规范性文件的规定，现对办理"套路贷"刑事案件若干问题提出如下意见：

一、准确把握"套路贷"与民间借贷的区别

1．"套路贷"，是对以非法占有为目的，假借民间借贷之名，诱使或迫使被害人签订"借贷"或变相"借贷""抵押""担保"等相关的协议，通过虚增借贷金额、恶意制造违约、肆意认定违约、毁匿还款证据等方式形成虚假债权债务，并借助诉讼、仲裁、公证或者采用暴力、威胁以及其他手段非法占有被害人财物的相关违法犯罪活动的概括性称谓。

……

3．在实践中，"套路贷"的常见犯罪手法和步骤包括但不限于以下情形：

（1）制造民间借贷假象。犯罪嫌疑人、被告人往往以"小额贷款公司""投资公司""咨询公司""担保公司""网络借贷平台"等名义对外宣传，以低息、无抵押、无担保、快速放款等

为诱饵吸引被害人借款，继而以"保证金""行规"等虚假理由诱使被害人基于错误认识签订金额虚高的"借贷"协议或相关协议。有的犯罪嫌疑人、被告人还会以被害人先前借贷违约等理由，迫使对方签订金额虚高的"借贷"协议或相关协议。

（2）制造资金走账流水等虚假给付事实。犯罪嫌疑人、被告人按照虚高的"借贷"协议金额将资金转入被害人账户，制造已将全部借款交付被害人的银行流水痕迹，随后便采取各种手段将其中全部或者部分资金收回，被害人实际上并未取得或者完全取得"借贷"协议、银行流水上显示的钱款。

（3）故意制造违约或者肆意认定违约。犯罪嫌疑人、被告人往往会以设置违约陷阱、制造还款障碍等方式，故意造成被害人违约，或者通过肆意认定违约，强行要求被害人偿还虚假债务。

（4）恶意垒高借款金额。当被害人无力偿还时，有的犯罪嫌疑人、被告人会安排其所属公司或者指定的关联公司、关联人员为被害人偿还"借款"，继而与被害人签订金额更大的虚高"借贷"协议或相关协议，通过这种"转单平账""以贷还贷"的方式不断垒高"债务"。

（5）软硬兼施"索债"。在被害人未偿还虚高"借款"的情况下，犯罪嫌疑人、被告人借助诉讼、仲裁、公证或者采用暴力、威胁以及其他手段向被害人或者被害人的特定关系人索取"债务"。

二、依法严惩"套路贷"犯罪

……

10. 三人以上为实施"套路贷"而组成的较为固定的犯罪组织，应当认定为犯罪集团。对首要分子应按照集团所犯全部罪行处罚。

符合黑恶势力认定标准的，应当按照黑社会性质组织、恶势力或者恶势力犯罪集团侦查、起诉、审判。

……

与您共勉

犯罪分子实施诈骗的手段越来越科技化、智能化、网络化，害人之心不可有，防人之心不可无，即使是美丽的草原上也会有游荡的恶狼。

传销陷阱莫上当

思考思考

1. 你曾经有过被骗的经历吗？有什么教训？
2. 如何预防日新月异的网络诈骗？
3. 你的周围是否存在传销或者套路贷现象？大学生应该如何抵制传销或者套路贷？

Chapter 5
第5章

讲究卫生　预防疾病

一、传染病防治

传染病防治

　　传染疾病、饮食卫生和防止中毒都关乎人的身体健康这个共同主题，生命至上，健康第一，党和国家始终把大学生的生命安全与身体健康摆在第一位。

　　2020年年初发生的新型冠状病毒肺炎，是新中国成立以来传播速度最快、感染范围最广、防控难度最大的一次重大突发公共卫生事件。全国人民全力以赴、众志成城地打了一场疫情防控的人民战争、总体战、阻击战，经过气壮山河、感天动地的艰苦努力，及时阻断了疫情的传播，奏响了一曲悲怆壮烈的生命交响曲，让中华这片土地成为世界上最安全、最温暖的家园，但也付出了巨大牺牲。导致各大学迟至2020年4月底5月初才错峰相继开学，尽量采用网络授课。这场疫情说明，传染疾病的流行的确可怕，更可怕的是灾难发生时人们的茫然无知和手足无措。本章通过发生在大学校园内的传染病流行事件，揭示传染病流行对大学教学秩序和师生健康的危害，系统介绍大学生预防传染病的科学知识，确保大学师生的健康。

警钟格言

不治已病治未病。

——（战国）《皇帝内经》

健康就是幸福！有了健康并不等于有了一切，没有健康就等于没有了一切。

——钟南山

大自然把人们困在黑暗之中，迫使人们永远向往光明。

——（德）歌德

危难是生命的试金石。

——（俄罗斯）希罗科夫

所谓活着的人，就是不断地挑战的人，不断地攀登命运险峰的人。

——（法）雨果

案例回放

案例一 贵阳某学院甲肝疫情

2008年3月31日，南明区疾控中心接到贵州省人民医院报告贵阳某学院2名学生临床诊断为甲型肝炎的疫情报告后，市卫生局立即组织局应急办、市疾控、市卫监人员赶赴贵阳某学院参与调查处理。当天下午4时发现可疑患者16例，初步确定为甲型病毒性肝炎疫情。

2月27日开始，该学院部分学生反映因为饮用××牌矿泉水导致胃肠道不适、腹泻。至4月2日，患病学生达到51例，确诊31例，疑似20例。

4月2日下午，对贵阳××天然矿泉饮料有限公司实施封闭生产水源、停止生产的强制措施，查封正在销售××牌桶装水的供水站19家，现场封存××牌桶装水1556桶，并对擅自在其他水厂继续灌装××品牌桶装水的贵棉供水点进行查处，封存××牌桶装水28桶。4月9日，责令贵阳××天然矿泉饮料有限公司收回全部售出的桶装水。

贵阳市成立"贵阳市甲肝疫情处置领导小组"，实施患者隔离措施。对贵阳某学院全体师生10282人进行甲肝疫苗紧急注射，加强生活饮用水、食品卫生的卫生监督管理。加强现用水源、桶（瓶）装水、二次供水等的监测、管理和监督，开展全市桶装水卫生专项整治行动，杜绝再次感染发生；检查各类品牌桶装水卫生质量，不符合卫生要求的责令立即整改，对无证经营的供水站坚决予以取缔，目前已经停业整顿86家。确保生活饮用水卫生质量。对贵阳市辖区内的省、市、区各级医疗机构医务人员进行培训。对全市2008年2月20日至3月10日期间购进××牌桶装水的学校、托幼机构及其他单位、个人用户进行甲肝疫情主动搜索，发现可疑病例及时送辖区疾病防控机构、医疗机构检查治疗。全市各学校、托幼园（所）继续实行晨检制度。

（案例来源：《贵阳晚报》）

案例二 海南某高校的霍乱疫情

发生霍乱疫情的海南省某高校是海南省出现霍乱疫情之后的第二个暴发点。从2008年10月29日开始，海南省某高校有少数学生发生腹泻。截至11月1日12时，共发现有腹泻症状者30人，其中22例症状较轻的患者隔离在海南省某医院并进行采样和预防性服药，8例患者在其他医院传染病科进行隔离治疗，经过市医院、市疾控中心实验室核实为霍乱实验室诊断病例7例，疑似病例1例（快速法阳性）。

（案例来源：海南省某高校保卫处）

点睛提示

大学生要充分认识传染病对身体健康的危害，轻者可以影响工作、学习及生活；重者可以留后遗症甚至死亡。

（一）传染病容易暴发的原因

由于学校人群密集，所以极易出现交叉感染，导致各种传染病疫情扩散和蔓延。

1. 饮水卫生

不同供水方式的高校传染病暴发与流行报告率不同，集中供水的学校传染病暴发与流行的发生率最低；使用简易自来水的学校报告发生率最高；使用二次供水、自备水或分散式供水的高校传染病暴发与流行的发生率也较高。有研究显示，肠道传染病的高发与水源、粪便管理有着密切的关系。

2. 食堂卫生

《学校食堂与学生集体用餐卫生管理规定》对食堂卫生有严格要求。尤其是食堂工作人员不得有传染疾病。调查证明，食堂工作人员中全部有健康证的高校其传染病暴发与流行的发生率低于无健康证的学校。

3. 食物污染

不能取食已经变质或受到细菌污染的、过期的、被水泡过的食物，由于保管不当而被苍蝇等污染的食物，因为餐具消毒不及时而被污染的食物，等等。

（二）校园传染性疾病的特点

（1）学校常见传染病有肺结核、病毒性肝炎、麻疹、腮腺炎、痢疾、水痘、流感等，它们均具有极强的传染性。

（2）学校是社会上一个特殊的组成部分，也是易感人群集中的场所。学校的传染病与社会上一样，具有明显的季节性。冬、春季呼吸道传染病多发，夏、秋季则以肠道传染病为主。

（3）学校传染病的发生与寒、暑假有着密切的关系。寒、暑假后的两次开学，所伴随的学校传染病的发生与流行，不仅与社会上传染病流行季节吻合，更重要的是在寒、暑假中，学生走亲访友的活动，可能将接触的外地传染病带到本地，又随着开学而带进学校，通过学生之间的密切接触而在学校中传播。

（三）抑制传染性疾病的有效措施

有效地抑制传染病的流行，关键在于切断传染病的传播链：即控制传染源、切断传播途径、保护易感人群。为此，要做到以下几点。

（1）养成讲卫生的好习惯，注意个人卫生、食品卫生、环境卫生。
（2）加强身体锻炼，提高免疫能力。
（3）按规定接种疫苗。
（4）对传染患者要早发现、早报告、早治疗、早隔离，防止交叉感染。

⚠️ 安全知识

（一）《中华人民共和国传染病防治法》规定，我国管理的传染病分为甲类、乙类和丙类

甲类传染病是指：鼠疫、霍乱。

乙类传染病是指：传染性非典型肺炎、艾滋病、病毒性肝炎、脊髓灰质炎、人感染高致病性禽流感、麻疹、流行性出血热、狂犬病、流行性乙型脑炎、登革热、炭疽、细菌性和阿米巴性痢疾、肺结核、伤寒和副伤寒、流行性脑脊髓膜炎、百日咳、白喉、新生儿破伤风、猩红热、布鲁氏菌病、淋病、梅毒、钩端螺旋体病、血吸虫病、疟疾。

丙类传染病是指：流行性感冒、流行性腮腺炎、风疹、急性出血性结膜炎、麻风病、流行性和地方性斑疹伤寒、黑热病、包虫病、丝虫病、除霍乱、细菌性和阿米巴性痢疾、伤寒和副伤寒以外的感染性腹泻病。

（二）学校易发传染病知识

1. 新型冠状病毒肺炎（以下简称新冠肺炎，COVID-19）

新型冠状病毒属于β属冠状病毒，基因特征与SARSr-CoV和MERSr-CoV有明显区别。病毒对紫外线和热敏感，56℃30分钟、乙醚、75%乙醇、含氯消毒剂、过氧乙酸和氯仿等脂溶剂均可有效灭活病毒。基于目前的流行病学调查和研究结果，潜伏期为1~14天，多为3~7天。

【症状】以发热、乏力、干咳为主要表现，并逐渐出现呼吸困难，严重者表现为急性呼吸窘迫综合征、脓毒症休克、代谢性酸中毒和凝血功能障碍。多数患者为中轻症，预后良好，少数患者病情危重，甚至死亡。

【预防知识】① 不接触、不食用野生动物，不生吃奶类、蛋类和肉类。② 勤洗手。在咳嗽或打喷嚏后、制备食品前后、饭前便后、处理污物后及时洗手，洗手时要用肥皂或洗手液洗手，搓手最少20秒，用流动水冲洗。③ 注意环境卫生，多通风。④ 打喷嚏和咳嗽时避免对着他人，应该用纸巾手肘臂（而不是手）遮掩口鼻。把用过的纸巾放入有盖的垃圾桶内。⑤ 尽量减少到封闭、空气不流通的公共场合和人流密集的地方活动，避免与呼吸道感染患者接触，必要时可以佩戴口罩。⑥ 出现发热等症状，主动就医。如果出现发热、呼吸道感染等症状，就要佩戴口罩，建议及时到开设发热门诊的公立医疗机构就诊，切勿私自到小诊所、非正规医疗机构就诊！并主动告诉医生发病前14天内的旅行史、禽类和野生动物接触史、类似病例接触史等。

2. 其他的几种易发传染病

其他易发的几种传染病主要有麻疹、流感、病毒性肝炎、结核病（肺结核）和狂犬病等。

法律链接

《突发公共卫生事件应急条例》（国务院）

第三十三条　根据突发事件应急处理的需要，突发事件应急处理指挥部有权紧急调集人员、储备的物资、交通工具以及相关设施、设备；必要时，对人员进行疏散或者隔离，并可以依法对传染病疫区实行封锁。

第三十四条　突发事件应急处理指挥部根据突发事件应急处理的需要，可以对食物和水源采取控制措施。

《中华人民共和国传染病防治法》

第十六条　国家和社会应当关心、帮助传染病患者、病原携带者和疑似传染病患者，使其得到及时救治。任何单位和个人不得歧视传染病患者、病原携带者和疑似传染病患者。

《贵州省学校学生人身伤害事故预防与处理条例》（贵州省人大常委会）

第十一条　卫生计生行政部门应当加强对学校传染病、饮用水卫生安全、教学和生活环境卫生安全等的监督检查。食品药品监督管理部门应当对学校的食品药品安全状况进行监督检查，加强对为学校及学生提供食品药品的生产经营者的监督管理，加强对学校食品药品安全教育的指导。

贵州省发布3项新型冠状病毒肺炎防控地方标准

2020年4月9日，贵州省市场监管局发布《学校新型冠状病毒肺炎防控技术指南》《学校新型冠状病毒肺炎防控消毒技术指南》《学校新型冠状病毒肺炎防控口罩使用技术指南》3项省级地方标准，以便指导全省中小学全面复学复课的新型冠状病毒肺炎疫情防控工作，对高校也有借鉴意义。

为认真贯彻党中央、国务院关于坚决打赢防控阻击战和发展总体战的决策部署，全面落实省委、省政府疫情防控工作要求，省市场监管局启动标准立项绿色通道、简化审批程序，积极与省卫健委、省教育厅协调工作，指导省疾控中心、各市（州）疾控中心以及有关医疗单位和大专院校共同起草标准，组织相关领域专家论证审查后，批准发布上述3项标准。

《学校新型冠状病毒肺炎防控技术指南》对省内学校在开学前的组织管理与制度、健康排查、宣传、培训、环境整治、防控物资储备、卫生设施等进行规范化，对开学后师生员工健康监测、晨午（晚）检、个人防护、聚集性活动管理、餐饮管理、校车或定制公交管理以及缺课、缺勤登记和原因追踪等内容进行标准化规范，真正解决学校在疫情防控工作中做什么、怎么做的现实问题。

《学校新型冠状病毒肺炎防控消毒技术指南》明确了学校在疫情防控期间的消毒要求，特别是针对当前疫情防控中消毒技术的需求和存在的一些盲目扩大消毒、消毒方法和剂量不当等误区。对消毒人员的个人防护、消毒剂的使用浓度、消毒对象、消毒方法、消毒频次以及消毒液的配制方法等内容进行了规范，科学指导学校在疫情期间做好科学合理的消毒工作、切断传播途径防止疫情发生具有很强的实用性和有效性。

《学校新型冠状病毒肺炎防控口罩使用技术指南》对学校在新型冠状病毒肺炎及呼吸道传染病流行期间口罩的采购和贮存管理，不同场所、不同人群的佩戴方法，更换和存放以及废弃处理等内容进行规范和细化，指导学校师生员工科学、规范使用口罩。

与您共勉

传染病防治无诀窍,主要是卫生要搞好,常开窗、透阳光、透空气,保健康。

思考思考

1. 如何应对突发性传染病流行事件?
2. 大学生在日常生活中应该怎样预防传染病流行?
3. 大学生应该怎样提升卫生应急素养,助力健康中国建设?

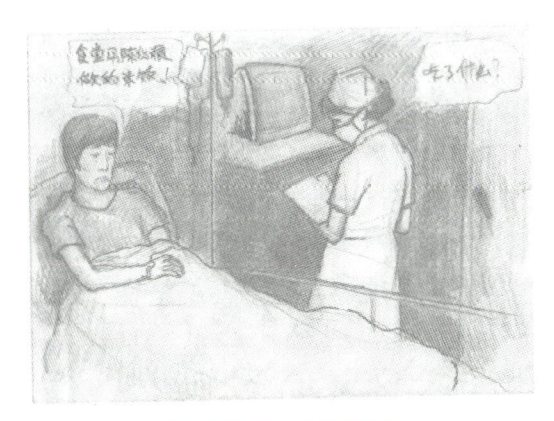

二、预防食品中毒

民以食为天,食以安为先

饮食是大学生每天的第一生活需要。我国大学对大学生的食物供应是安全的,但个别高校食物中毒事件仍然时有发生。本章列举近年来发生在大学中的食物中毒案例,为我们再次敲响安全警钟:以人为本,人命关天,大学生的健康和生命第一,安全第一。向大学生介绍食品卫生和防治食物中毒的科学知识,以及相关的法律常识,借以强化大学生的食品安全意识,营造人人重视食品安全的氛围,预防大学校园食物中毒,向大学生供应安全、卫生、营养的食品。

警钟格言

始终把人民群众生命安全和身体健康放在第一位。

——习近平

民以食为天。

——(汉)司马迁《史记·郦生陆贾列传》

病从口入,祸从口出。

——(晋)傅玄《口铭》

人就是"死在嘴上,懒在腿上"。

——钟南山

校园警钟——大学生安全教育读本(第3版)

📽 案例回放

案例一 大学食堂百余学生发生食物中毒事件

2015年12月2日,沈阳市某大学学生在学校食堂吃饭后,有百余人出现了食物中毒情况,症状为呕吐与腹泻不止,从12月2日晚10时起校医院病床全部住满。学校在第一时间与沈阳市疾控中心取得联系并进行了流行病学调查。同时,学校积极采取防范措施,在市场监督管理部门指导下,连夜对食堂环境、工具容器进行彻底消毒,对食品卫生进行严格检验,确保师生饮食安全。经过治疗,患病学生已经全部治愈。

(案例来源:人民网)

案例二 高校学生食堂吃出死老鼠

2016年5月7日下午5时左右,湖南省衡阳市某高校东校区15级一名同学在食堂一楼打了一份木耳炒猪蹄的盒饭,打包饭菜回寝室吃,打开饭盒后,发现菜里有一只小老鼠,然后拍了照片,7时20分左右发到自己的QQ空间:"打开饭盒,看到一个好多毛的生物,我开始居然天真地以为它只是一个很多毛的猪蹄,结果拎出来一看……一整只老鼠,我的内心是崩溃的,从此以后食堂的饭菜与我就再无可能了。"学校连夜进行调查情况属实。对造成此次事件的直接责任人厨师刘某和打菜服务员周某给予辞退并扣发当月工资;对东校区一名食堂餐厅管理员谢某给予行政警告处分并扣发当月绩效奖励工资;对饮食中心主任给予诫勉谈话,并扣发绩效工资;对后勤集团主管餐饮的副总经理和后勤集团总经理扣发绩效工资。并以此事件为教训,深刻反思,对食堂进行了全面整顿整改。

左图是有关截图画面。

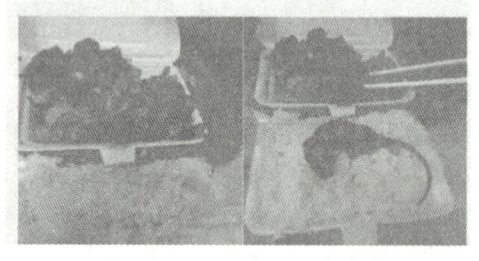

(案例来源:澎湃新闻网,2016年5月8日)

案例三 学生赴外考察集体食物中毒

安徽省芜湖市某大学艺术学院产品设计专业三年级80多名学生,2016年4月初由学校组织去陕西省西安市进行采风考察。由2名任课老师和芜湖假日旅行社的人员带队,4月4日出发,5日到达西安。计划在4月9日下午乘坐火车回芜湖。4月8日中午,学生集体在西安唐都温泉宾馆的餐厅吃"团餐"。其中有一条鱼大家觉得味道不对,但学生还是吃完了。当晚10点多,有30多名学生呕吐、肚子疼,整夜拉肚子。严重的高烧不退,最高烧到39.7℃。前往西安市中心医院就医,结论是"食源性食物中毒,验血结果细菌量超标"。依照原先的行程安排,除了病情最严重的同学和1名带队老师留在西安治疗外,4月9日其余人踏上了回芜湖的归程。但带病上车的学生在火车上不停地呕吐和上厕所。有11名同学只好中途在郑州站提前下车看病，去郑州大学第一附属医院仍然确诊为"食物中毒"。回芜湖学校后又有30位学生发病，症状同前。

西安新城区的食药监部门已经介入调查。学校方面，在第一时间组织了应急小组，由分管院长和书记带队，目前正在与旅行社进行沟通，依法维权。

(案例来源：《大江晚报》2016年4月11日)

案例四　大学生网上订餐食物中毒

2014年11月16日，河北省某大学学生通过"美团外卖"和"饿了么"两家网络订餐网站，订餐并食用了加盟外卖餐馆"布衣小吃张姐烤肉饭"的饭菜。当天食用外卖订餐的24名学生在用餐半小时后，集体出现了腹痛、腹泻、头晕、全身发麻等情况。有些同学吐得走不动路。食物中毒的24人全部送到石家庄平安医院住院治疗，2天后仍然有4名学生留院观察。石家庄食品药品监督管理部门已经介入调查。涉事外卖店"布衣小吃张姐烤肉饭"餐馆墙体上分别写有加盟"美团"和"饿了么"外卖的字样，但涉事店并未取得《餐饮服务许可证》，出事后已经停止营业，等待处理。据调查，平时有七成学生使用"饿了么"或"美团外卖"两款软件进行外卖订餐。

(案例来源：《河北青年报》2014年11月18日)

案例五　校外聚餐食物中毒

2010年6月17日晚，四川省南充市某高校物理与电子信息学院毕业生和任课教师约250人集体到柳林路某食府举行毕业会餐。6月18日凌晨，85名师生陆续出现发热、腹痛、腹泻、恶心、呕吐等中毒反应，从早晨5时开始，师生陆续到川北医学院附属医院急诊科就诊。检验结果为"细菌性食物中毒"。学生于21日出院，经过多方协调，22日中午，学校与商家达成了协议，对此次事件涉及的学生进行了赔偿。

(案例来源：西华师范大学（网络）新闻中心报道，2010年8月28日)

案例六　校内餐馆食物不卫生引起腹泻

2018年4月20日，贵州省某大学部分学生在学校美食广场就餐后纷纷发生腹泻，系学校美食广场餐馆食物不卫生引起。

(案例来源：贵州省教育厅安稳处)

点睛提示

近几年来大学中的食品安全事件频频发生。国以民为本，民以食为天，食以安为先。大学食品安全关系到大学的稳定和发展，关系到大学生的生命和健康权利。

(一)食品安全事故和食物中毒概述

食品安全事故是指食物中毒、食源性疾病、食品污染等源于食品，对人体健康有危害或可能有危害的事故。

食物中毒是指摄入了含有生物性、化学性有毒有害物质的食物或把有毒有害物质当作食物摄入后出现的非传染性的急性、亚急性疾病（不属于传染病）。通常以消化系统或神经系统的障碍为主，最常见的为头晕、头痛、呕吐、腹痛、腹泻或伴随发烧等症状。中毒患者在相近的时间内均食用过某种共同的食品，未食用者不发病，停止食用中毒食品后，发病很快停止。所有患者的临床表现基本相似，日常发生的食物中毒具有以下特性：潜伏期短；急性肠胃炎；中毒的发生与进食某种食物有密切关系；没有传染性。一般无人与人之间的直接传染。除了引起急性肠胃炎的食物中毒之外，也有一些毒素或有害物质是在长期累积人体之后，才引起人体器官、神经系统方面功能的障碍，或者有致癌性，但由于是慢性中毒，因此经常被人们所忽视。

肠道传染病、人畜共患传染病不属于食物中毒。由食品造成的慢性健康损害也不属于食物中毒。

（二）近年来大学生食品安全问题较为突出

大学生的食品安全问题是与国家的食品安全形势联系在一起的，卫生和计划生育委员会通过中国疾病预防控制中心网络直报系统统计，2014年食物中毒类突发公共卫生事件报告160起（较大事件74起），中毒5657人，其中死亡110人。与2013年同期数据相比，报告数量、中毒人数和死亡人数分别增加5.3%、1.8%和0.9%。清华大学一项关于对"中国平安小康指数"的调查，对食品安全关注度人数的比例达到了72%，超过对社会治安、医疗安全、交通安全等关注度人数的比例而位居首位。

虽然总体上大学生的食物安全是有保障的，但是仍然不得不思考：战争造成死亡，而且战争有正义和邪恶之分，为正义而战死得其所；生命止于大自然的灾害，也可以接受，因为我们毕竟还不能"人定胜天"。但是，如果生命是消逝于我们周围的日常食物环境中，我们又怎能理解和接受？这是多么的不应该！尽管安全事故所占比例极小，但是对受害者而言就是百分之百，它一件也不应该发生！

（三）大学生必须高度重视食物安全

当前大学生必须高度重视食物安全是由以下几个方面因素决定的。

（1）目前大学生的食品卫生安全意识普遍不够强，食品法律维权意识不够强。有一份大学生自己戏称的"食堂定律"说：在食堂吃饭时，发现碗中有一条虫子，大呼小叫的是大一的学生；拿起饭碗去找食堂负责人的是大二的学生；把虫子夹出来，继续吃饭是大三的学生；把虫子一起吃下去的是大四的学生。它从一个侧面讽刺了大学生食品安全维权意识的欠缺现状。

（2）校园内食物供应环境存在隐患，大学生应该有一定的忧患意识。校园食物供应的隐患，一是有些大学食堂不把对大学生的服务放在第一位，而是把赢利放在第一位。把食物安全抛在脑后。二是社会餐饮企业可以通过招标、承包等形式进入大学食堂，但准入门槛低，导致整体素质不高。三是校园食堂"以包代管"，难以有效监管。四是原材料采购源头把控不严，监管流于形式。

（3）校园外食品安全事故对大学生的侵害需要大学生加倍提高警惕。这在前面的案例中有清楚的反映，大学生在实习、考察、调研、旅游、返家、交友、社会活动等方面都会与校外社会有密切联系。社会上的食品安全事故必然会危及大学生的食品安全。大学生必须时刻对食品安全保持高度的警惕。

（4）大学生餐饮方式多样化，甚至网络化，例如前述的"美团外卖"和"饿了么"两家网络订餐网站，就是近几年发展起来利用"互联网+"形式创新的餐饮服务新业态，也受到大学生欢迎。但其中也存在新的安全隐患，大学生应该有新的安全防范意识。在目前国家对"网上订餐"还没有出台具体法规的情况下，网上订餐要做到：选择持有《餐饮服务许可证》的餐饮单位订餐；不选择生食品中高风险餐饮单位；选择距离较近并可以短时送达的餐饮单位，确保膳食能够在加工后2小时的安全时限内食用；查验送餐人员健康证明，食品是否受到污染或有变质现象，包装是否清洁；不大量订购作为单位集体用餐。

⚠ 安全知识

（一）食物中毒的分类

校园食物中毒的主要原因为食物污染或变质、加工不当及交叉污染等。

（1）细菌性食物中毒：由致病菌或其毒素污染食物引起，发病率较高，病死率较低，有明显的季节性。

（2）化学性食物中毒：被有毒有害的化学物质污染或过量使用的食品添加剂（食品添加剂超过允许使用范围且造成中毒即可视为有毒有害物质），例如农药、亚硝酸盐。病死率较高。

（3）有毒动植物食物中毒：误食有毒动植物或因为加工、烹调方法不当造成，例如毒蘑菇、河豚、四季豆等。

（4）真菌及霉变食品中毒：被真菌及其毒素污染造成，例如霉变甘蔗。

（二）大学生食物中毒的预防

（1）防止生、熟交叉污染。

（2）蔬菜水果充分浸泡洗净，去除农药残留。

（3）食品烧熟煮透。例如煮透豆浆，彻底去除其中的胰蛋白酶抑制物，对四季豆保证足够的加热时间，完全破坏其中的皂苷等毒素。

（4）从业人员定期体检，防止带菌污染食品。

（5）把好食品储存环节关口：控制温度、湿度等，加强通风。剩余食品再食用前彻底加热，使食品中心温度达到70℃以上。

（6）不食用未经加热处理的生食品。

（7）冰箱中食物中毒的预防。

防治"电冰箱食物中毒"应该做到以下几点。

① 家庭可以考虑选用零下18℃的低温冷冻箱，它对于家庭食品保鲜和存储，以及减少食品再污染方面都具有较好的效果。

② 熟食在冰箱冷藏的时间不宜太长（食用前要经过加热处理），一般来说，细菌耐寒不耐热，在高温下会很快死亡。

③ 在电冰箱使用过程中，要长期保持电冰箱的内部清洁卫生，生、熟食要分开放，并且存放时间不能过长。

（三）大学生食物中毒的救护

食物中毒者最常见的症状是呕吐、腹泻，同时伴有中上腹部疼痛。因此必须给患者补充水分，有条件的可以输入生理盐水。症状轻者让其卧床休息。如果仅有胃部不适，就多饮温开水或稀释的盐水，然后把手伸进咽部催吐。如果发觉中毒者有休克症状（例如手足发凉、面色发青、血压下降等），就应该立即平卧，双下肢尽量抬高并速请医生进行治疗。

（1）患者有呕吐、腹泻、舌苔和肢体麻木、运动障碍等食物中毒的典型症状时，要注意：

① 为了防止呕吐物堵塞气道而引起窒息，应该让患者侧卧，便于吐出。

② 在呕吐时，不要让患者喝水或吃食物，但在呕吐停止后马上补充水分。

③ 留取呕吐物和大便样本，给医生检查。

④ 如果腹痛剧烈，那么可以取仰睡姿势并将双膝弯曲，有助于缓解腹肌紧张。

⑤ 腹部盖毯子保暖，有助于血液循环。

⑥ 当出现脸色发青、冒冷汗、脉搏虚弱时，要马上送医院，谨防休克症状。

一般来说，进食短时间内即出现症状，往往是重症中毒。小孩和老人敏感性高，要尽快治疗。食物中毒引起中毒性休克，会危及生命。想吐的话，应该让其吐出，出现脱水症状要送医院。用塑料袋留好呕吐物或大便，带着去医院检查，有助于诊断。不要轻易地给患者服止泻药，以免贻误病情。

（2）患者出现抽搐、痉挛症状时，马上将患者移至周围没危险物品的地方，并取来筷子，用手帕缠好塞入患者口中，以便防止患者咬破舌头。

（四）容易引起中毒的食物及饮食不当容易中毒与患病的情况

1. 容易引起中毒的食物

（1）发芽的土豆。发芽的土豆含有毒素，食用会导致中毒，一旦发现土豆发芽或皮肉变绿变紫就应该把发芽部分完全削去，再放入冷水中浸泡1小时，煮熟或加入食醋后食用。

（2）青西红柿。西红柿如果没有成熟呈现青色，这时的西红柿含有大量的龙葵素，大量食用会出现头昏、流涎、恶心、呕吐等中毒症状。

（3）鲜黄花菜。黄花菜就是通常说的金针菜。含有大量的秋水仙碱，它一旦进入人体就会氧化成剧毒物质——二秋水仙碱，食入后会造成恶心、呕吐、腹泻，甚至血尿及尿闭等症状。二秋水仙碱能溶解于水中，所以在食用前可以先用热水漂洗并挤出水分，用油炒熟，避免造成中毒。

（4）有毒蘑菇。不食用不认识的蘑菇，分清并证明确实无毒时才能食用。

（5）残留农药的蔬菜。采用"一洗二浸三烫四炒"的方法去毒。

（6）新鲜的蚕豆。部分人体内缺少某种酶，食用新鲜的蚕豆后会引起过敏性溶血综合征，症状表现为全身乏力、贫血、肝大、呕吐、发热等，如果不及时抢救，就会因为极度贫血而死亡。

（7）未煮熟的四季豆和扁豆。四季豆和扁豆中含有蛋白凝集素，豆荚内还含有溶血素，它们均可使人中毒。食用时，先用冷水浸泡或开水烫后再烹饪。无论炒、煮都要熟透。

2. 饮食不当容易中毒及患病的情况

（1）生吃淡水鱼虾、生鱼片、炝虾等，容易患华支睾吸虫（肝吸虫）病。

（2）吃未熟透的小龙虾、蟹类，容易患肺吸虫病。

（3）生吃或吃未熟透的猪、牛肉，容易患绦虫病、旋毛虫病。

（4）吃加工不彻底的奶制品或病畜肉，容易引起布氏杆菌病。

（5）吃炝炒青蛙、鸟类等，容易引发线虫等蠕虫移行症。

（6）生吃菱角、茭白、荸荠、莲藕等，容易感染姜片虫病。

（7）生吃黄瓜、生菜、香菜等，容易患蛔虫、囊虫、钩虫等寄生虫病。

（8）误食野生有毒植物菌。

法律链接

《中华人民共和国食品安全法》

第一百零三条 发生食品安全事故的单位应当立即采取措施，防止事故扩大。事故单位和接收病人进行治疗的单位应当及时向事故发生地县级人民政府食品安全监督管理、卫生行政部门报告。

任何单位和个人不得对食品安全事故隐瞒、谎报、缓报，不得隐匿、伪造、毁灭有关证据。

《国家突发公共卫生事件相关信息报告管理工作规范（试行）》

（六）报告方式、时限和程序

获得突发公共卫生事件相关信息的责任报告单位和责任报告人，应当在2小时内以电话或传真等方式向属地卫生行政部门指定的专业机构报告，具备网络直报条件的同时进行网络直报，直报的信息由指定的专业机构审核后进入国家数据库。接到《突发公共卫生事件相关信息报告卡》的专业机构，应该对信息进行审核，确定其真实性，2小时内进行网络直报，同时以电话或传真等方式报告同级卫生行政部门。

《贵州省学校学生人身伤害事故预防与处理条例》（贵州省人大常委会）

第十五条 学校应该加强对学生人身伤害事故的防范，履行下列职责：

（五）完善卫生设施，加强校园食品安全管理，建立食品安全和卫生管理制度，按照规定配备专（兼）职医务人员，做好疾病、传染病的预防和控制工作，按照规定组织学生体检。

第三十六条 为学校建设校舍、提供场地、设备、交通工具、食品及其他消费与服务的单位或者个人，或者学校以外的活动组织者造成学生人身伤害事故的，依法承担责任。

与您共勉

吃得好的标准因人而异，可能有多个，但是，吃得安全的标准只有一个，那就是吃得卫生，吃出健康，无毒无害。

思考思考

1. 大学中发生食物中毒的原因有哪些？
2. 大学生应该怎样预防食物中毒？
3. 食物中毒后进行急救的要点是什么？

三、预防一氧化碳中毒

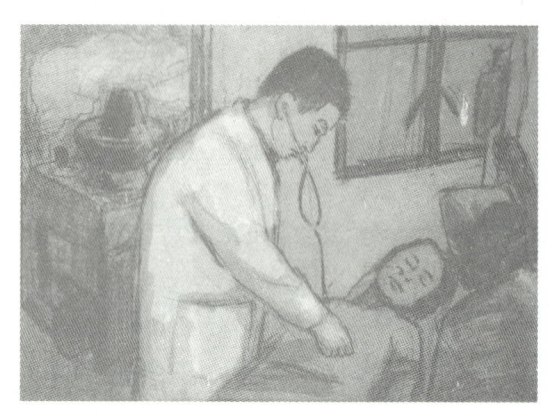

一氧化碳中毒

警钟格言

健康就是一个空心的玻璃球,掉下去以后就碎了。

——钟南山

每个研究人类灾难史的人可以确信:世间大部分不幸都来自无知!

——(法)爱尔维修

学问和健康之外无财富,无知和疾病之外无贫穷。

——欧洲谚语

案例回放

案例一 研究生校外租房一氧化碳中毒身亡

贵州省某高校民族学与社会学学院硕士研究生秦某家人2019年5月12日拨打该生电话无人接听,次日来学校探望,经过派出所民警和学院师生多方寻找,打听到秦某在校外租房的地址后,房东打开房门后,看到秦某躺在床上,身上盖着被子,已经无生命体征。经过公安分局刑事侦查大队技术科现场勘察:系一氧化碳中毒死亡。

(案例来源:贵州省教育厅安稳处)

案例二 在北京实习的5名大学生因为煤气中毒身亡

2015年7月29日,北京市朝阳区法院对5名哈尔滨某医科大学学生煤气中毒索赔案进行一审宣判。中毒事件发生在2013年2月4日,当时居住在北京市朝阳区一间出租房内的5名大学生一氧化碳中毒身亡。死者为在中日友好医院实习的哈尔滨某医科大学的四年级学生。

该出租房为两室一厅，共住 6 人。事发当晚，一名幸存者未在宿舍睡觉，躲过一劫。他 4 日晨回到宿舍时，发现 5 人煤气中毒。其时，房间窗户都是关闭的。根据公安机关现场勘验，"热水器排气管连接处两侧各发现一处长 1 厘米的破损""热水器热水管终端连接到马桶进水管""马桶盖上的排水开关呈倾斜状，马桶水箱内无自来水"。据幸存者说，此次事故前他们曾经数次发现马桶启动冲水时会导致燃气热水器点火开关意外启动、热水器燃烧。而卫生间马桶的冲水开关有时会失灵，导致马桶长时间流水，他们曾经向出租房屋的管理人员反映过上述问题，但一直没有得到解决。一审宣判，5 名死者家属分别获赔 1012178.5 元、1011978.5 元、1012128.5 元、1012128.5 元、1005106.55 元。这 5 名学生本来已经买好票要准备回家，因为煤气中毒永远地离开了这个世界。

（案例来源：《北京日报》2015-07-29：《哈医大 5 学生煤气中毒案开庭》及 360 百科）

案例三　高校 10 余名学生聚餐后一氧化碳中毒

福建省漳州市某职业高校 17 名学生，2014 年 11 月 2 日到芗城区大学路 365 碳烤美食餐馆聚餐。晚 9 时左右，其中 13 名学生陆续出现头晕、呕吐等症状，随后被紧急送漳州市医院急诊科就医。经过医生诊断，是一氧化碳轻度中毒。警方已经对现场进行封锁，做进一步调查，事后学生已经陆续治愈出院。

（案例来源：中国新闻网 2014 年 11 月 3 日）

案例四　两名大学生去看望奶奶　三人煤气中毒身亡

2013 年 2 月 6 日，陕西省咸阳市永寿县监军镇新勤村发生一起煤气中毒致人死亡事件，死者为一名老年妇女及两名女大学生，三人系祖孙关系。两个孙女，一个是在读大学生，另一个大学刚毕业，二人共同去看望奶奶，没想到当晚因为煤炉散发的一氧化碳煤气中毒致 3 人身亡。

（案例来源：腾讯网）

点睛提示

一氧化碳中毒事件在高校时有发生，扎牢预防一氧化碳中毒的围墙，最大限度地减少一氧化碳中毒事件造成的危害，事关大学生的生命安全和校园稳定，应该让预防一氧化碳中毒的警钟长鸣。对大学生而言，易于发生一氧化碳中毒事件，主要有三种情况，一是在校外租用民房，冬春季节取暖，煤炉、炭火盆中的煤、木炭燃烧不充分而中毒，常在晚上睡觉时发生，例如案例一、案例四所示；二是室内天然气设备密封或接触不好，致天然气泄漏而中毒，常发生在寝室、浴室等处，例如案例二所示；三是餐馆中的天然气泄漏导致中毒，例如案例三所示。

一氧化碳是一种闻不出、看不见的气体。人一旦吸入大量一氧化碳，就会引起组织缺氧，严重者可以导致死亡，俗称煤气中毒。当人们意识到已经发生一氧化碳中毒时，往往为时已晚。因为支配人体运动的大脑皮质最先受到麻痹损害，使人无法实现有目的的自主运动，所以一氧化碳中毒者往往无法进行有效的自救。

同学们尤其要消除对一氧化碳中毒的种种误区：

一不要认为只有烧煤才会引起一氧化碳中毒，凡属含碳物质例如汽油、煤油、煤、木炭等的不完全燃烧，均可产生大量的一氧化碳。

二不要认为室内没有煤烟就不会发生中毒，一氧化碳是一种无色无味的气体，一氧化碳中毒往往在不知不觉中发生。

三不要认为家中取暖，用湿煤封火就不会中毒，一氧化碳极难溶于水，且水和煤气在高温下容易形成水煤气混合气，增加中毒风险。

四不要认为门窗上有缝隙就不会中毒，一氧化碳的比重比空气小，如果门窗缝隙的位置较低，那么一氧化碳也不容易排出。

五不要认为一氧化碳中毒患者抢救过来就没事了，一氧化碳中毒可能造成中枢神经后遗症，一定要坚持后续治疗，不要留下后遗症。

六不要认为在炉边放一盆清水可以预防煤气中毒。一氧化碳是不溶于水的，放多少水也解决不了问题。

七不要认为煤气中毒者冻一下会醒。寒冷刺激不仅会加重缺氧，更能导致末梢循环障碍，诱发休克和死亡。

⚠ 安全知识

一、一氧化碳中毒概述

一氧化碳中毒是含碳物质燃烧不完全时的产物经过呼吸道吸入引起中毒。中毒机理是一氧化碳与血红蛋白的亲和力比氧与血红蛋白的亲和力高 200～300 倍，所以一氧化碳极易与血红蛋白结合，形成碳氧血红蛋白，使血红蛋白丧失携氧的能力和作用，造成组织窒息。对全身的组织细胞均有毒性作用，尤其是对大脑皮质的影响最为严重。

二、发生一氧化碳中毒的原因

一氧化碳的成因基本都是在燃烧环节。燃烧物质可以包括但不仅限于煤、炭、燃气。

1. 燃气燃烧时，如果氧气（空气）不足，燃烧不充分，就会产生一氧化碳，并随烟气一起排出。
2. 使用燃气热水器、燃气灶时间太长，门窗禁闭通风不良，空气不足，燃气燃烧不充分，室内一氧化碳浓度升高，导致中毒事故发生。
3. 燃气热水器安装在浴室内，或未安装烟道，热水器燃烧所产生的烟气直接排放在浴室或房间室内。
4. 热水器烟道安装不规范，与热水器接口处连接不严密或者有裂缝，不能将烟气有效地排放到室外。
5. 烟道室外部分管道安装不规范或者没有防风帽，致使大风天气时，烟气倒灌进室内等。
6. 在密闭空间使用木炭取暖，用炭火盆、炭火炉，吃炭火锅。
7. 开车时让发动机长时间空转；在车窗密闭、开着空调的车内睡觉等。

三、一氧化碳中毒的症状

病因：一氧化碳中毒是含碳物质燃烧不完全时的产物经过呼吸道吸入引起中毒。

临床表现：

（一）轻型

中毒时间短，表现为中毒的早期症状，头疼眩晕、眼花、心悸、恶心、呕吐、四肢无力，甚至出现短暂的昏厥，一般神志尚清醒。吸入新鲜空气，脱离中毒环境后，症状迅速消失，一般不留后遗症。

（二）中型

中毒时间稍长，在轻型症状的基础上，可以出现多汗、烦躁、走路不稳、皮肤苍白、意识模糊、感觉睡不醒、困倦乏力、虚脱或昏迷，皮肤和黏膜呈现一氧化碳中毒特有的樱桃红色。如果抢救及时，那么可以迅速清醒，数天内完全恢复，一般无后遗症状。

（三）重型

发现时间过晚，吸入一氧化碳过多，或在短时间内吸入高浓度的一氧化碳，患者呈现牙关紧闭，全身抽动，面色口唇现樱红色，呼吸、脉搏增快。极度危重者可以持续深度昏迷，各种反射消失，脉细弱，不规则呼吸，血压下降，也可以出现 40℃ 高热。大小便失禁，四肢厥冷，血压下降，呼吸急促，会很快死亡。一般昏迷时间越长，预后越严重，常留有痴呆、记忆力和理解力减退、肢体瘫痪等后遗症。

四、发现一氧化碳中毒应该如何应对

1. 使用燃气器具时，若出现头晕、眼花、恶心、心慌、四肢无力等症状，则应该立即停止使用，尽快打开门窗换气，并尽快就医，并联系燃气器具厂家或供气公司进行检修。

2. 发现他人中毒，因为一氧化碳比空气轻，所以救护者应该用湿毛巾捂住口，俯伏进入室内，关掉煤气，不能出现明火，不要开关电器。迅速将中毒者抬到通风处，松开衣领，保持呼吸通畅，并呼叫 120 急救。

3. 等待急救时，①立即打开门窗通风，迅速将患者转移至空气新鲜流通处；②患者应该安静休息，避免活动后加重心、肺负担及增加氧的耗量；③同时注意保暖；④确保患者呼吸道通畅，对神志不清者应该将头部偏向一侧，以防呕吐物吸入呼吸道，导致窒息；⑤对有昏迷或抽搐者，可以在头部置冰袋，以便减轻脑水肿，⑥如果中毒者呼吸心跳停止，那么应该立即进行人工呼吸和心脏按压。

4. 观察患者变化，对轻度中毒者，经过数小时的通风观察后即可恢复。对中、重度中毒者应该尽快催促 120 急救。

五、一氧化碳中毒的预防

1. 用煤炭取暖的住户，居室内火炉要安装烟囱，烟囱结构要严密，排烟排气良好。没有烟囱的煤炉，夜间要放在室外。空气湿度大、气压低的天气应该格外注意，室内门窗不要封闭过严。

2. 使用管道煤气时，要防止管道老化、跑气、漏气，烧煮时防止火焰被扑灭，导致煤气溢出。

3. 不使用淘汰热水器，例如直排式热水器和烟道式热水器，这两种热水器都是国家明文规定禁止生产和销售的；不使用超期服役热水器；最好请专业人士安装热水器，不得自行安装、拆除、改装燃具。冬天洗澡时浴室门窗不要紧闭，洗澡时间不要过长。

4. 使用燃气热水器时，禁止将燃气热水器安装在洗浴房间内，应该将其安装在洗浴房间外靠近窗户的地方或室外。尽量使用烟道式燃气热水器，且要经常对燃气热水器和排气扇进行检查维护。

5. 不要在密闭的室内吃炭火锅、点炭火盆。

6. 开车时，不要让发动机长时间空转；车在停驶时，不要过久地开放空调机；即使是在行驶过程中，也应该经常打开车窗，让车内外空气产生对流，感觉不适即停车休息；驾驶或乘坐空调车如果感到头晕、发沉、四肢无力时，就应该及时开窗呼吸新鲜空气；不要躺在车门车窗紧闭、开着空调的汽车内睡觉；长途行车，开内循环，定期开窗通风。

7. 有条件的情况下，在可能产生一氧化碳的区域安装一氧化碳报警器。

法律链接

关于印发《非职业性一氧化碳中毒事件应急预案》的通知
卫应急发〔2006〕355号

1.4 工作原则

1.4.1 大力开展防控一氧化碳中毒知识的宣传教育，提高公众对一氧化碳中毒事件的防范意识和自救、互救能力，广泛组织、动员公众参与一氧化碳中毒事件预防控制工作。对可能引发非职业性一氧化碳中毒事件的情况及时进行分析、预警，保障公众的身体健康和生命安全。

1.5 适用范围

本预案主要适用于非职业性一氧化碳中毒事件的应急工作。公众在日常生活中发生的，由天然气、液化气、二氧化碳、硫化氢等可以致使人体缺氧窒息的气体所造成的中毒事件，可参照本预案组织开展应急工作。

2.1.2 报告时限和程序

县级以上各级人民政府卫生行政部门指定的非职业性一氧化碳中毒事件监测报告机构人员、各级各类医疗卫生机构的医疗卫生人员、个体开业医生发现非职业性一氧化碳中毒患者，应当在2小时内尽快向所在地区县级疾病预防控制机构报告。

县级疾病预防控制机构做好信息的核实、汇总和分析工作，当发现非职业性一氧化碳中毒情况已经构成事件可能，应当在2小时内尽快向所在地区县级人民政府卫生行政部门报告。

接到非职业性一氧化碳中毒事件信息报告的卫生行政部门应当在2小时内尽快向本级人民政府报告，同时向上级人民政府卫生行政部门报告，并应立即组织医疗救治，进行现场调查确认，及时采取措施，随时报告事态进展情况。

地方各级人民政府应在接到报告后2小时内尽快向上一级人民政府报告。

对可能造成重大社会影响的非职业性一氧化碳中毒事件，省级以下地方人民政府卫生行政部门可直接上报国务院卫生行政部门；省级人民政府卫生行政部门在接到报告后的1小时内，向国务院卫生行政部门报告；国务院卫生行政部门接到报告后应当立即向国务院报告。

3.1.3.8 教育部门

与卫生行政部门密切配合，组织实施各类学校的非职业性一氧化碳中毒事件防控措施，防止事件在学校内发生，做好在校学生、教职工的宣传教育和自我防护工作。

……

与您共勉

法国哲学家爱尔维修说："每个研究人类灾难史的人可以确信：世间大部分不幸都来自无知！"游泳在知识海洋中的大学生，不应该再为对一氧化碳中毒的无知而付出生命的代价！

思考思考

想想：你对一氧化碳中毒还有哪些认识误区？

Chapter 6

第 6 章

拒绝诱惑　文明上网

善于面对网络中的诱惑

　　人类已经进入网络文明的时代，在我们的社会生活中，网络几乎无处不在。据统计，我国大学生网民约占网民总数的 40%，网络已经逐渐成为大学生的一种生存方式和生活方式，在大学生的社会化过程中起着不可忽视的作用。大学生网络行为和意识将影响整个网络的发展。网络在对现代人类做出伟大贡献的同时，也会被消极地利用，产生网络侵权、网络犯罪，由此引发网络安全问题。

　　大学是一个非独立的社会人转变为一个能适应社会各种要求的社会人的重要时期。为了提高大学生的网络安全意识，规范大学生的网络行为，本章列举了发生在大学生身边的因为网络行为导致被骗或通过网络实施犯罪行为的真实案例和法律常识，让大学生区别网络的良性行为和非良性行为，自觉抵制不良网络行为带来的侵害，警惕各种新型电信网络犯罪，以免误入歧途，害人害己。

警钟格言

自我控制是最强者的本能。

——（爱尔兰）萧伯纳

理智要比心灵为高，思想要比感情可靠。

——（苏联）高尔基

对于事实问题的健全的判断是一切德行的真正基础。

——（捷克）夸美纽斯

人生而自由，却无所不在枷锁之中。

——（法国）卢梭

案例回放

案例一　微信传播疫情谣言　宜君女大学生被罚 500 元

2020 年初新冠肺炎疫情期间，一名宜君籍女大学生在微信朋友圈散布疫情不实信息，被警方依法查处。2020 年 1 月 27 日上午，宜君县公安局五里镇派出所接县局指令，网名叫"秋白"的人员在微信群中发布"我们铜川有 140 例确诊的，陕西还确诊 22 例，早都超的不像样了"等信息。经过相关部门核查，该信息为不实信息。五里镇派出所马上展开调查，并第一时间锁定该嫌疑人的身份信息，将其传唤到宜君县执法办案中心进行调查。

经过调查，违法行为人赵某娟从微博评论中获取到该不实消息，后向其大学宿舍群内进行编辑发布。赵某娟对其网络传播谣言的违法事实供认不讳。民警当场对违法行为赵某娟进行批评教育，违法行为人赵某娟主动向微信群内 8 名人员说明情况消除影响。民警按照《中华人民共和国治安管理处罚法》第二十五条，依法对违法行为人赵某娟罚款 500 元。赵某娟也认识到了自己的错误，表示深刻的悔改。

（案例来源：华商网 2020 年 1 月 29 日）

案例二　不文明上网的后果

2008 年 5 月 12 日，四川省汶川发生 8 级特大地震，重庆有明显震感。第一次亲历地震，让"Die 豹"很兴奋。她对地震知识了解甚少，平时喜欢摇滚音乐，看一些灾难片。"我长这么大，还是第一次在重庆本地感受到地震，很舒坦，我还在想为什么不来得更猛烈一点……"当晚，"Die 豹"试图在论坛里与他人分享她的兴奋。

"Die 豹"的言论一出，即有网民出来指责她"没人性"，批评和谩骂此起彼伏。但这个在老师、同学眼里，素来"自以为自己很有想法和个性"的女孩，认为自己说的是自己的真实想法。心有不甘的她，带着"可遇不可求"的地震体验，在论坛上奋起反击。

不久，广大网民通过网络"人肉搜索"，除了"Die 豹"的真实姓名以外，她的生日、身高、血型等真实资料，全部被公布了出来。

5月17日，有网民把"Die 豹"的一些言论、照片链接和真实资料，贴到了百度贴吧的"重庆某学院吧"里，"Die 豹"的同学认出了她，并公布了她的真实姓名。

此后，"Die 豹"的妈妈被电话骚扰。5月19日，"Die 豹"主动提出休学一年。在休学回家的当晚，"Die 豹"在自己的博客上发表了道歉书，她对于这次的严重错误及引起的恶劣影响真诚地向广大网民道歉，并且保证以后再也不会在网络上乱说不负责任的话。

（案例来源：豆瓣网）

案例三 乘疫情实施口罩网络诈骗大学生被判刑

2020年3月，安徽省检察院公布一起疫情期间以销售口罩为名实施诈骗的案件。根据检察院公布的信息，被告人秦某某是某大学二年级的在校生。2020年2月11日，宁夏回族自治区银川市贺兰县居民贺某某为了应对新冠肺炎疫情，通过"最右"手机App发布求购一次性医用口罩和N95口罩信息。秦某某在没有任何货源的情况下，通过网络主动联系贺某某，谎称有一次性医用口罩销售，并与贺某某通过微信聊天达成购买30万个一次性医用口罩，定价每个3元，全款付清后发货的交易。贺某某遂于24小时内先后四次通过银行转账将90万元给被告人秦某某。被告人秦某某收款后即将该款用于网络赌博、归还债务和个人消费。

2020年2月13日，被害人贺某某向贺兰县公安局报案后，按照涉疫案件快速办理机制，2月14日决定立案侦查，于同日对秦某某刑事拘留。2月16日，检察院提前介入引导公安机关调取固定相关的证据。2月19日，检察院快速审查作出批准逮捕决定。

2月24日，公安局将该案移送审查起诉。同日，检察院依法提起公诉。3月6日，来安县人民法院开庭审理该案并当庭宣判，判处秦某某有期徒刑十年零四个月并处罚金8万元。

（案例来源：央视新闻2020年3月16日）

案例四 网购有风险，购物需谨慎

2013年3月3日，就读于贵阳市某学院的宋某某拨打早报热线5858000，说："我在网上拍了一套化妆品，但后来又不想买了想退款，谁知款没退成，银行卡里的2000元也被骗走了。"

3月1日是某优品网站3周年店庆日，许多商品都在打折。热衷网购的宋某某看到打折促销活动后，买了一套价值178元的化妆品。刚提交订单，宋某某就后悔了，想申请退款。由于不清楚退款流程，当天中午12时左右，宋某某在百度输入"如何在某优品退款"关键词后，网页显示了一个电话号码，并告知拨打该号码联系工作人员即可退款。

宋某某照着网上的号码打过去，对方称退款要打在余额高于2000元的银行卡上，这样才能退款成功。于是，宋某某拿了一张银行卡马上在学校的自动取款机上，按照对方的提示，一步一步进行"退款"操作。"屏幕上都是英文，我看不懂，只能在电话里听对方的指示操作。"宋某某回忆说。几分钟后，对方告知她退款正在进行，让她半小时内不要动用这张银行卡，查询、取款都不可以。

半小时后，宋某某再次来到取款机边，屏幕上显示卡上余额只有60元。宋某某马上到龙洞堡派出所报了警。

派出所民警说，宋某某可能遇到"钓鱼电话"了，他们会加紧侦查，但失去的钱不一定追得回来。

（案例来源：《黔中早报》）

案例五　微信摇一摇，摇出老色狼

2013年年初，河北省保定市某大学大二女生小芹（化名）通过手机微信"摇一摇"，摇出一名昵称为"魅力熟男"的男子，在聊天过程中得知对方姓贾且是徐水人。涉世未深的小芹将贾某加为好友，并将网络聊天号、手机号告知对方。

3月23日，小芹接到贾某约会吃饭的电话后爽快地答应了，见面后他们聊得很投机，饭后意犹未尽，便商定驾车到山西五台山游玩。在景区某旅馆，贾某强行与小芹发生关系，并用手机拍下其裸照。

事后小芹怕丢人，忍气吞声不敢报警，贾某却变本加厉，以裸照威胁，迫使小芹与其保持"密切关系"。遭到两次强奸后，4月23日，小芹终于鼓起勇气报了警。高新区警方接报后，立即调查取证、提取收集证据、组织抓捕，但贾某销声匿迹。经过警方大量的走访调查，8月24日，民警在保定市某旅馆抓获贾某。后来贾某以强奸罪被判刑。

（案例来源：《燕赵晚报》）

案例六　轻信百度搜索，遭遇诈骗

余某是安徽省某高校的大三学生。2016年4月30日，他和家人一起去南京游玩，返程时不慎将一个行李箱遗忘在南京火车南站。经过与铁路工作人员联系后，火车站方面承诺尽快将物品归还失主。然而，一连等了好几天也没有箱子的消息。5月3日上午，焦急万分的余某通过百度搜索寻找南京南站的联系方式，在进入一个名为"南京南站客服电话"的网页后，余某拨打了对方的电话。"当时之所以用百度搜索，就是出于对百度的信赖，觉得它方便又安全。打开页面之后，也没来得及多想，就拨通了电话。"回想起不久前发生的一幕，余某无奈地说。

让他喜出望外的是，虽然时间过去好几天，但是对方称箱子还在火车站，如果需要邮寄就必须支付20元邮费。可以用支付宝或银行卡转账，并询问银行卡里的余额，称公司要做财务备案。在得知银行卡中有4000多元后，对方给了他一个银行账户，让其将钱转入其中。余某按照对方提示输入验证码后，银行卡内的4420元竟被全部扣除。

之后，余某向对方索要退款，对方辩称属于系统错误，多收了钱可以退款，并要求余某再次向其指定的银行卡中打入一笔钱，才能激活账户，将多收取的钱款退回，且激活的钱款必须高于退款金额。余某再次转入4450元后仍然不见退款。余某才发现被骗而报警。淮南市田家庵分局警方已经立案调查。

（案例来源：新华网）

案例七　兼职网上刷单，惨遭诈骗

2015年9月，宁波市某大学大四学生小王在招聘网站上应聘了一份很简单的兼职工作，就是网络"刷信誉"。"美女客服"告诉他，只要按照规则刷单，完成一定的数量后就能获得佣金。对方还给他发来了一张兼职申请表，需要填写个人信息及银行卡、支付宝信息。

小王信了，开始兼职。很快，他就完成了第一单360元的刷单，就在他等着返现时，对方又说要完成4单才能结算。就这样，小王投了4笔钱，按照约定能收到120元的佣金及自己的本钱。但对方发来截图，显示小王的4次刷单中有一次因为系统问题"卡单"了，要求他重新刷单来激活。小王又刷了4单，投了4次钱。又是老一套的"卡单"说辞，要求小王继续刷，就这样，小王共刷了15单，被骗了5400元。

（案例来源：《宁波日报》）

案例八　中奖短信陷阱多

2013年6月25日，广州市天河区五山街某职业技术学院一名女大学生小陈接到一条"中奖"短信称："您的手机号码已被××电视台《×是歌手》栏目组随机抽奖选为场外幸运号……"她抱着试一试的心态，在互联网上搜索到短信中所述的兑奖网址，并填写了相关的资料。不到1小时，对方就用"950"开头的电话号码打来电话。一名自称是负责兑奖工作的男子告知小陈，她已经获得二等奖，但需要缴纳3600元保险金和4900元税款，并提供了户名为朱×的邮政银行账户。期间，该男子威胁小陈必须领奖，否则会收到法院传票。被恐吓后，小陈称自己没有那么多钱。对方同意其先缴纳3600元保险金和2000元税款。小陈立即赶往五山街岳洲路某银行通过柜员机进行转账。

汇款后，对方又来电要求小陈必须将剩下的2900元税款补齐。无奈之下，小陈又将2900元转到对方的账户。随后，对方继续以缴纳公证押金和激活账户为由骗小陈再将11600元、20100元转入其指定的账户。小陈先后5次总共转账40200元，操作完成后才醒悟，立即拨打电话报警。广州市天河区警方受理小陈的报警后，组织警力全力侦破了此案。

（案例来源：大洋网，《信息时报》）

案例九　支付平台套现，警惕网络诈骗

2018年4月15日，有大学生在网络发帖称，厦门某学院的大三学生黄某某网络诈骗160余名各地的大学生，金额达200多万元，诈骗手段为支付平台套现。4月13日，有学生陆续发现联系不上黄某某后，察觉受骗，向警方报警。发帖的大学生将百余名大学生网络转账的支付凭证打印出来作为证据，共17张A4纸，每张纸上，金额从千元到万元不等。由于将临近还款日期，且还款数额较大，所以多名学生在发现受骗后情绪崩溃。

4月15日上午，北京青年报记者联系到被骗数额最多的李樊（化名）。李樊今年读大三，被黄某某骗了20万余元。据她介绍，黄某某让她套现某支付平台的额度，第二个月归还本金和利息，每1000元可以返利100元。同时，黄某某还发展了3个下线代理去介绍人来套现，代理可以获得一定的抽成。

经过初步调查，黄某某系在校女大学生，自2017年12月起，以吸引投资并承诺高额利息为名，通过对方直接转账汇款或用"蚂蚁花呗"套现支付等方式套取钱款。目前，集美区警方已经对黄某某涉嫌非法吸收公众存款立案侦查。

（案例来源：北青网，2018年4月16日）

点睛提示

以上是当前某些大学生不文明上网引发的典型案例。

大学生是网民化程度最高的一个群体。自从1994年我国发生第一例大学生电子邮件诈骗案以来，大学生利用网络技术实施犯罪的报道时常见诸报端。但近年来，大学生的不良网络行为已经成为诱发大学生犯罪的新的增长趋势，也已经成为社会关注的热点问题。而随着网络技术的迅猛发展，各种新型网络诈骗手段层出不穷，令人防不胜防，犯罪分子深知学生涉世未深，于是将诈骗对象瞄准学生群体，尤其是高校大学生成为受骗的重灾区。

网络空间并非法外之地，可以为所欲为，未经官方核实的消息，不要随意转发或传播，否则将会被依法追究相应的法律责任。要严格做到"不信谣、不造谣、不传谣"，个人要有主观鉴别判断能力，明辨信息真假，以免因为传播虚假信息给社会造成恐慌。

（一）大学生受到的不良信息网络侵害的主要表现形式

（1）利用计算机网络传播、贩卖色情淫秽物品、枪支弹药等违法犯罪活动，破坏市场经济秩序，妨碍社会管理秩序。

近年来，此类危害网络安全行为的事件增长较快，并由过去尝试或证明自己的能力、水平为主向以牟利为主转化。主要方式是：在互联网上建立色情网站或制作色情网页，在网上制作、复制、贩卖、传播色情淫秽电影、表演、动画等视频文件、音频文件及淫秽图片、电子书刊、文章、短信等。

（2）利用网络窃取账号、信用卡资料等侵害公私财产的犯罪行为。

网络自身存在不可避免的缺陷和漏洞，为实施危害网络安全的行为提供了可乘之机。例如利用网络窃取他人金融系统的账号、信用卡资料、股市的账号及密码等，对账户上的资金进行消费、挪用、转移，对股票低抛低购，而无视给他人造成的经济损失。

（3）利用计算机网络传播、宣扬腐朽没落思想文化，甚至反动言论。

网络信息量巨大，传输快捷，但内容良莠不齐，一些腐朽没落的思想文化混杂其中。大学生思想活跃、富有朝气，但世界观、人生观和价值观尚未完全成熟，对网络信息文化的判断能力较弱，受某些反动政治观点的影响，有的大学生在不经意间成为危害性言论的传播者。此外，极少数大学生加入某种邪教组织或非法团体，还利用互联网进行煽动颠覆国家政权、推翻社会主义制度等违法犯罪活动。

（4）利用网络实施诈骗、敲诈勒索等犯罪活动。

针对大学生的网络诈骗犯罪主要是通过网络商务活动进行的，例如发布虚假广告、开设网上商店、建立拍卖网站等。而网络敲诈勒索犯罪主要是利用掌握他人的信息资料要挟当事人，以便实现勒索钱财的目的。

（二）网络使用不当的弊端

辩证唯物主义认为，任何事物都是矛盾对立的统一体，尤其是对于正在发展中的新事物来说，更是如此。人们在享受着网络传输带来便利的同时，也对日露端倪的网络负面影响越发担忧。

网络色情、网络诽谤、网络恐吓、网络赌博、网络诈骗等一系列网络犯罪的不断发生，说明传统领域犯罪正逐步向互联网渗透，并成为网络虚拟空间中的致命毒瘤。上面列举的发生在大学生身边的典型案例，深刻地反映了这种令人担忧的趋势。

网络信息庞杂，既包含大量进步、健康、有益的信息，也有不少错误、虚假、低级、庸俗甚至反动的信息，经常在网上冲浪的大学生难免受到各种消极信息的腐蚀和毒害。近年来，在大学生群体中发生的诸如网络用语的不文明、网络欺骗盗窃、网络诽谤、传播计算机病毒与网络黑客、网络色情等行为的凸显，说明大学生在使用网络时面对良莠不齐的网络陷阱常常做出错误判断，极易受到不良诱惑，从而引发各种网络道德失范行为。

在网络交往过程中，大学生可以完全隐去自己真实的身份，以一个或多个虚拟身份从事网上活动。在网上，大学生可以直接接触、参与、感知外部世界，充实精神生活，匿名的网络给人们的精神世界营造了相对平等而自由的空间，可以不受传统文化、道德、校纪校规的约束，个人情绪能得到一定程度的表现和宣泄。基于这样的原因，大学生在网络生活中不顾道德和诚信的约束，在网络交往上产生不负责任的懈怠思想。由此可能引发一定程度的网络诚信危机。

基于互联网所采用的特殊离散结构而产生的"电子空间"，已经成为网络时代人类社会生活新的、必不可少的生存空间之一。在这个没有中心与国界，不受任何组织机构的控制，更没有健全的法规制约限制和约束的广阔空间里，一些软件开发商受利益的驱使开发出大量包含暴力色情等不利于大学生身心发展的游戏软件，利用大学生的自制力较差、意志力薄弱等弱点，使一些大学生在人生观、价值观形成过程的初级阶段，因为受其干扰而改变甚至扭曲，道德防线更易于崩溃，心中的道德良知也随之泯灭。缺乏有效规范的网络则为人们恶的潜质的暴发提供了途径，人性恶的本质就转化成网络上的恣意妄为，而技术的无止境前进为欲望的膨胀建立了通道，制度的滞后也使很多网络行为缺乏有效约束，从而造成一部分大学生利用网络进行犯罪。同时，不良的网络诱导也使网络犯罪率不断攀升。网络不仅为大学生的学习、生活做出了积极的贡献，纷繁复杂的网络信息也带来了很多社会问题，而且使大学生也难免深受其害。

网络文化也与大学生人格心理的健康发展密切相关。而作为人机对话的互动媒介和平等对话窗口的网络则成为大学生的首选。但是越是依赖于网络世界中满足自己的人际交友的需要，就越容易疏离于现实人际关系，就越是消极逃避现实生活的种种烦恼，严重者会出现脱离现实，寡言少语，情绪抑郁，人际关系冷漠，甚至对现实产生恐惧感。这就是我们常说的网络心理疾病，它通常表现为对网络有一种心理上的过度依赖感，把网络当作生活的中心，上网时间失控，从上网行为中获得满足，产生了依赖性。一旦停止上网，马上就出现情绪低落、精力不足、自控能力下降等不良反应；对现实生活失去兴趣，不愿意参加社会活动；以上网作为排解、调节自己情绪的手段，即使意识到问题的严重性也难以克服。有的出现焦虑抑郁，盲目追求时尚，或者寻找刺激，生物钟紊乱，思维迟缓，甚至出现自残想法和行为。

现在，大部分大学生都在网络中形成了自己的人际交往网络，甚至有的大学生已经沉溺其中而不能自拔，严重影响现实的人际关系。他们对自己在现实社会与网络社会的道德要求不一样，实行双重道德标准。在现实中对人是彬彬有礼，与人为善，在网络上却是换了一副面孔和形象。有些大学生破译他人网络密码，窃取、篡改他人网络信息，甚至以传播病毒为乐事，还有的在网上发布虚假信息，揭人隐私、谩骂他人、中伤他人、毁人形象。令人痛心的是对网络的过度依赖和不良的引导，一些大学生为了上网经常旷课，甚至通宵上网，严重影响了正常的学习生活，也使一部分大学生荒废学业甚至自杀。据调查，在上海某大学退学、试读或转学的205名学生中，有1/3的学生无法通过考试都与无节制地上网有关。2009年，贵州省某高校一名大三女生自杀，据调查也与其长期沉溺网络，缺乏与他人沟通有关。过度地使用网络也占据了大量的课余时间，影响了大学生合理知识结构的形成。中国石油大学（华东）对大学生的阅读情况进行调查发现，一半多的学生都把课余时间放在了网络上。大学生在阅读图书时，大多数倾向于"消遣性""功利性"，读书结构严重不合理。

（三）大学生如何应对常见的网络诈骗行为

1. 如何有效地预防在网上竞拍及购物时被骗

消费者要对所购买的物品有所了解，包括目前的市场价格。如果卖家所出价格远远低于市场价格，而且交货期限很短，就应该提高警惕，不要贪小便宜，被超低价格诱惑。首先要核实网络卖家留下的信息，仔细甄别网络卖家留下的电话号码与地址是否一致。如果卖家的联系方式只有QQ号码、电子邮箱、手机号码，没有固定地址和对应的固定电话时，就不要轻易交易。此外，还可以利用网上搜索引擎，查询供货信息里联系电话、联系人、公司名称、银行账号等关键信息是否一致。如果发现上述的信息有不一致的，消费者就应该提高警惕。尽量去大型、知名、有安全保障的购物网站购买物品，先货后款，收到货物后当面验货。目前，正规大型购物网站的支付形式是采取买家将钱先存入第三方账户，买家收到货后向第三方确认，第三方再将货款转给卖家。谨慎对待卖方交付定金的要求。在网络购物过程中，一些诈骗分子要求消费者先交部分定金，货到后再付全款，当消费者汇出第一笔款后，行骗人会以种种借口（比如，货物已经运到消费者所在的城市，要支付风险金、押金、税款等费用），要求消费者再汇余款，否则不交货也不退款，一些受害人迫于第一笔款已经汇出，只好继续汇款，行骗人也会变着借口一骗再骗。尽量不要使用公用的计算机进行购物、支付等操作，更不要轻易地将自己的网络账号、信用卡账号和密码泄露给陌生人。

网络是一个虚拟世界，识别网络购物中的陷阱，要注意以下几个方面。

（1）看清卖家人品信誉。不要只注意卖家拥有几颗星钻、几个皇冠，还应该重点考虑评价的质量，看看这个卖家有无中评、差评，是什么原因造成的。

（2）看清商品的价格。当发现购物网站的商品价格与市场售价差距过于悬殊或不合理时，要小心求证，切勿贸然购买，坚持"一分钱一分货"的原则不动摇。

（3）坚持自己的购买原则。不要被铺天盖地的广告所迷惑，不要相信赠品和积分。

（4）网上确认交易合法。在网上确认电子交易服务提供商的认证情况，即营业执照、经营许可证和组织机构代码证等内容。

（5）保存相关的交易证据。将交易内容与确认号码的订单存入计算机，并妥善保存与交易相关的记录，必要时截图保存证据。

2. 利用网络求职也应该提高警惕

首先，求职者一定要登录正规招聘网站，这样才能从根源上防止网络诈骗。正规的招聘网站都会仔细验证招聘单位的真实性，要求招聘方提供单位营业执照、办理职员的身份证件及加盖公章的单位证明等，以便防止虚假信息的发布。求职者在登记电子简历时，虽然要保证资料的真实性，但是要注意对某些资料的保密，家庭电话与手机不能同时添加至简历中。不要随意将自己的生活照、艺术照发到网上，照片最好选用标准证件照。

其次，当你收到企业的面试通知时，第一步要做的就是查询企业的真实性，问清公司的名称、网站、地址、电话等信息，然后再查证是否属实。求职者可以拨打114查询电话查询该公司是否有电信注册，还可以登录当地的工商局网站查询企业的注册情况。

最后，在任何情况下，都不要向任何公司透露自己的社会保险账号、信用卡号及银行账号。当对方向你索要这些信息时不要轻易提供，以免上当。

3. 除了上述的网络诈骗形式以外，另总结其他几种常见网络骗术防御要点

（1）勿轻信"中奖"消息——利用"中奖"骗取汇款是最常用的网络骗术之一，诈骗流程：发送大量的中奖通知（提供兑奖联系方式）——（如果网友与之联系）诈骗者以个税等各类名义要求汇款（提供银行账号）——收到汇款（诈骗成功）——拖延时间要求再次汇款——诈骗者销声匿迹。

（2）不轻易拨打陌生的电话号码——拨打某些号码可能会被扣除高额通信费，拨打某些声讯电话通常需要支付高额通信费用。不法分子常利用的诈骗手段是：花言巧语诱使用户拨打某声讯电话（费用通常是2元/分钟）激活某项服务或听取网友留言，从而诈取用户高额通信费用。

（3）警惕冒充客服的电话号码——以任何借口索要汇款的"客服电话"均为假冒。

（4）警惕冒充官方网站的网址——在虚假网站中输入账号密码会被盗用，不法分子通过制作假冒的官方网站（例如淘宝网、财付通网站），引诱用户输入QQ号码或财付通账号，获取用户账号后，会立即转移账户中的财产。如果你的网络账户中存在财产或重要隐私信息，那么请在输入账号密码前注意确认所在网站是否为官方网站。

总之，网络的广泛使用，一方面使大学生面临着不可多得的发展机遇；另一方面也使大学生的思想道德建设面临着严峻的挑战。只要积极面对，汲取网络文化的精华，清晰认识问题症结，就一定能充分发挥网络媒介的强大优势，推进大学生的网络道德和网络法制建设，建立良好的网络伦理规范，将网络技术与道德伦理有机结合，让大学生在网络世界中充分认识和发展自我，成为新时代真正的主人，为社会的发展进步做出应有的贡献。

⚠ 安 全 知 识 ●●●●

（一）树立网络安全意识

根据《中华人民共和国网络安全法》的规定，网络是指由计算机或者其他信息终端及相关的设备组成的按照一定的规则和程序对信息进行收集、存储、传输、交换、处理的系统。网络安全是指通过采取必要措施，防范对网络的攻击、侵入、干扰、破坏和非法使用以及意外事故，使网络处于稳定可靠运行的状态，以及保障网络数据的完整性、保密性、可用性的能力。个人信息是指以电子或者其他方式记录的能够单独或者与其他信息结合识别自然人个人身份的各种信息，包括但不限于自然人的姓名、出生日期、身份证件号码、个人生物识别信息、住址、电话号码等。

网络空间是一个巨大的立体空间，虽然它是无形的，是一种虚拟的空间世界。"上网"实际上就等于把自己在大范围公开曝光，因为部分同学缺乏社会交际经验和自我保护意识，所以上网必须把安全意识放在第一位。

（1）不要把姓名、住址、电话号码等与自己身份有关的信息资料作为公开信息，提供给闲聊屋或公告栏等。

（2）不要轻易向别人提供自己的照片，不与陌生人视频聊天，以免照片或视频截图被用于非法目的。

（3）当有人无偿赠给你钱物时，不要轻易接收。当有人以赠送钱物为由要求你去约会或提出登门拜访时，应该高度警惕，最好婉言拒绝。

（4）一旦发现令你感到不安的信息，就应该与亲友商量。

（5）千万不要在亲人不知道的情况下安排与别人进行面对面的约会，约会地点也一定要选在公共场合，且最好要有亲友陪同。

（6）不要轻信网上朋友的信息资料，以防一些别有用心者用假信息资料伪装自己。

（7）在通过电子邮件提供自己真实个人资料之前，最好要确保你与之打交道的朋友，是你认识并且信任的人。

（8）学习、掌握必要的网络安全防范知识，增强网络安全防范意识。

（9）个人计算机要安装正版杀毒软件和防火墙，并及时升级。

（10）要经常检查系统安全漏洞，及时给漏洞打上补丁。

（11）网上下载的文件必须经过杀毒扫描后再打开。

（12）摄像头不用时最好断开与计算机的连接，以防被"黑客"或非法安装的自动程序打开。

（13）网上个人密码的设置不要过于简单，并且要经常更换。

（14）网上购物最好使用单独的信用卡，在线支付后，最好及时修改密码。

（15）在网络交易中要注意保留相关的证据（银行汇款凭证、即时通信聊天记录、手机短信记录、网上交易信息记录等）。

（16）一旦发现网络购物中存在诈骗行为，就应该立即向公安机关报案，或者向公安网监部门投诉。

（二）识别网络诈骗陷阱

近年来，网络电信诈骗案件逐年增多，此类案件作案手段隐蔽，打击难度大。提醒广大网民有效识别这些新型网络犯罪，谨防上当受骗。

（1）扫描二维码方式植入木马诈骗。"扫描二维码，领取购物红包。"不法分子通过诱使事主扫描二维码链接一个含有木马病毒的网站，使其自动下载了木马病毒。同时通过木马截取手机短信，更改支付宝密码，窃取了支付宝内的余额。误扫一个二维码，可能会被扣白元话费，甚至可能损失10多万元。日常生活中随处可见的"扫一扫"二维码中暗藏木马病毒，导致用户经济受损事件频发。

2013年11月25日，浙江省嘉兴市网店店主汪女士，使用手机扫描二维码时，手机网页一直没显示，觉得不对劲的汪女士登录支付宝和淘宝账户，发现账户中1万多元资金和2.4万元信用贷款被转走。就在报警做笔录时，不法分子又转走12万多元信用贷款。据介绍，汪女士扫描二维码点开链接时被植入木马类病毒，导致资金被窃。不要见"码"就扫，小心二维码扫描诈骗。

（2）短信链接钓鱼网站方式植入木马诈骗。通过引诱事主点击短信中的链接，从而从后台下载木马程序或链接钓鱼网站方式获取事主手机中的通讯录、短信、银行卡、支付宝信息等实施诈骗。一是骗子利用"伪基站"伪装成工商银行等客服号进行诈骗。在手机中显示："尊敬的用户：您的工银密码器已被暂停使用，请登入域名wap.icbcevc.com重新激活，给您带来不便敬请谅解！[工商银行]"。登入域名立即受骗。二是骗子通过引诱事主点击短信附着的链接来接入钓鱼网址，从而套取事主银行卡号、密码，进而实施诈骗。在手机显示："我是你老公女朋友，我爱上你老公了,我要和他结婚！这里有我和他的相片,不信,你还是自己去看吧！http://***.com"只要点击此短信附着的链接就会上当。三是以相册植入木马病毒，让受害人误以为是朋友发来的照片。在手机中显示:"这是我们以前的照片你手机打开看看 http://9**.cn"。诱使点击短信中的网址链接而误中木马病毒,窃取手机中的短信、联系人信息并发送到指定邮箱,冒充亲友不断发送带有木马链接的诈骗短信,甚至有可能进行精准诈骗。四是冒充电信运营商短信通知积分兑换,通过"伪基站"伪装成10086等群发诈骗短信,并建立虚假网站,诱惑用户下载安装一个带有木马病毒的App,盗刷用户银行卡。

2015年2月14日,魏某收到一条10086发来的短信,称其移动话费积分可以兑换330元现金,让其点击短信网址链接办理兑换业务。点击链接后,按要求输入个人信息及银行卡信息,随后下载了一个陌生"客户端"。当日16时,魏某银行卡被盗刷千元。运营商的积分兑换一般是话费、礼品等,绝对不会出现现金形式兑换,更不会要求提供银行账号、身份证号、密码等个人信息。收到此类短信应该高度警惕,不要随意点击陌生网址,更不要轻易安装客户端。

(3)利用改号软件冒充公检法等机关诈骗。这类电信诈骗案以"法院传票、信息泄露、涉及洗钱"为由,使用改号软件伪装政法机关办公电话,冒充警察、检察官、法官实施诈骗。警方不会通过110电话号码直接拨打用户,绝对不会通过电话远程做笔录方式办案,更不会要求受访者提供个人的银行卡号、存款账号、密码及身份资料,根本没有所谓的"安全账户"。

(4)QQ聊天诈骗。利用木马程序盗取对方QQ密码,截取对方聊天视频资料后,冒充该QQ账号主人对其亲友或好友以"患重病、出车祸"等紧急事情为名实施诈骗。如果不能确定网络安全,就尽量避免使用公共Wi-Fi。手机验证码绝不向他人提供。开通QQ设备锁,不法分子即使盗号也无法登录。开通方法:手机QQ→设置→设备锁。

(5)"机票改签/航班取消""网上购物退款"。这两大类电信诈骗案的最大迷惑之处在于诈骗分子往往对你最新的网购订单或机票行程资料一清二楚,所以很容易让人相信对方是电子商务或航空公司的官方客服,从而在对方指示下错误操作网银或ATM,又或者点击对方提供的钓鱼链接,被盗取电子商务账号密码后立即将账户资金转走。骗子可能侵入了一些订票网站或公司的系统,从而掌握你准确的订票信息。不要轻信任何来历不明的电话和短信(尤其是400电话,通常仅供用户打入不会打出),建议在手机端安装专业的手机安全软件,可以拦截识别绝大多数诈骗电话和诈骗短信。

(6)网络虚假投资诈骗。犯罪分子以××证券公司名义通过互联网、电话、短信等方式散布虚假个股内幕信息及走势,获取事主信任后,又引导其在自身搭建的虚假交易平台上购买期货、现货,从而骗取资金。

(7)"猜猜我是谁"诈骗。犯罪分子获取事主的电话号码和姓名后,打电话给事主,让其"猜猜我是谁",随后根据事主所述冒充熟人身份,编造其被"治安拘留""交通肇事"等理由,向事主借钱或"冒充领导""冒充中纪委工作人员"诈骗。

(8)淘宝刷信誉诈骗。犯罪分子在网上发布刷淘宝信誉的兼职广告,引诱人们上当。所有兼职、淘宝刷钻、刷信誉,若要求先支付、交纳保证金、稿费、押金等则100%为虚假招聘,切勿上当受骗!

(9)中奖诈骗。捏造中奖谎言后让事主缴纳税费、公证费、手续费等各种名目实施汇款的骗局。

法律链接

《中华人民共和国网络安全法》

以下为摘录的《中华人民共和国网络安全法》：

第三条 国家坚持网络安全与信息化发展并重，遵循积极利用、科学发展、依法管理、确保安全的方针，推进网络基础设施建设和互联互通，鼓励网络技术创新和应用，支持培养网络安全人才，建立健全网络安全保障体系，提高网络安全保护能力。

第六条 国家倡导诚实守信、健康文明的网络行为，推动传播社会主义核心价值观，采取措施提高全社会的网络安全意识和水平，形成全社会共同参与促进网络安全的良好环境。

第十二条 国家保护公民、法人和其他组织依法使用网络的权利，促进网络接入普及，提升网络服务水平，为社会提供安全、便利的网络服务，保障网络信息依法有序自由流动。

任何个人和组织使用网络应当遵守宪法法律，遵守公共秩序，尊重社会公德，不得危害网络安全，不得利用网络从事危害国家安全、荣誉和利益，煽动颠覆国家政权、推翻社会主义制度，煽动分裂国家、破坏国家统一，宣扬恐怖主义、极端主义，宣扬民族仇恨、民族歧视，传播暴力、淫秽色情信息，编造、传播虚假信息扰乱经济秩序和社会秩序，以及侵害他人名誉、隐私、知识产权和其他合法权益等活动。

第二十七条 任何个人和组织不得从事非法侵入他人网络、干扰他人网络正常功能、窃取网络数据等危害网络安全的活动；不得提供专门用于从事侵入网络、干扰网络正常功能及防护措施、窃取网络数据等危害网络安全活动的程序、工具；明知他人从事危害网络安全的活动的，不得为其提供技术支持、广告推广、支付结算等帮助。

第三十条 网信部门和有关部门在履行网络安全保护职责中获取的信息，只能用于维护网络安全的需要，不得用于其他用途。

第四十条 网络运营者应当对其收集的用户信息严格保密，并建立健全用户信息保护制度。

第四十一条 网络运营者收集、使用个人信息，应当遵循合法、正当、必要的原则，公开收集、使用规则，明示收集、使用信息的目的、方式和范围，并经被收集者同意。

网络运营者不得收集与其提供的服务无关的个人信息，不得违反法律、行政法规的规定和双方的约定收集、使用个人信息，并应当依照法律、行政法规的规定和与用户的约定，处理其保存的个人信息。

第四十三条 个人发现网络运营者违反法律、行政法规的规定或者双方的约定收集、使用其个人信息的，有权要求网络运营者删除其个人信息；发现网络运营者收集、存储的其个人信息有错误的，有权要求网络运营者予以更正。网络运营者应当采取措施予以删除或者更正。

第四十四条 任何个人和组织不得窃取或者以其他非法方式获取个人信息，不得非法出售或者非法向他人提供个人信息。

第四十六条 任何个人和组织应当对其使用网络的行为负责，不得设立用于实施诈骗，传授犯罪方法，制作或者销售违禁物品、管制物品等违法犯罪活动的网站、通讯群组，不得利用网络发布涉及实施诈骗，制作或者销售违禁物品、管制物品以及其他违法犯罪活动的信息。

第四十八条 任何个人和组织发送的电子信息、提供的应用软件，不得设置恶意程序，不得含有法律、行政法规禁止发布或者传输的信息。

电子信息发送服务提供者和应用软件下载服务提供者，应当履行安全管理义务，知道其用户有前款规定行为的，应当停止提供服务，采取消除等处置措施，保存有关记录，并向有关主管部门报告。

《全国人民代表大会常务委员会关于维护互联网安全的决定》

以下为摘录：

四、为了保护个人、法人和其他组织的人身、财产等合法权利，对有下列行为之一，构成犯罪的，依照刑法有关规定追究刑事责任：

（一）利用互联网侮辱他人或者捏造事实诽谤他人；

（二）非法截获、篡改、删除他人电子邮件或者其他数据资料，侵犯公民通信自由和通信秘密；

（三）利用互联网进行盗窃、诈骗、敲诈勒索。

《中华人民共和国刑法》

摘录：

第二百六十四条　盗窃公私财物，数额较大或者多次盗窃的，处三年以下有期徒刑、拘役或者管制，并处或者单处罚金；数额巨大或者有其他严重情节的，处三年以上十年以下有期徒刑，并处罚金；数额特别巨大或者有其他特别严重情节的，处十年以上有期徒刑或者无期徒刑，并处罚金或者没收财产；有下列情形之一的，处无期徒刑或者死刑，并处没收财产：

（一）盗窃金融机构，数额特别巨大的；

（二）盗窃珍贵文物，情节严重的。

第二百六十六条　诈骗公私财物，数额较大的，处三年以下有期徒刑、拘役或者管制，并处或者单处罚金；数额巨大或者有其他严重情节的，处三年以上十年以下有期徒刑，并处罚金；数额特别巨大或者有其他特别严重情节的，处十年以上有期徒刑或者无期徒刑，并处罚金或者没收财产。本法另有规定的，依照规定。

第二百八十七条　利用计算机实施金融诈骗、盗窃、贪污、挪用公款、窃取国家秘密或者其他犯罪的，依照本法有关规定定罪处罚。

《互联网信息服务管理办法》（国务院）

摘录：

第十三条　互联网信息服务提供者应当向上网用户提供良好的服务，并保证所提供的信息内容合法。

第十四条　从事新闻、出版以及电子公告等服务项目的互联网信息服务提供者，应当记录提供的信息内容及其发布时间、互联网地址或者域名；互联网接入服务提供者应当记录上网用户的上网时间、用户账号、互联网地址或者域名、主叫电话号码等信息。

互联网信息服务提供者和互联网接入服务提供者的记录备份应当保存60日，并在国家有关机关依法查询时，予以提供。

第十五条　互联网信息服务提供者不得制作、复制、发布、传播含有下列内容的信息：

（一）反对宪法所确定的基本原则的；

（二）危害国家安全，泄露国家秘密，颠覆国家政权，破坏国家统一的；

（三）损害国家荣誉和利益的；
（四）煽动民族仇恨、民族歧视，破坏民族团结的；
（五）破坏国家宗教政策，宣扬邪教和封建迷信的；
（六）散布谣言，扰乱社会秩序，破坏社会稳定的；
（七）散布淫秽、色情、赌博、暴力、凶杀、恐怖或者教唆犯罪的；
（八）侮辱或者诽谤他人，侵害他人合法权益的；
（九）含有法律、行政法规禁止的其他内容的。

最高人民法院 最高人民检察院
《关于办理利用信息网络实施诽谤等刑事案件适用法律若干问题的解释》

第二条 利用信息网络诽谤他人，具有下列情形之一的，应当认定为刑法第二百四十六条第一款规定的"情节严重"：

（一）同一诽谤信息实际被点击、浏览次数达到五千次以上，或者被转发次数达到五百次以上的；
（二）造成被害人或者其近亲属精神失常、自残、自杀等严重后果的；
（三）二年内曾因诽谤受过行政处罚，又诽谤他人的；
（四）其他情节严重的情形。

《中华人民共和国治安管理处罚法》

第二十五条 有下列行为之一的，处五日以上十日以下拘留，可以并处五百元以下罚款；情节较轻的，处五日以下拘留或者五百元以下罚款：

（一）散布谣言，谎报险情、疫情、警情或者以其他方法故意扰乱公共秩序的；
（二）投放虚假的爆炸性、毒害性、放射性、腐蚀性物质或者传染病病原体等危险物质扰乱公共秩序的；
（三）扬言实施放火、爆炸、投放危险物质扰乱公共秩序的。

第四十二条 有下列行为之一的，处五日以下拘留或者五百元以下罚款；情节较重的，处五日以上十日以下拘留，可以并处五百元以下罚款：

（一）写恐吓信或者以其他方法威胁他人人身安全的；
（二）公然侮辱他人或者捏造事实诽谤他人的；
（三）捏造事实诬告陷害他人，企图使他人受到刑事追究或者受到治安管理处罚的；
（四）对证人及其近亲属进行威胁、侮辱、殴打或者打击报复的；
（五）多次发送淫秽、侮辱、恐吓或者其他信息，干扰他人正常生活的；
（六）偷窥、偷拍、窃听、散布他人隐私的。

《互联网用户账号名称管理规定》（国家互联网信息办公室）

第一条 为加强对互联网用户账号名称的管理，保护公民、法人和其他组织的合法权益，根据《国务院关于授权国家互联网信息办公室负责互联网信息内容管理工作的通知》和有关法律、行政法规，制定本规定。

第二条 在中华人民共和国境内注册、使用和管理互联网用户账号名称，适用本规定。

本规定所称互联网用户账号名称，是指机构或个人在博客、微博客、即时通信工具、论坛、贴吧、跟帖评论等互联网信息服务中注册或使用的账号名称。

第三条 国家互联网信息办公室负责对全国互联网用户账号名称的注册、使用实施监督管理，各省、自治区、直辖市互联网信息内容主管部门负责对本行政区域内互联网用户账号名称的注册、使用实施监督管理。

第四条 互联网信息服务提供者应当落实安全管理责任，完善用户服务协议，明示互联网信息服务使用者在账号名称、头像和简介等注册信息中不得出现违法和不良信息，配备与服务规模相适应的专业人员，对互联网用户提交的账号名称、头像和简介等注册信息进行审核，对含有违法和不良信息的，不予注册；保护用户信息及公民个人隐私，自觉接受社会监督，及时处理公众举报的账号名称、头像和简介等注册信息中的违法和不良信息。

第五条 互联网信息服务提供者应当按照"后台实名、前台自愿"的原则，要求互联网信息服务使用者通过真实身份信息认证后注册账号。

互联网信息服务使用者注册账号时，应当与互联网信息服务提供者签订协议，承诺遵守法律法规、社会主义制度、国家利益、公民合法权益、公共秩序、社会道德风尚和信息真实性等七条底线。

第六条 任何机构或个人注册和使用的互联网用户账号名称，不得有下列情形：

（一）违反宪法或法律法规规定的；

（二）危害国家安全，泄露国家秘密，颠覆国家政权，破坏国家统一的；

（三）损害国家荣誉和利益的，损害公共利益的；

（四）煽动民族仇恨、民族歧视，破坏民族团结的；

（五）破坏国家宗教政策，宣扬邪教和封建迷信的；

（六）散布谣言，扰乱社会秩序，破坏社会稳定的；

（七）散布淫秽、色情、赌博、暴力、凶杀、恐怖或者教唆犯罪的；

（八）侮辱或者诽谤他人，侵害他人合法权益的；

（九）含有法律、行政法规禁止的其他内容的。

第七条 互联网信息服务使用者以虚假信息骗取账号名称注册，或其账号头像、简介等注册信息存在违法和不良信息的，互联网信息服务提供者应当采取通知限期改正、暂停使用、注销登记等措施。

第八条 对冒用、关联机构或社会名人注册账号名称的，互联网信息服务提供者应当注销其账号，并向互联网信息内容主管部门报告。

第九条 对违反本规定的行为，由有关部门依照相关法律规定处理。

第十条 本规定自 2015 年 3 月 1 日施行。

《计算机信息网络国际联网安全保护管理办法》（国务院）

第四条 任何单位和个人不得利用国际联网危害国家安全、泄露国家秘密，不得侵犯国家的、社会的、集体的利益和公民的合法权益，不得从事违法犯罪活动。

第五条 任何单位和个人不得利用国际联网制作、复制、查阅和传播下列信息：

（一）煽动抗拒、破坏宪法和法律、行政法规实施的；

（二）煽动颠覆国家政权，推翻社会主义制度的；

（三）煽动分裂国家、破坏国家统一的；

（四）煽动民族仇恨、民族歧视，破坏民族团结的；
（五）捏造或者歪曲事实，散布谣言，扰乱社会秩序的；
（六）宣扬封建迷信、淫秽、色情、赌博、暴力、凶杀、恐怖，教唆犯罪的；
（七）公然侮辱他人或者捏造事实诽谤他人的；
（八）损害国家机关信誉的；
（九）其他违反宪法和法律、行政法规的。

第六条 任何单位和个人不得从事下列危害计算机信息网络安全的活动：
（一）未经允许，进入计算机信息网络或者使用计算机信息网络资源的；
（二）未经允许，对计算机信息网络功能进行删除、修改或者增加的；
（三）未经允许，对计算机信息网络中存储、处理或者传输的数据和应用程序进行删除、修改或者增加的；
（四）故意制作、传播计算机病毒等破坏性程序的；
（五）其他危害计算机信息网络安全的。

第七条 用户的通信自由和通信秘密受法律保护。
任何单位和个人不得违反法律规定，利用国际联网侵犯用户的通信自由和通信秘密。

《中华人民共和国计算机信息系统安全保护条例》（国务院）

第二十八条 本条例下列用语的含义：
计算机病毒，是指编制或者在计算机程序中插入的破坏计算机功能或者毁坏数据，影响计算机使用，并能自我复制的一组计算机指令或者程序代码。

与您共勉

在理想与现实之间，在动机与行为之间，在优点与缺点之间，总有阴影徘徊。面对网络中的各种诱惑，大学生要加强道德修养，提高自律能力，使网络真正地成为我们学习、工作的好帮手。

思考思考

1. 大学生在使用网络时应该如何加强自律、遵守网络法律和道德规范？
2. 现实中有哪些网络侵权形式？结合实际，谈谈应该采取哪些防范措施？

Chapter 7 第7章

加强自律　戒除赌博

戒除赌博

　　古往今来，赌博向来被公认为是社会公害，为人民群众所深恶痛绝。清代无名氏《赌博八害》诗云：输了拼命，赢了心惊；见利忘义，翻脸无情。打架斗殴，争吵不休；穷途末路，便下毒手。浪费时光，危害健康；昏昏沉沉，前途无望。通宵达旦，精神不振；干活失神，事故频现。狼藉名声，婚姻难成；纵然有家，各奔东西。输急红眼，倾家荡产；明偷暗抢，锒铛入监。一上贼船，再下困难；苦头吃尽，受害匪浅。贻误后代，风气败坏；毒化社会，民族苦煎。

　　千百年来"不赌为赢"几乎是我们每个人的耳边风、口头语，可是能真正领悟这句话的大多都是流过悔恨泪水的人。随着现代社会网络的不断发展，一些赌博软件、网站也不断出现在了日常生活当中，赌博行为呈现出了网络化、移动化、隐蔽性更高等特点，并不断地向校园渗透，最终导致了学生荒废学业、浪费青春、影响他人、侵蚀校园、累及父母、祸害家庭、诱发犯罪，危害社会等恶劣影响。本章通过生动的案例，对赌博的本质揭示，对大学生迷恋赌博的原因及危害的分析，意在使大学生明确赌博的违法性和危害性，从而加强自我防范，远离赌博，戒除赌博。

加强自律　戒除赌博　**第 7 章**

警钟格言

天下之倾家者，莫速于赌；天下败德者，亦莫于博。

——（清）蒲松龄

一场纵赌百家贫，后车难鉴前车覆。

——（清）吴文晖

"赌"网恢恢，"输"而不漏。

——谚语

赌无大小，久赌必输。

——谚语

万恶淫为首，赌在淫前头。

——谚语

案例回放

案例一　由赌到骗　终至犯罪

2020年4月9日《今日说法》介绍了一个大学生在抗击新冠病毒疫情期间，由赌博而沦为诈骗犯的案例：王某是从河南省考到上海市某重点大学的大学生，在他读大二的时候，看到身边不少同学出手阔绰，使用的电子产品也都非常新潮，让王某感到羡慕。慢慢地为了满足自己的物质欲望，开始通过网贷平台借钱消费。一个偶然的机会，王某接触了网络赌博，他计划通过赌博来还上贷款，于是王某用网贷平台上的贷款作为本金，在网络上进行赌博，慢慢地债务的雪球越滚越大，欠下了二十多万元的网络贷款，无力偿还。催债人便找到了王某的父亲，为了能让王某顺利毕业，王某的父亲最终卖掉了家里的房子，偿还了王某的贷款，然而父亲的苦心并没有让王某痛改前非，相反，他在寻找一切的机会翻本。2020年新冠肺炎疫情发生之后，口罩紧缺的现象，让王某觉得机会来了，他通过在网上收集图片和视频来骗取客户信任。2020年2月，王某通过网络大量发送虚假信息，遍及重庆市、天津市、广东省、黑龙江省等十余个省市，共骗取200余人500余万购买口罩的现金，王某将骗取的大量资金充值到赌博网站的账户，准备把之前输的钱赢回来，结果钱越输越多，窟窿越来越大，企图逃往缅甸。2020年2月13日，王某在云南省边境口岸临沧市防控卡点被抓获，因为涉嫌诈骗罪已经被检察机关批准逮捕。一个重点大学的大学生，迷失在网络赌博的旋涡里，美好的前程就这样断送了。

（案例来源：《今日说法》2020年4月9日）

案例二　贵阳高校周边麻将馆火爆　大学生6天输掉上万元

小王（化名）是贵阳市某高校大四体育系的学生，自小喜欢打牌，进入大学后由于时间相对自由，开始与同学一起流连于学校附近的麻将馆。进入大四后，家里将四万元的学费交给小王，准备将学费付清。可是，小王却拿着这些学费去了麻将馆。生活费输完了，就只好动用学费，6天输掉一万多。记者在某高校附近大概数了一下，围绕在学校附近的麻将馆有近十家，部分麻将馆还是设在附近居民家中，位置相当隐蔽。每家麻将馆基本都保持有三台麻将机，麻将馆的收费均为5元一小时。此外，在贵阳市另外两所高校周边的麻将馆也有6家左右。记者大致算了一下，按麻将馆每天开张8小时算，一个月下来，除去水电费，麻将馆盈利达到3000元左右。

（案例来源：金黔在线新闻报道）

案例三　跳出赌博陷阱　重回校园生活

某大学女大学生小文（化名），偶然间通过舍友介绍，知道手机上有一个App能"赚钱"，在舍友的怂恿下，加上自己的好奇心作祟，开始了"赚钱之旅"。刚开始的时候，她很小心，投入很小，充100块钱，几分钟就赢了2000！于是，小文开始"钻研"这个App，开始的几天，手风特别顺，没几天的工夫，小文就成了宿舍的"万元户"了，白天整天旷课，晚上请舍友吃饭。第六天的时候，小文的"运气"失效了，没一会便输掉了1万元，于是加大投注金额老想赢回来。仅一天就输了18万。没办法的她只有去网贷，天天处在赌博—借钱—输光—借钱—赌博的死循环中。网赌前后两个月的时间，她一共输了30万，甚至一度产生轻生的念头。后来，通过家人和同学的帮助，小文没有轻生和放弃自己，把这次教训当作浴火重生的动力。通过两年自己和家人的共同努力，现在她重新回归了在大学的正常生活。

（案件来源：搜狐 2020.4.18 "【案例】女大学生参与网络赌博，1天输掉18万"）

案例四　赌球欠债跳楼自杀

小郑（化名）是郑州市某高校二年级学生，出生在河南省农村，为了缓解家中的经济压力，小郑从高中开始就利用假期外出打工，一直到上大学。小郑在大学里表现优异，2014年一入学就评为军训先进个人，后来又在系里演讲比赛中获得"优秀奖"，担任班长。然而，一切从2015年1月开始发生了变化，小郑在网上接触到了足彩，迷上了境外赌球，先是小赢几次，然后越来越上瘾，最多一次赢了7000元。后来输光了之前赢的钱，就在"校园贷"网贷平台上贷款去继续赌球。为了筹集赌资，他先后索要28名同学的身份证号或学生证号去不断地贷款，共欠下高利贷58万元，用于赌球输得精光。催贷人员多次找家里人要钱，小郑被逼终于在2016年3月9日从青岛的一家宾馆楼上跳了下去，陪伴他最后时光的只有那部手机，手机里留有小郑跳楼前给自己的同学发去的QQ语音："兄弟们，我就要跳了，在这最后的时候，真的很对不起大家，听说跳下去会很疼，但是我真的太累了。"还有发给父母的遗言："爸，妈，儿子对不起你们，我真的撑不下去了。我发现好多努力真没有结果，我心痛。别给我收尸，太丢人……"小郑死时身上仅有38.5元。

小郑的悲剧引起了北京某大学生小万的警醒。小万告诉记者，他和小郑一样，也是因为迷上了赌球，先后从不同的贷款平台贷了十几万元，后来网贷不断地催贷，思想压力极大的他不得已向家长讲述了他的经历。他的父亲替他还了贷款。

（案例来源：《北京青年报》（微博），2016年3月20日；
《理财新闻证券时报》（微博），2016年4月2日）

点睛提示

赌博是利用赌具以钱财做赌注，以占有他人利益为目的的违法犯罪行为。赌博是一种容易上瘾的活动，开始参与赌博，或是为了寻求刺激、娱乐消遣，或是为了试试手气，看看能否有所"收获"。但是，慢慢地赌博就会成为赌徒们的瘾癖，特别是"输了想翻本，赢了还想赢"的赌徒心态，使赌徒们深陷泥潭不能自拔。由于受社会上赌博之风的影响，赌博也逐渐蔓延到大学校园，赌博的花样也越来越多，大学生通常以打麻将、赌扑克（斗地主、扎金花、梭哈、关牌等）、非法彩票、赌马、赌球等方式参与赌博。而且高校周边游戏室也普遍存在，通过老虎机、轮盘机、二十一点机等赌博的大学生也不在少数。有的大学生沉溺于赌博，放弃学业，虚度年华。也有的大学生无力偿还赌债，走上盗窃、诈骗、抢劫等犯罪道路，成为赌博的"牺牲品"。

随着互联网技术和智能手机的普及，赌博开始颠覆传统的方式，利用互联网平台以娱乐、游戏等方式进行赌博的新型活动开始大量出现。例如利用微信群赌博、利用赌博网站"赌球"、为境外赌博网站担任代理等新的赌博形式层出不穷。其实，网络上的赌博游戏平台都是可以在后台操控的，你所使用的网赌账号也是可以监控的，所以网赌输钱是必然趋势。大学生沾赌，可能最初有不同的初衷，但结果都是一样，输光钱财，欠债累累。清代诗人吴獬《戒赌歌》歌云：切莫赌！切莫赌！赌博为害甚于虎。猛虎有时不乱伤，赌博无不输精光！切莫赌！切莫赌！赌博唯害绝无乐！妻离子散家产破，落得颈项套绳索！赌输无钱去做贼，招致身败又名裂；赌输无钱去抢劫，镣铐沉重锒铛响。甚者为赌去杀人，相互殴杀不留情；及至双方都气绝，床上屋里血淋淋，儿哭崽啼惊街邻！总之赌博有百害，劝君莫做赌博人。耕作勤！耕作勤！唯有勤劳出富人。赌博赢钱水中月，锄头底下出黄金。耕作勤！耕作勤！唯有勤劳出能人。好逸恶劳终受苦，勤劳致富美前程。

（一）大学生迷恋赌博的原因

为何赌博屡禁不止？为何纯净的大学校园会成为赌博滋生的温床？这是有多方面原因的。除了受社会赌博风气、家庭教育、学校管理等外部因素影响以外，大学生走上赌博道路最重要的还是由其自身因素决定的，主要有如下几种原因。

1. 好奇心驱使，寻求刺激

赌博是一种富有博弈吸引力与刺激性的娱乐，能够满足精神上的需要。赌博者总是希望自己能够胜利，即使是没有金钱输赢的游戏，参加者也总是渴望能够获胜并打败对手。这种寻求刺激心理、好奇消遣心理、争强好胜心理、逃避现实心理、投机取巧心理，驱使人逐渐上瘾，越陷越深。一部分大学生思想还不成熟，对于任何新事物都有很强的好奇心，对于有刺激性的东西更是想亲身去体验一下，所以很容易受赌博活动的吸引，对于后果常常不加考虑。大部分大学生都是因为好奇心的驱使而涉足赌博的，刚开始只是"小玩"，有些接受能力强，好胜心强的大学生受"赢了还想赢，输了想捞本"的心态影响，赢了钱尝到甜头的就想赢得更多，输钱的就不甘服输。尤其是不甘心输给自己的同学，觉得没面子，就一心想赢回来。这样恶性循环，使大学生深陷赌博泥潭不可自拔。

2. 价值观偏离，精神空虚

一些大学生没有树立正确的人生观、世界观、价值观，崇尚"享乐主义、拜金主义"价值观，缺乏行为规范约束，对自己的未来没有规划，抱着混文凭的态度，整日无所事事，精神空虚、寂寞无聊，将赌博当成一种享受，通宵达旦，乐而忘返。一旦上瘾便沉迷其中，就会贪图享乐，滋生不劳而获的思想。

3. 意志薄弱，自控力差

现在的大学生活动能力强，交友范围广。同学、朋友之间之正常的健康向上的交往，对大学生学习、成长可以起到积极的促进作用。反之，交友不慎，经常与那些染有不良习性的人交往，就会被他们潜移默化。若朋友中有"赌徒"，进而接触到赌博活动，不免观赌而手痒，跃跃欲试，进而走上赌博之路。一些大学生阅历尚浅，认识不到赌博的危害性，经不起别人引诱、怂恿，由旁观者变为参与者，以致深陷其中，赌博成瘾。因此，不良交往、自控力差是高校赌博活动得以蔓延的一个重要原因。

4. 法律意识淡薄，管理缺位

不少大学生法律意识淡薄，不能用法律、法规来制约自己的言行，虽然其中还不乏精通专业知识的大学生。他们往往凭想当然和自己的好恶去观察处理问题，有的大学生分不清赌博与娱乐之间的界限，有的大学生将赌博视为一般的违纪问题，而认识不到这是一种违法甚至是犯罪行为。同时由于大学生可以在校外租房子住，使他们有条件脱离学校的监管，更有机会与校外的闲杂人员接触，受其诱惑，参与赌博，甚至成为其骗赌、诈赌的对象。

（二）大学生赌博的危害

赌博是社会公害之一，赌博本身没有制造任何产品，没有创造任何财富，对经济的发展没有做出任何贡献。相反，赌博造成的危害是难以用金钱来衡量的，不仅人生前途尽毁，亲人、朋友跟着受苦，而且心灵挣扎与内疚等。尽管如此，赌博之风仍然屡禁不止，赌博现象在高校中的潜伏蔓延，腐蚀着社会的精英和栋梁。对于赌博的危害，一些同学是认识不足的。有的人认为，赌博只是一种娱乐而已，享受赌博的乐趣并不会导致什么危害，这种认识是极其错误的，赌博给在校大学生带来的危害是极其严重的，主要有以下几方面。

1. 荒废学业，浪费青春

大学生一旦迷恋上赌博，必然无心学习，把时间和精力都浪费在赌博活动上，一心想赢钱，头脑里所想的都是怎样去赢钱。他们通宵达旦、夜以继日地打牌、玩麻将、泡游戏厅，晚上"挑灯夜战"，白天上课精神萎靡。长此以往，必将导致学习成绩下滑，造成考试不及格、留级甚至退学的后果，最终不能获得毕业证书和相应的学位，白白浪费了大学的美好时光，使自己前途尽毁，后悔莫及，浪费了最宝贵的青春岁月。

2. 影响身体，毒害心灵

沉迷于赌博的人，不分昼夜地赌，作息时间不合理，生物钟紊乱。休息时间不充分，容易出现反应迟钝、抑郁失眠、神情恍惚、记忆力下降等症状。大学生若深陷赌博之中，必然会对身体健康造成严重损害。而且赌博时的突然激动兴奋，更可能促发心脑血管疾病等危急症状，甚至命丧赌场。同时，赌博就像鸦片一样，对人们起着腐蚀麻痹作用，对意志薄弱者是一种病态的精神刺激。赌博是一种比输赢的游戏。大学生在赌博过程中，受"输了要翻本，赢了要再赢"的心态影响，很容易产生投机取巧、不劳而获的心理。而且长期赌博会导致焦虑、神经质等不良心理，严重影响身心健康。对正处于人生观、价值观形成时期的大学生来说，赌博对心灵的伤害更为严重，难以形成积极向上的人生观、价值观。

3. 影响他人，败坏校风

赌博对校风校纪的破坏非常严重，参与赌博的学生经常夜不归宿，无心与同学、舍友、朋友交往，一旦上瘾，就置他人利益于不顾。他们常常聚集在寝室进行赌博，通宵达旦，影响他人休息和睡眠。不愿意参与赌博的同学碍于情面又不便或不敢出面直接制止，想学习、想休息、想从事其他娱乐的同学往往忍气吞声，时间一长，不满意、不信任的气氛必然由此产生。在这种不融洽、不和谐的氛围中，带有挑衅性的话语、攻击性的行为经常出现和发生。在参与赌博的同学之间也冲突不断，因为赌债而发生纠纷的不胜枚举。有的小吵小闹，或者大打出手，甚至酿成命案。同时赌博这种恶习的存在在某种程度上会诱导意志薄弱的同学参与赌博，破坏了学风、校纪，败坏了校园风气。

4. 诱发犯罪，危害社会

常言道："十赌九输"。输了钱，又一心想赢回来，形成"越输越赌，越赌越输"的恶性循环，最终导致"债台高筑"。对于没有独立经济来源的大学生来说，为了弄到赌资，不免产生去偷去抢的念头，甚至不惜铤而走险，以身试法，最终导致犯罪，酿成恶果。

（三）大学生防范赌博的措施

大量的事实证明赌博有百害而无一利，往往导致人间悲剧的发生。除了纠正社会不良风气、注重家庭教育、加强学校管理以外，大学生必须加强自身防范，避免误入歧途。

1. 根治思想，防微杜渐

大学生应该正确区分娱乐与赌博的界限，清楚地认识赌博的危害，更要认识到赌博是一种违法行为，会受到法律的制裁。要从思想上筑起保护墙，树立"千里之堤，溃于蚁穴"的思想。只有看透了赌博的本质，提高思想认识，才能做到防微杜渐，远离赌博。大学阶段是青春勃发、奋发有为的黄金阶段。作为大学生，要把精力用在学习科学文化知识上，努力提高自身的思想政治素质。用科学文化知识武装自己的头脑，用过硬的思想政治素养筑起坚固的堡垒。树立远大理想和积极进取、自强不息的奋斗精神，摒弃好逸恶劳、贪图享乐的思想，自觉禁赌。

2. 科学引导，弘扬文化

加强校园文化建设，积极开展各种校园文化活动，丰富学生的业余生活，陶冶学生的道德情操，积极地帮助学生培养健康的业余爱好，激发学生学习科学文化知识的积极性，创造较好的学习氛围，使学生把更多的注意力转移到学习科学文化知识上，有步骤、有计划地度过自己的大学生活，成为乐学、爱学之人。

3. 宣传法制，防治结合

加强对大学生的法制教育，加大对有关赌博的法律法规的宣传教育，通过对一些典型案例的宣传让大学生了解赌博的危害性。随着人们生活水平的日益提高，不少人在工作之余搓搓麻将、打打扑克，以便满足精神生活的需要。大学生要正确看待这种现象，划清正当游戏与违法赌博的界限。同学之间应该相互关心、相互帮助、相互监督，形成抵制赌博的良好风气，自觉维护健康向上的校园风气。

4. 谨慎交友，自觉抵制

大学生应该谨慎交友，所谓"近朱者赤，近墨者黑"，避免沾染赌博恶习。当同学或朋友邀请你参与赌博时,要坚决拒绝。态度要坚决,语气要委婉,并晓之以理,劝说他们也不要赌博。对于不听劝说者,要及时向学校汇报,或者直接向公安机关举报,由公安机关进行依法查处,切不可默许甚至参与或包庇。

⚠ 安全知识

(一)赌博的违法性

违法包括一般违法和严重违法,一般违法是指违反行政管理法律法规的行政违法行为,严重违法是指触犯刑法的犯罪行为。赌博在我国是一种违法行为,赌博既可能构成行政违法,也可能构成严重违法——犯罪。

赌博违反了《中华人民共和国治安管理处罚法》。《中华人民共和国治安管理处罚法》第七十条规定:"以营利为目的,为赌博提供条件的,或者参与赌博赌资较大的,处五日以下拘留或者五百元以下罚款;情节严重的,处十日以上十五日以下拘留,并处五百元以上三千元以下罚款。"

严重的赌博行为构成赌博罪,根据《刑法修正案(六)》对刑法第三百零三条的修正,我国刑法设置了赌博罪和开设赌场罪两个罪名。"以营利为目的,聚众赌博或者以赌博为业的,处三年以下有期徒刑、拘役或者管制,并处罚金。""开设赌场的,处三年以下有期徒刑、拘役或者管制,并处罚金;情节严重的,处三年以上十年以下有期徒刑,并处罚金。"

(二)赌博与娱乐的区别

(1)从主观方面看,赌博以营利为目的,娱乐则以休闲消遣为目的。依据《最高人民法院、最高人民检察院关于办理赌博刑事案件具体应用法律若干问题的解释》第九条规定:"不以营利为目的,进行带有少量财物输赢的娱乐活动,以及提供棋牌室等娱乐场所只收取正常的场所和服务费用的经营行为等,不以赌博论处。而赌博则是以营利为目的的行为。"

(2)从客观方面看,构成赌博罪客观上以聚众赌博、开设赌场或以赌博为业三种行为为限。聚众赌博是指组织、召集、引诱多人进行赌博,本人从中抽头获利的行为。以赌博为业是指经常进行赌博,以赌博获取钱财为其生活或者主要经济来源的行为。开设赌场是指提供赌博的场所及用具,供他人在其中进行赌博,本人从中营利的行为。群众娱乐不存在从中抽头获利,所以不属于以上三种行为。另外,客观上还要看彩头量的多少,根据个人、地区经济状况及公众可以接受的消费水平而定。

(3)从主体上看,群众娱乐多是在家庭成员、亲朋好友之间进行。而赌博的参与者多为不特定人员。

(4)从客体上看,赌博破坏社会管理秩序和社会稳定,群众娱乐有利于社会稳定与和谐。

(三)大学生沾染赌博后的戒赌方法

赌博是一种容易上瘾的不良行为,戒赌并不容易,但并不是陷入赌博旋涡后就不可救药,只要拥有坚定的意志,绝对可以克服赌博的瘾癖。大学生可以尝试以下戒赌方法。

(1)做好充分的思想准备,一旦决定戒赌,就要坚决与之决裂,防止反复。避免出席任何赌博场合,避免与有赌博习性的人来往。

(2)减少身上持有的现金数量。对手头的现金进行适当分配,不在身上留过多的钱,以免把持不住再次参与赌博活动。

（3）寻求老师、家人和身边同学的帮助，接受他们的监督。也可以向心理医生咨询，倾诉自己内心的困扰，或者商讨戒赌的办法。

（4）控制精神压力。通过定期做运动，或者参加集体活动，转移注意力，驱走心中的烦闷，舒缓紧张的情绪。

（5）养成反省的习惯。通过写日记、写博客等方式，记录自己戒赌的进程，反思之前赌博的行为，进一步认识赌博的危害。对于自己戒赌的进步，适当给自己一些小奖励。

（6）培养其他取代赌博的爱好，打发空闲时间，努力打消赌博的念头。

（7）制定学习目标，把精力投入到学习中，转移注意力，引导自己戒掉赌博恶习。

法律链接

《中华人民共和国刑法》

第三百零三条 以营利为目的，聚众赌博或者以赌博为业的，处三年以下有期徒刑、拘役或者管制，并处罚金。

开设赌场的，处三年以下有期徒刑、拘役或者管制，并处罚金；情节严重的，处三年以上十年以下有期徒刑，并处罚金。

《中华人民共和国治安管理处罚法》

第七十条 以营利为目的，为赌博提供条件的，或者参与赌博赌资较大的，处五日以下拘留或者五百元以下罚款；情节严重的，处十日以上十五日以下拘留，并处五百元以上三千元以下罚款。

《普通高等学校学生管理规定》（教育部）

第四十二条 学生应该自觉遵守公民道德规范，自觉遵守学校管理制度，创造和维护文明、整洁、优美、安全的学习和生活环境。

学生不得有酗酒、打架斗殴、赌博、吸毒，传播、复制、贩卖非法书刊和音像制品等违反治安管理规定的行为；不得参与非法传销和进行邪教、封建迷信活动；不得从事或者参与有损大学生形象、有损社会公德的活动。

《贵州省学校学生人身伤害事故预防与处理条例》（贵州省人大）

第十八条 学生应该遵守法律法规、学校的规章制度和纪律，服从学校的教育和管理，学习安全知识，增强自我保护意识，不得参加赌博、吸毒、酗酒、威胁勒索、打架斗殴等可能危及自身或者他人人身安全的活动。

与您共勉

古人云：赌乃赌、毒、偷、抢、骗五毒之首，把人际关系金钱化，赌的是一时痛快，输掉的却是整个人生。

思考思考

1. 思考赌博的本质及其对大学生的危害。
2. 你的身边是否存在赌博现象？谈谈大学生应该如何防范赌博，如何帮助身边的人戒除赌博？
3. 赌博为什么是一种违法行为？
4. 网络赌博的套路有哪些？

Chapter 8
第 8 章

抵制毒品　远离毒害

拒绝毒品，远离毒害

日趋严重的毒品问题已经成为全球性的灾难，毒品灾害几乎蔓延到世界上所有的国家和地区。我国当前禁毒形势十分严峻，毒品正在大学生这个特殊人群中蔓延，在那淡淡的烟雾中，人的心灵像沙漠一样干燥和荒芜。那白色的粉末把人逼到一个角落，使你只有一种选择：放弃。放弃意志、放弃感情、放弃力量、放弃尊严、放弃生命。放弃一切的一切，只为了一小撮白色粉末。

本章通过大学生好奇吸毒、寻求刺激吸毒、精神空虚吸毒和以贩养吸犯罪等案例，生动说明大学生吸毒的危害和严重后果，特别是对吸毒大学生心灵的毒化和对他们身体的摧残，系统介绍了有关毒品和禁毒、缉毒、戒毒的科学知识及法律常识，各高校应该把禁毒教育作为大学生安全教育的一项重要内容。大学生应该从自身做起，多了解一些禁毒安全知识，远离毒品，珍爱生命。

警钟格言

鸦片流毒于天下，则为害甚巨，法当从严。若犹泄泄视之，是使数十年后，中原几无可以御敌之兵，且无可以充饷之银。

——林则徐

毒品如无情的洪水，冲垮了美好的家园；毒品如疯狂的沙尘，覆盖了阳光的艳丽；毒品如强悍的地震，扳倒了温暖的巢穴；毒品如恐怖的海啸，吞噬了脆弱的肉体；毒品如锋利的武器，刺穿了柔弱的要害；国际禁毒日，预防中毒，远离毒品，快乐生活每一天！

——禁毒誓词

毒品，在自己的欲望中开始，在他人的泪水中结束，这中间的过程，便叫作罪孽。好奇中尝试，尝试中沉迷，沉迷中堕落，堕落中毁灭！毒品如梦魇一般，禁毒刻不容缓！

——当代作家 陆晓兵

多少鲜活的生命，因为被它妖艳的外表所诱惑，从此踏上了一条不归路。多少善良的灵魂，被它剧烈的毒性侵害，从此泯灭了性灵。国际禁毒日，为了我们的明天，请珍惜生命，拒绝毒品，不要贪图一时痛快，毁掉终身幸福！

——国际禁毒日宣传语

今则蔓延中国，横被海内，槁人形骸，蛊人心志，丧人身家，实生民以来未有之大患，其祸烈于洪水猛兽。

——（清）魏源

案例回放

案例一 95后女大学生吸毒史长达7年

小琴（化名）上小学的时候是一个品学兼优的孩子，是父母的骄傲。不过上了初中后小琴开始贪玩，喜欢跟不爱读书的同学一起逃课、上网，并结交了一些社会青年。上初二那年，一次聚会，在校外"朋友"的怂恿下，小琴第一次尝试了吸毒。毒品带来的刺激，很快让小琴沦陷在毒品的诱惑里。后来，小琴认识了吸毒的男友，两人一起吸食K粉，似乎成了小琴最快乐的事。沉迷吸毒后，小琴不但无心学业，还渐渐迷失了自己。高二暑假的一天，小琴在酒吧吸食K粉被抓后，小琴父母才知道女儿已经染上毒品。第一次吸毒被抓后小琴很紧张，她害怕面对父母，害怕被父母责骂，然而父母的表现让小琴很意外。小琴说："领回家后我超怕我爸我妈打我，但是我爸我妈没有打我，就是跟我好好说毒品危害什么的，回到家也没有骂我，没有处罚，也没有被关，然后又跑出去玩。"

父母的宽容教育，并没有让小琴知错就改、远离毒品，反而给小琴带来一种侥幸心理。就在被抓后的一周内，小琴又因为吸食K粉被抓，这次她的父母真的生气了。小琴说："回到家我爸就直接打了我，是我爸第一次打我，打我的脸，就一直骂，我也知道错了，口头答应好好的。"

远离了之前的朋友圈，小琴开始回归正常的高中生活。最后凭借自己的努力，考上了广西壮族自治区的一所"二本"高校。可没想到的是，小琴在上大学后又开始复吸。

小琴说，自己现在在戒毒所已经有十个月了，这段时间通过戒毒所民警的帮助，她对今后的人生又有了更多的信心。等到戒毒期限一到，她决心回到大学校园继续读书，坚决远离曾经的朋友圈，从而戒掉毒品。

（案例来源：《柳州晚报》）

案例二　女大学生以贩养吸走上犯罪道路

2016年6月6日，河南省周口市警方在南洛高速沈丘出口抓获了一个系列贩毒团伙。李某和另一名女子张某被当场控制，民警从两人驾驶的车辆上搜出冰毒一千克。然而，让民警吃惊的是，其中一名女毒贩年仅21岁，而且还是一名在校大学生！

三年前，张某考上大学。环境的变化，让她逐渐与社会上的人接触越来越多。从接触各种娱乐场所到流连忘返，女孩子的虚荣心也不断开始膨胀。一心只想着怎么样才能买到奢侈品，怎么样才可以穿着光鲜亮丽的衣服。就这样，张某的社会交往也越来越复杂。这时候，她在朋友的怂恿下，第一次尝试了毒品。张某说，毒品的诱惑让她难以自拔。她曾经有过两次戒毒的经历，其中一次，将近一年她没有去沾染毒品。但是，最终还是在毒友的引诱下，又开始了复吸。张某十分懊悔，哭诉说：一个人有选择的权利，可一旦你吸食上毒品之后，就不会这样想了，连人生的自由选择权都会失去。

吸毒需要大量的资金支撑，一般人的正常收入往往很难满足吸食毒品的需求，很多吸毒者就会采取偷、抢、骗等手段去获得毒资，甚至会以贩养吸、以卖养吸，不惜走上犯罪的道路。

（案例来源：中国禁毒网）

案例三　大学生吸毒受拘留行政处罚

2014年3月17日贵州省都匀市公安局接到举报，该地某高校生物工程系2012级高职质量检测专业学生刘某伙同该校2012级、2013级中职畜牧班杨某、潘某在学校吸毒。经过公安机关鉴定属实，受到行政拘留5日的处罚。

（案例来源：贵州省教育厅安稳处）

案例四　受朋友诱劝毒毁掉花样女孩锦绣前程

小丽（化名）从小聪明伶俐，4岁学钢琴，5岁学跳舞，并多次在市里比赛获奖。上学后，小丽先后担任过班长、学生会主席，多次被评为"三好学生"。后来，她就读于某名牌大学，可以说是前途无量。

"这玩意挺好的，很刺激，吸后的感觉很好，不信你试试看！"在大学，小丽被一伙"朋友"带着学会吸毒。"第一次是在深圳的一家KTV，和一伙朋友在一起。"小丽说她开始还十分犹豫，但看到朋友都乐此不疲，心里就对毒品充满好奇，又羡慕他们的"潇洒"，于是动心了。"吸吧，没事的，好玩嘛。"朋友都说吸完后再好好玩一下，想怎么玩就怎么玩，还说那种感觉真是太好了。在朋友的劝说下，她开始了第一口的尝试。

之后，小丽渐渐成瘾，不仅精神萎靡，身体更是逐渐消瘦。不久，身陷毒害的小丽不得不退学，被家人送进了戒毒所。就这样，一个花样女孩的锦绣前程被"朋友"的劝说给毁灭了，人生发生了颠覆性的改变。

（案例来源：农商青年）

案例五　三好学生为牟暴利开始制毒

某医学院的一位大学生，品学兼优，曾经被评选为"全国优秀三好学生"，本应该学成后回报社会。但在一次偶然的浏览网页时，发现了毒品的暴利，他的世界观、人生观、价值观发生了严重错位，财迷心窍，竟然与吸毒者合作。自己靠着学生的幌子，在学校实验室里研制冰毒，并提供给吸毒者进行买卖，从全国优秀三好学生成为制毒、贩毒者。

东窗事发后，他被判处了死刑。

（案例来源：搜狐网）

案例六　遵义两大学生开学首日吸毒

2015年9月4日中午，贵州省遵义市红花岗分局民警着便衣在街头巡逻至遵义市火车站路段时，见前方两名男子哈欠连天，并听到两人商量"买点药来过瘾"，民警怀疑两人吸毒。之后，民警跟踪两名男子，这两名男子走进一家酒店开了房。在前台亮明身份后，民警找到了两名男子所在的房间，之后趁两人开门之际，迅速冲进房内将两人控制，经过尿检发现两人均呈阳性。

令民警没想到的是，两名男子均为遵义市某高校的学生，在开学首日便毒瘾发作，花500元从他人手中买来毒品吸食。目前，两人已经被警方刑事拘留。

（案例来源：《贵阳晚报》）

案例七　交友不慎误入歧途吸毒贩毒

2015年8月19日，贵阳市南明公安分局兴关路派出所接到群众举报，称在薛家井一间出租屋内有毒品交易。当日民警在一间出租屋内将正在进行毒品交易的嫌疑人杨欣（化名）抓获。"就卖了5克冰毒，一克260元。"据嫌疑人杨欣供述，这是她第一次卖冰毒给别人，刚称好毒品、收了1300元的毒资，就被抓获。

令民警感到吃惊的是，嫌疑人杨欣今年才21岁，是贵阳市某高校的在校大学生。杨欣称知道贩毒违法，但自己上大学，父母离异没有经济来源，又染上吸毒，就"以贩养吸"。

杨欣所在学校证明杨欣平时表现良好，成绩不错。后来因为家庭原因导致性情急变，成绩下滑，又因为交友不慎而误入歧途，杨欣被抓后经过检察院批准逮捕。

（案例来源：金黔在线、《贵州商报》）

点睛提示

相信很多人都听过潘多拉魔盒的故事。

潘多拉是宙斯创造的第一个人类女人,是为了报复人类。潘多拉被创造之后,就在宙斯的安排下,被送给了伊皮米修斯。在他们举行婚礼时,宙斯命令众神各将一份礼物放在一个盒子里,送给潘多拉当礼物。伊皮米修斯知道盒子里可能装了不好的东西,就不断地提醒潘多拉不要打开盒子。

有一天,潘多拉的好奇心战胜了一切。她等伊皮米修斯出门后,就打开了盒子,结果一团烟雾冲了出来,将一切礼物全都释放,这里面包含了幸福、瘟疫、忧伤、友情、灾祸、爱情等。在潘多拉打开盒子以前,人类没有任何灾祸,生活宁静,那是因为所有的病毒恶疾都被关在盒子中。潘多拉害怕极了,潘多拉在慌乱中赶紧盖住大盒子,但一切都为时已晚……

大家想一想:在我们身边有没有属于"潘多拉"魔盒里的东西?例如,金钱、权力、地位、利益、毒品、淫秽书刊、赌博、电子游戏等。当大家面对生活中的各种诱惑时,你会不会去打开潘多拉盒子呢?

由以上几则案例可见,一些吸毒、贩毒、制毒分子来到大学校园及校园周边活动,毒祸已经波及大学校园。尤其值得注意的是,在大学生周边有与之关系密切的吸毒者,他们大多数是自己的邻居、同乡、同学,在交往过程中极有可能受到影响和引诱。这些都说明,大学生离毒品已经不遥远。从目前来看,冰毒(甲基苯丙胺)由于制造工艺简单,价格较低,所以其发展势头强劲。从国外的情况来看,冰毒等中枢神经兴奋剂,由于有一定的减轻疲劳、提高警觉、减少睡眠、增强自信心和思维活动的作用,而被知识阶层所青睐,对大学生的诱惑性更大。因此,当代大学生应该高度戒备毒品的危害,有效地抵御毒品的侵蚀。

上述案例告诫我们:大学生吸毒往往是在不经意间,从生活小事开始的,往往经过"无聊—好奇—刺激—吸毒—成瘾"的发展路线。大学生应该防微杜渐,抵制毒品!

"最终让你上瘾的,还是你的空虚",毒品不是娱乐,娱乐是为了刺激,刺激可以消除,而毒品则意味着死亡,包括精神的泯灭和躯体的腐烂。毒品就像一条看不见的铁链,一旦让它把你拴住,那么,你将活得没有自尊,没有人性。所以希望大学生能够远离毒品。

大学生正处在青春发育期的心理不稳定状态,这个时期被称为"心理断乳期"或"情感上的疾风暴雨期"。个体进入青春期后,随着心理不稳定状态的影响加强,身体和心理发生巨大的变化,自我意识增强,有成人感,想摆脱他人的控制,但是个体对现实的了解不深,且范围较窄;感情日益丰富,但自尊又使他们无法向他人吐露,心理状态极不稳定。

一、导致这种不稳定的社会因素

(一)生活挫折,"麻醉"处理

大学生大多数都是初次离开父母,第一次面对生活中的各种考验。由于社会经验较少,所以面对各种矛盾和挫折自己解决不了,自尊又使他们不愿意向他人吐露,一旦矛盾激化到不可避免时,就采取极端的方式,或者选择"麻醉"自己的方式以求解脱,吸毒就是其中之一。

（二）生活无聊，精神空虚

大学生从紧张的高中生活一下子松懈了下来，突然找不到生活的目标，自由的大学生活使大多数学生失去了方向，不知道怎样度过校园时光，在大学物质生活获得满足的同时，精神生活却因为缺乏正确的指引而无所寄托。调查表明，在199名吸毒者中，有18.5%的人员是由于生活无聊、精神空虚而吸毒的。

（三）追求时髦，猎奇尝试

刚刚实现"鲤鱼跃龙门"跨越的大学生涉世不深，对一切都充满了好奇，面对各种诱惑的时候总是追求前卫，选择与怪异行为为伍。因为听别人讲吸毒后会有飘飘欲仙的感觉，所以就去尝试毒品，最后到了一发不可收拾的地步。据一份调查显示，在199名吸毒者中，有47.7%的人员是由于好奇、追求时髦而吸毒的。大学生要擦亮眼睛，看清事物，不要盲目尝试。

（四）家庭优越，挥金如土

当代大学生大多数是独生子女，家庭条件优越，从小娇生惯养，对高消费早已司空见惯，特别是假期超额消费的行为，比比皆是。放松的方式多种多样，酒吧、KTV包房、豪华舞厅、高档娱乐场所等地方都可以看到大学生的身影，这些地方也正是毒贩集中的场所。而大学生抵制诱惑的能力不强，出于各种动机吸毒进而成瘾，深陷其中不能自拔。

（五）一次侥幸，终生难戒

出于不同的原因，大学生认为吸一次毒品不会上瘾，却导致终生难戒。根据调查结果显示，70.6%的吸毒人员就是因为认为吸一次或吸几次毒品不会上瘾，而且觉得凭自己的意志可以戒掉，才冒险一试再试，最终无法控制，染上毒瘾。

上述案例也不得不让我们深思：吸毒危害至深，可谓"一旦吸毒，十年戒毒，终生想毒"。

二、大学生吸毒的危害

（一）吸毒对社会的危害

（1）对家庭的危害。大学生经过寒窗苦读进入大学校园，父母含辛茹苦供其上学读书，而其一旦吸毒，在自我毁灭的同时，也破坏自己的家庭，使其家庭陷入经济破产、亲属离散，甚至家破人亡的困难境地。陈某，海南省人，21岁，是一名在校大学生，因为交友不慎染上毒瘾。为了维持吸毒需要的巨额开销，先是编造种种谎言从亲友处骗钱，后来发展到变卖家当。父母对其极度失望，终于病倒在医院，但因为吸毒而丧失了人性的陈某竟然乘父亲交住院手术费时将钱抢走去换毒品。

（2）荒废了学业。大学生出于好奇，一旦吸食毒品，便难以摆脱，久而久之，学业也就荒废了，美好的前程便断送在毒品之中。

（3）毒品活动扰乱社会治安。大学生一旦涉足毒品，就容易诱发各种违法犯罪活动，扰乱校园秩序以及社会治安，给社会安定带来巨大威胁。

（二）吸毒对身心的危害

（1）对身体的毒性作用。毒性作用，是指用药剂量过大或用药时间过长所引起的对身体的一种危害，通常伴有机体的功能失调和组织病理变化。中毒的主要特征有嗜睡、感觉迟钝、运动失调、幻觉、妄想、定向障碍等。

（2）精神障碍与变态。吸毒所致最突出的精神障碍是幻觉和思维障碍。他们的行为特点是一切围绕着毒品转，甚至为吸毒而丧失人性。

（3）戒断反应。这是长期吸毒所造成的一种严重和具有潜在致命危险的身心损害，通常在突然终止用药或减少用药剂量后发生。许多吸毒者在没有经济来源购毒、吸毒的情况下，常常死于严重的身体戒断反应所引起的各种并发症，或由于痛苦难忍而自杀身亡。戒断反应也是吸毒者戒毒难的重要原因。

（4）感染性疾病。静脉注射毒品会给滥用者带来感染性并发症，最常见的有化脓性感染和乙型肝炎，以及令人担忧的艾滋病问题。此外，吸毒还会损害神经系统、免疫系统，容易感染各种疾病。

三、大学生如何做到远离毒品

（一）做知法守法的大学生

《中华人民共和国刑法》明文规定：走私、贩卖、运输毒品，非法种植毒品原植物，制造毒品，非法持有毒品，引诱、教唆、欺骗、强迫他人吸食、注射毒品以及非法提供毒品的行为都是犯罪行为，必须予以严惩。全国人大《关于禁毒的决定》中也明确指出，吸食、注射毒品是违法行为。因此，大学生要自觉学法、守法，牢固树立法制观念，要时刻清醒地认识到某种行为的合法性与非法性，凡是法律法规明令禁止的行为，坚决不沾不染，不侥幸、不好奇，做知法守法的好公民，自觉将毒品拒之门外，这是远离毒品的第一道同时也是最关键的一道防线。

（二）不断地加强自身道德修养

大学生在知法守法的同时，必须加强自身道德修养，才能正确地看待生活，抵制一切诱惑，做到洁身自好，远离毒品。

（1）树立正确的人生观

要树立正确的人生观，就要把正确的认识落到实处、体现在行动中，从现在做起，从头做起，从日常生活的小事做起，时时处处严格要求自己，彻底抛弃错误的观念，远离毒品。

（2）要树立正确的友谊观

在吸毒的大学生中，有相当一部分人是受毒友诱惑，为了给所谓的"哥们"面了，又自认为吸一两次没关系而陷入"毒海"的。友谊是人类在社会生活实践中，在相互接触和交往的基础上产生的亲密的感情交流的关系，是一种高尚的道德力量。大学生在日常交往过程中，要建立健康、高尚的友谊，交朋友要有原则，不交"毒友"。同时，必须把友谊和"哥们义气"严格区别开来。

（3）要养成良好的道德习惯

良好的道德习惯是指明辨是非的能力和坚忍不拔的意志。有的人在纷繁的社会生活中模糊了对与错、善与恶、美与丑、光明与黑暗的界限。具备明辨是非能力的大学生面对种种社会现象时，能够对正确的、良好的行为感到崇尚和敬仰，对错误的行为感到不满和愤恨，并能自觉地抵制不道德行为、不良嗜好的诱惑。

（4）不好奇，千万不尝第一口

毒品的特性决定了人一旦沾染，就无法自拔。好奇心和冒险心往往成为毒品侵蚀的温床。

大学生要提高自己的自控能力，千万不要去尝试吸毒的滋味。千万不要相信"吸一口没事""吸一次不会上瘾"，要记住"吸了第一口，就没有最后一口"。千万不要相信"我吸了不会上瘾，我吸了能够戒掉"，要记住"吸毒犹如打开地狱之门"，任何人踏进去，都会坠入灾难的深渊。

⚠ 安全知识

（一）毒品的种类和特征

1. 鸦片

鸦片含有 20 多种生物碱，可以分为菲类和异喹啉类。前者如吗啡（含量约 10%）和可待因，后者如罂粟碱。鸦片作为药物使用，长期或过量使用，则造成药物依赖性；作为毒品吸食，对人体产生难以挽回的损害甚至造成死亡。吸食鸦片后，无法集中精神、产生梦幻现象，导致高度心理及生理依赖性，长期使用后停止则会发生渴求药物、不安、流泪、流汗、流鼻水、易怒、发抖、寒战、打冷战、厌食、便秘、腹泻、身体卷曲、抽筋等戒断症状。

2. 大麻

大麻在我国俗称"火麻"，大麻的茎、竿可以制成纤维，籽可以榨油。作为毒品的大麻主要是指矮小、多分枝的印度大麻。大麻类毒品的主要活性成分是四氢大麻酚（THC）。THC 在吸食或口服后有精神和生理的活性作用。人类吸食大麻的历史长达千余年，20 世纪在毒品和宗教方面的使用有增加倾向。

3. 杜冷丁

杜冷丁学名哌替啶，又称作唛啶、地美露。杜冷丁的滥用是我国当前所面临的毒品问题之一。杜冷丁有一定的成瘾性，连续使用一两周便可产生药物依赖性。研究表明，这种依赖性以心理为主，以生理为辅，但两者都比吗啡的依赖性弱。停药时出现的戒断症状主要有精神萎靡不振、全身不适、流泪流涕、呕吐、腹泻、失眠，严重者也会产生虚脱。

4. 美沙酮

美沙酮又作美散痛，也是一种人工合成的麻醉药品。美沙酮在临床上用作镇痛麻醉剂，止痛效果略强于吗啡，毒性、副作用较小，成瘾性也比吗啡小。近年来，在我国沿海地区已经多次出现非法服用美沙酮的吸毒者，特别是一些原来吸食、注射海洛因或杜冷丁的人，一旦中断药物供应出现强烈的戒断症状，就会服用美沙酮替代。口服美沙酮可以维持药效 24 小时以上，但由于它的作用比海洛因弱，故只要能重新获得海洛因，这些吸毒者又会转而复吸海洛因。

5. 海洛因

海洛因即二乙酰吗啡，鸦片毒品系列中最纯净的精制品，是目前我国吸毒者吸食和注射的主要毒品之一。海洛因的戒断症状一般表现为焦虑、烦躁不安、易激动、流泪、周身酸痛、失眠、腹部及其他肌肉痉挛、失水等。海洛因中毒的主要症状是瞳孔缩小如针孔，皮肤冷而发黑，呼吸极慢，深度昏迷，呼吸中枢麻痹，衰竭致命。

6. 摇头丸

"摇头丸"有强烈的中枢神经兴奋作用，有很强的精神依赖性，对人体有严重的危害。服用后表现为感情冲动、性欲亢进、嗜舞、偏执、妄想、自我约束力下降以及出现幻觉和暴力倾向等。该毒品现在主要在舞厅、卡拉 OK 厅、夜总会等公共娱乐场所以口服形式被一些疯狂的舞迷所滥用。

7. 吗啡

滥用吗啡者多数采用注射的方法。在同样的质量下，注射吗啡的效果比吸食鸦片强烈10~20倍。吸食吗啡的戒断症状有流汗、颤抖、发热、血压高、肌肉疼痛和挛缩等。

8. 冰毒

冰毒滥用者会处于强烈兴奋状态，表现为不吃不睡、活动过度、情感冲动、不讲道理、偏执狂、妄想、幻觉和暴力倾向。慢性中毒可以造成体重减轻和精神异常。同时，也会发生其他滥用感染并发症，包括肝炎、细菌性心内膜炎、败血症和性病、艾滋病等。

9. K粉

K粉是氯胺酮的俗称，英文Ketamine，临床上用作手术麻醉剂或麻醉诱导剂，具有一定的精神依赖性潜力。近年来在一些歌厅、舞厅等娱乐场所发现了氯胺酮的滥用现象。2001年5月9日，国家药品监督局将氯胺酮列入二类精神药品管理。

10. 麦司卡林

麦司卡林学名三甲氧苯乙胺，是苯乙胺的衍生物。服用两三个小时后出现幻觉，这种幻觉可以持续七八个小时甚至12个小时以上。吸食麦司卡林的危害主要是导致精神错乱，服用者若发展为迁移性精神病，则会出现暴力性攻击及自杀、自残等行为。

11. LSD（麦角酸二乙基酰胺）

LSD是已知药力最强的迷幻剂，极易为人体所吸收。吸毒者服用该药30~60分钟后就出现心跳加速、血压升高、瞳孔放大等反应，两三个小时以后产生幻视、幻听和幻觉，此时，在生理上常伴有眩晕、头痛及恶心呕吐等症状。长期或大量服用LSD除了使记忆力受到损害，并出现抽象思维障碍以外，还有相当严重的毒副作用，会大量杀伤细胞中的染色体，携带着遗传基因的染色体被大量破坏将导致孕妇的流产或婴儿的先天性畸形。

12. 可卡因

可卡因俗称"可可精"，学名苯甲酰芽子碱。吸食可卡因可以产生很强的心理依赖性，长期吸食可以导致精神障碍，也称为可卡因精神病。容易产生触幻觉与嗅幻觉，最典型的是皮下虫行蚁走感，奇痒难忍，造成严重抓伤甚至断肢自残，情绪不稳定，容易引发暴力或攻击行为。长时间大剂量使用可卡因后突然停药，可以出现抑郁、焦虑、失望、易激惹、疲惫、失眠、厌食。长期吸食者多营养不良，体重下降。

鸦片及大麻系列毒品均属于麻醉、抑制剂类（其中鸦片类毒品表现形式为先兴奋后抑制，大麻类毒品大剂量使用时有致幻作用），吸食或注射后能麻醉神经、松弛肌肉，使人萎靡不振、欲醒不能。而古柯、可卡因类毒品则属于兴奋剂，进入人体后能使脉搏、心率加快，血压及体温升高，精神亢奋。

（二）如何防止大学生吸毒

个人预防吸毒主要是要不断地提高自身的综合素质和能力，构筑起抵御毒品侵袭的铜墙铁壁。

（1）切勿借毒消愁，勇敢面对失学、失恋等人生挫折。

（2）切勿放任好奇心。如果因为好奇心以身试毒，那么一试必会付出惨痛代价。

（3）切勿抱侥幸心理。一次吸食，终生难戒。

（4）切勿结交有吸毒、贩毒行为的人。遇有亲友吸毒，切莫与其为伍，一要劝阻，二要回避，三要举报。

（5）切勿在吸毒场所滞留。毒贩子手段高明，不小心你就成了他们的猎物，最终染上毒瘾。

（6）切勿听信"吸毒一口，赛过活神仙"的谎言，吸毒一口，痛苦一生。

（7）切勿接受吸毒人的香烟或饮料，天下没有免费的午餐，那是一种吸毒成瘾的诱饵。

（8）切勿相信毒品能治百病的谣言，吸毒摧残身体，吞噬灵魂。

（9）切勿虚荣，吸毒是一种愚昧可耻的行为，吸毒不是有钱的象征。

（10）切勿盲目效仿，吸毒者不是我们崇拜的"偶像"，这种赶时髦的心理应该消除。

防止毒品危害的最佳办法是远离毒品，培养积极健康的生活方式，要明白，对于毒品，不要去尝试，也不要太过于相信自己的意志力。远离毒品，过健康文明的生活是最好的选择。

法律链接

《中华人民共和国禁毒法》

第二条　本法所称毒品，是指鸦片、海洛因、甲基苯丙胺（冰毒）、吗啡、大麻、可卡因，以及国家规定管制的其他能够使人形成瘾癖的麻醉药品和精神药品。根据医疗、教学、科研的需要，依法可以生产、经营、使用、储存、运输麻醉药品和精神药品。

第十三条　教育行政部门、学校应当将禁毒知识纳入教育、教学内容，对学生进行禁毒宣传教育。公安机关、司法行政部门和卫生行政部门应当予以协助。

第四十七条　强制隔离戒毒的期限为两年。

执行强制隔离戒毒一年后，经过诊断评估，对于戒毒情况良好的戒毒人员，强制隔离戒毒场所可以提出提前解除强制隔离戒毒的意见，报强制隔离戒毒的决定机关批准。

强制隔离戒毒期满前，经过诊断评估，对于需要延长戒毒期限的戒毒人员，由强制隔离戒毒场所提出延长戒毒期限的意见，报强制隔离戒毒的决定机关批准。强制隔离戒毒的期限最长可以延长一年。

第五十二条　戒毒人员在入学、就业、享受社会保障等方面不受歧视。有关部门、组织和人员应当在入学、就业、享受社会保障等方面对戒毒人员给予必要的指导和帮助。

第五十九条　有下列行为之一，构成犯罪的，依法追究刑事责任；尚不构成犯罪的，依法给予治安管理处罚：

（一）走私、贩卖、运输、制造毒品的；

（二）非法持有毒品的；

（三）非法种植毒品原植物的；

（四）非法买卖、运输、携带、持有未经灭活的毒品原植物种子或者幼苗的；

（五）非法传授麻醉药品、精神药品或者易制毒化学品制造方法的；

（六）强迫、引诱、教唆、欺骗他人吸食、注射毒品的；

（七）向他人提供毒品的。

第六十条　有下列行为之一，构成犯罪的，依法追究刑事责任；尚不构成犯罪的，依法给予治安管理处罚：

（一）包庇走私、贩卖、运输、制造毒品的犯罪分子，以及为犯罪分子窝藏、转移、隐瞒毒品或者犯罪所得财物的；

（二）在公安机关查处毒品违法犯罪活动时为违法犯罪行为人通风报信的；

（三）阻碍依法进行毒品检查的；

（四）隐藏、转移、变卖或者损毁司法机关、行政执法机关依法扣押、查封、冻结的涉及毒品违法犯罪活动的财物的。

第六十一条　容留他人吸食、注射毒品或者介绍买卖毒品，构成犯罪的，依法追究刑事责任；尚不构成犯罪的，由公安机关处十日以上十五日以下拘留，可以并处三千元以下罚款；情节较轻的，处五日以下拘留或者五百元以下罚款。

第六十五条　娱乐场所及其从业人员实施毒品违法犯罪行为，或者为进入娱乐场所的人员实施毒品违法犯罪行为提供条件，构成犯罪的，依法追究刑事责任；尚不构成犯罪的，依照有关法律、行政法规的规定给予处罚。

《中华人民共和国治安管理处罚法》

第七十一条　有下列行为之一的，处十日以上十五日以下拘留，可以并处三千元以下罚款；情节较轻的，处五日以下拘留或者五百元以下罚款：

（一）非法种植罂粟不满五百株或者其他少量毒品原植物的；

（二）非法买卖、运输、携带、持有少量未经灭活的罂粟等毒品原植物种子或者幼苗的；

（三）非法运输、买卖、储存、使用少量罂粟壳的。有前款第一项行为，在成熟前自行铲除的，不予处罚。

第七十二条　有下列行为之一的，处十日以上十五日以下拘留，可以并处两千元以下罚款；情节较轻的，处五日以下拘留或者五百元以下罚款：

（一）非法持有鸦片不满两百克、海洛因或者甲基苯丙胺不满十克或者其他少量毒品的；

（二）向他人提供毒品的；

（三）吸食、注射毒品的；

（四）胁迫、欺骗医务人员开具麻醉药品、精神药品的。

第七十三条　教唆、引诱、欺骗他人吸食、注射毒品的，处十日以上十五日以下拘留，并处五百元以上两千元以下罚款。

第七十四条　旅馆业、饮食服务业、文化娱乐业、出租汽车业等单位的人员，在公安机关查处吸毒、赌博、卖淫、嫖娼活动时，为违法犯罪行为人通风报信的，处十日以上十五日以下拘留。

《中华人民共和国刑法》

第三百四十八条　【非法持有毒品罪】

非法持有鸦片一千克以上、海洛因或者甲基苯丙胺五十克以上或者其他毒品数量大的，处七年以上有期徒刑或者无期徒刑，并处罚金；非法持有鸦片两百克以上不满一千克、海洛因或者甲基苯丙胺十克以上不满五十克或者其他毒品数量较大的，处三年以下有期徒刑、拘役或者管制，并处罚金；情节严重的，处三年以上七年以下有期徒刑，并处罚金。

第三百五十二条　【非法买卖、运输、携带、持有毒品原植物种子、幼苗罪】

非法买卖、运输、携带、持有未经灭活的罂粟等毒品原植物种子或者幼苗，数量较大的，处三年以下有期徒刑、拘役或者管制，并处或者单处罚金。

第三百五十三条 【引诱、教唆、欺骗他人吸毒罪；强迫他人吸毒罪】

引诱、教唆、欺骗他人吸食、注射毒品的，处三年以下有期徒刑、拘役或者管制，并处罚金；情节严重的，处三年以上七年以下有期徒刑，并处罚金。

强迫他人吸食、注射毒品的，处三年以上十年以下有期徒刑，并处罚金。

引诱、教唆、欺骗或者强迫未成年人吸食、注射毒品的，从重处罚。

第三百五十四条 【容留他人吸毒罪】

容留他人吸食、注射毒品的，处三年以下有期徒刑、拘役或者管制，并处罚金。

第三百五十五条 【非法提供麻醉药品、精神药品罪】

依法从事生产、运输、管理、使用国家管制的麻醉药品、精神药品的人员，违反国家规定，向吸食、注射毒品的人提供国家规定管制的能够使人形成瘾癖的麻醉药品、精神药品的，处三年以下有期徒刑或者拘役，并处罚金；情节严重的，处三年以上七年以下有期徒刑，并处罚金。向走私、贩卖毒品的犯罪分子或者以牟利为目的，向吸食、注射毒品的人提供国家规定管制的能够使人形成瘾癖的麻醉药品、精神药品的，依照本法第三百四十七条的规定定罪处罚。单位犯前款罪的，对单位判处罚金，并对其直接负责的主管人员和其他直接责任人员，依照前款的规定处罚。

第三百五十七条 【毒品的范围及毒品数量的计算原则】

本法所称的毒品，是指鸦片、海洛因、甲基苯丙胺（冰毒）、吗啡、大麻、可卡因以及国家规定管制的其他能够使人形成瘾癖的麻醉药品和精神药品。毒品的数量以查证属实的走私、贩卖、运输、制造、非法持有毒品的数量计算，不以纯度折算。

《最高人民法院关于审理毒品犯罪案件适用法律若干问题的解释》

（2016年1月25日最高人民法院审判委员会第1676次会议通过，自2016年4月11日起施行。）《解释》共15条，涉及十类毒品犯罪的定罪量刑标准和其他实践中较为突出的毒品犯罪法律适用问题，《解释》第四条规定，"向在校学生贩卖毒品的"属于刑法规定的贩卖毒品罪"情节严重"的情况，应当予以加重处罚。

第四条 走私、贩卖、运输、制造毒品，具有下列情形之一的，应当认定为刑法第三百四十七条第四款规定的"情节严重"：（一）向多人贩卖毒品或者多次走私、贩卖、运输、制造毒品的；（二）在戒毒场所、监管场所贩卖毒品的；（三）向在校学生贩卖毒品的；（四）组织、利用残疾人、严重疾病患者、怀孕或者正在哺乳自己婴儿的妇女走私、贩卖、运输、制造毒品的；（五）国家工作人员走私、贩卖、运输、制造毒品的；（六）其他情节严重的情形。

最高人民法院关于印发《全国法院毒品犯罪审判工作座谈会纪要》的通知

法〔2015〕129号

（2015年5月18日施行）

此纪要总共分为七个方面内容，其中第四方面加大参与禁毒综合治理工作力度中指出，要加强日常禁毒法制宣传，充分利用审判资源优势，通过庭审直播、公开宣判、举办禁毒法制讲座、建立禁毒对象帮教制度、与社区、学校、团体建立禁毒协作机制等多种形式，广泛、深入地开展禁毒宣传教育活动。要突出宣传重点，紧紧围绕青少年群体和合成毒品滥用问题，有针对性地组织开展宣传教育工作，增强人民群众自觉抵制毒品的意识和能力。

《贵州省学校学生人身伤害事故预防与处理条例》

第十八条 学生应当遵守法律法规、学校的规章制度和纪律，服从学校的教育和管理，学习安全知识，增强自我保护意识，不得参加赌博、吸毒、酗酒、威胁勒索、打架斗殴等可能危及自身或者他人人身安全的活动。

与您共勉

毒品，摧残人的心灵，践踏人的自尊，剥夺人的生命，使原本明媚的天空步入黑暗。让我们收敛起好奇心，杜绝毒品往来。

思考思考

1. 大学生为什么会沾染上毒品？
2. 毒品对大学生有哪些危害？
3. 谈谈你所在的高校都做了哪些禁毒方面的宣传？

毒品是魔鬼

Chapter 9
第 9 章

学防身术　防性侵害

学防身术

近年来，性骚扰、性侵害成为新闻媒体频频出现的关键词，大学校园中的性骚扰、性侵害的事件也屡有发生。对女大学生的性骚扰、性侵害，一直都是不容忽视的社会问题。女大学生普遍独立性较差，应变能力较弱，容易受到性侵害，这为校园安全敲响了新的警钟。女大学生的安全防范意识不强是导致校园内性侵害案件发生的重要原因。加强对大学生的安全防范教育和遵纪守法教育，使大学生树立安全防范意识和自觉遵纪守法意识，已是刻不容缓。本章以案说理，以案说法，在谴责性犯罪的同时，着重对女大学生如何防范性侵犯的安全知识和法律常识进行系统介绍。

警钟格言

> 我们应该赞美她们——妇女，也就是母亲，整个世界都是她们的乳汁所养育起来的。没有阳光，花不茂盛。没有爱，就没有幸福。没有妇女，也就没有爱。没有母亲，既没有诗人，也就没英雄。
>
> ——（苏联）高尔基

学防身术 防性侵害 第9章

> 任何生命都是把保护自己当作至高无上的目的，这是生命世界里的原则。
>
> ——（日本）池田大作
>
> 只要你懂得怎样去保护去珍惜，那么生命就是长久的。
>
> ——（古罗马）塞内加
>
> 多一份小心，多一份安心；多一点当心，多一点放心。
>
> ——（英国）卡莱尔
>
> 在我们这片古老善良的土地上，没有一种肆无忌惮的自我保护本能，基本等于请求他杀。
>
> ——佚名

案例回放

案例一 女大学生深夜外出遭遇性侵

2015年7月2日凌晨1点多，在贵州某高校大学校园内，20岁的大三女生王某因琐事与男友吵架，负气离开出租屋，准备去上网，不料，在去网吧的巷子中被男子肖某尾随，随后遭到该男子性侵。报案后性侵男子被逮捕判刑。

（案例来源：贵州某高校保卫处）

案例二 女大学生受他人胁迫，多次受到奸污

2019年8月24日，苏州某分局派出所接到一名女大学生报案，称其男友给他的一封信被人偷去，此信中谈到了她与男友发生性关系时的情景。偷信人找到该女生要与其发生性关系，女生不允，此人则扬言如果不同意，就把信交给学校领导，让该女生永远见不得人，在这种要挟和恐吓下，女生不敢反抗，多次受到奸污。

（案例来源：苏州某分局派出所官方微博）

案例三 女大学生经不住物质诱惑遭诱奸

2019年4月，山东某大学女学生张某，在校园舞会上认识了一名本校的男同学，交往数次后，该男生给女生过生日，请她吃饭，并劝她喝酒，当女生有醉意时，又将女生领到他的宿舍，在女生不同意又无力反抗的情况下，将她强奸。

（案例来源：山东某高校官方微博）

案例四 女大学生贪小便宜，遭他人强奸

2019年3月4日湛江某公安分局接到一女学生报警，称其被人强奸。经查，该女学生在校外餐馆就餐时认识一位个体商贩，该人穿着入时，花钱阔绰，外貌不俗，几句对话，二人便交上了朋友。从此课余经常约会，逛商场，去歌厅。该商贩为该女生买过许多衣物、首饰等。一次外出郊游，该商贩将女生领到偏僻处，在女生毫无防备的情况下，使用暴力将其强奸。

（案例来源：湛江某公安分局官方微博）

109

点睛提示

（一）校园中性侵害有如下几种形式

1. 暴力式侵害

暴力式侵害主要是指侵害主体采取暴力手段、语言恐吓或利用凶器，进行威胁，对女同学实施性侵害的行为。暴力侵害的主体比较复杂，犯罪分子有的以强奸为目的，混入女生宿舍或校园内偏僻处伺机作案。也有的是以抢劫、盗窃为目的，见有机可乘或因为受害人处理不当而发展为强奸犯罪。还有的是因为恋爱破裂或单相思，走向极端，发展成为暴力强奸。有的呈群体作案特点，容易诱发其他犯罪，例如引发聚众斗殴或为了逃避制裁而杀人灭口等恶性事件。

2. 流氓滋扰式侵害

流氓滋扰式侵害主要是指社会上的流氓结伙闯入校园，寻衅滋事，或者某些品行不端的人员在变态心理的驱使下，对女学生进行的各种性骚扰。这些人对女学生的侵害方式多为用下流语言调戏，以推、拉、撞、摸、占便宜，往身上扔烟头，做下流动作等。例如在夜间，女学生在孤立无援或处理不当等情况下，也可能发展为暴力强奸或轮奸。

3. 胁迫式侵害

胁迫式侵害主要是指某些心术不正者，或者利用受害人有求于己的处境，或者抓住受害人的个人隐私、某些错误等把柄，进行要挟、胁迫，强迫受害人与其发生非暴力型的性行为。例如，某公司总经理利用高校一些女大学生求职心切的心理，以招聘总经理秘书为诱饵，以试工为手段，对求职的女大学生进行性骚扰。又如，某高校一女生，交友心切，不慎与毕业班的一名男生谈恋爱并发生了性关系。后来因为发现该男生性情暴躁，提出分手。男生以发生性关系拍下裸照相威胁，扬言"如果断绝关系，便公开此事"。后来，该女生一直在悔恨和担惊受怕中度过了她的大学生活。

4. 社交性侵害

社交性侵害主要有以下几种情形。

（1）家教。家教是许多女大学生在大学期间参加的一项社会实践活动，但有的毫无警惕意识，应该对家教环境有所了解，不能没有任何防范。

（2）求职。在竞争日益激烈的今天，女大学生找到一份工作很不容易，总想通过各种途径去推销自己，托熟人、找关系，以求工作单位找得更好一点。这种急于求成的心理往往毫不掩饰地写在脸上，犯罪分子正是利用此机会，凭借自己的三寸不烂之舌，将自己吹嘘得本领如何大，取得女大学生的信任和崇拜后，再找机会对女大学生进行侵害。

（3）交友。大学生们离开了父母和家庭，来到一个陌生的环境，更加迫切地希望得到心灵上的慰藉。因此，在大学生活中，同学之间建立纯真无邪的友谊是大学生活不可缺少的一部分。但在实际生活中，许多大学生容易把异性之间的友谊错当成爱情，特别是那些性格活泼，言谈举止轻浮、暧昧的女生更容易使男生产生误解。

（4）熟人。这种犯罪行为的主体多是受害人的相识者，例如同学、老乡、邻居等利用机会或创造机会把正常的社交引向性犯罪。

5. 诱惑型性侵害

诱惑型性侵害是指利用受害人追求享乐、贪图钱财的心理，诱惑受害人而使其受到的性侵害。一位来自边远山区的女大学生，十分羡慕城市女生的时尚打扮。暑假在与同学结伴郊游时，偶遇一位富商派头十足的人，一拍即合。此后，两人频频约会，逛商店、进舞厅，此人不断地买高档衣物和贵重首饰送给她。之后不久，此人将她灌醉后将其强暴。

（二）女大学生如何摆脱异性纠缠

1. 态度明朗

如果你并无谈恋爱的打算，对于那种单恋的追求者，你应该明确拒绝。如果是正在恋爱中或曾经恋爱过的对象，你要冷静地考虑一下有无重归于好的希望，如果没有，也要明确告诉对方，让对方打消念头。

2. 遵守恋爱道德，讲究文明礼貌

在拒绝对方的要求时，要讲明道理，耐心说服；要尊重对方人格，不可嘲笑挖苦，更不能在别人面前揭露对方的隐私。例如，不要公开对方追求你的情书，不要谈论对方曾经对你有过某种非礼行为等。如果是中断恋爱关系，自己有责任的，也应该主动承担责任，向对方表示歉意。

3. 要正常相处，但要节制往来

恋爱不成，但仍然是好同学、好朋友，不可结怨，更不可成为仇人、敌人。在交往过程中，最好节制不必要的往来，以免对方产生"物是人非"的伤感，让对方尽快消除由于失恋所造成的心理上的伤害。

4. 遇到困难，要依靠组织

在你认为向对方做了工作以后，可能效果不大，仍然制止不了对方的纠缠，或者发现对方可能采取报复行为，就要及时向老师和领导汇报，依靠组织妥善处理，防止发生意外事件。

5. 女生要自爱自重

女生在作风上要稳重，在生活上要俭朴，不要刻意追求打扮，不要在和男生交往的过程中占小便宜，要钱要物，吃喝不分。要大方得体，不要随意向异性撒娇，流露出对异性的冲动，以免异性有非分之想。

⚠ 安 全 知 识

（一）女大学生预防性侵害的措施

1. 在思想上树立防范性侵害意识

在社会中，女性作为性侵害的特殊群体容易遭受侵害。因此女大学生在校内、校外的各种活动场合，要随时注意遭受性侵害的可能性，对于危险也应该保持敏感，时间、地点、参与人、具体活动，任何一个要素出现非常态，都应该立刻警觉，提高自我保护的警觉性，只有树立防范意识，才能对一些预警性的性侵害信息及时采取防卫措施，有效地保护自己。例如在社会交往中过程对朋友，对同伴某些淫秽暧昧的语言，挑逗暗示的动作要采取强烈的排斥态度，就能及时打消他们的侵害念头，从而防止被害。当遇到歹徒侵害时，要机智与之周旋，用智慧摆脱坏人。如果事情无法控制，就要保持冷静，慌张、一味吼叫并不能解决问题。别无选择的时候就应该以生命为第一位，要想办法保护自己的生命。

2. 在生活上注意仪表言行得体

女性性感的时装，大面积的身体暴露会给那些本无意实施强奸的犯罪分子感官上以极大的刺激，加速他们的犯罪欲望。因此女大学生在校期间的穿着打扮要符合自己的身份，大方得体，以朴实无华为好。在言行举止方面，女大学生要懂得自尊自爱，不要与男性过分随便、亲昵甚至暧昧，在喝酒、跳舞的过程中不要有轻佻、挑逗性动作，使犯罪分子误解，从而将自己置于一种潜在的危险环境中。

3. 在防范上关注所处周围的环境

性侵害犯罪作为一种特殊的犯罪行为，犯罪分子往往注重作案环境的选择以求作案的"成功率"，减少作案风险，所以女大学生对自己的生活、居住环境要加倍关注。晚上尽量不要外出，有事外出也要尽早回来，夜晚外出或在校内行走最好结伴而行，行走时要选择行人较多、路灯较亮的道路行走，经过树林、建筑工地、废旧房屋、桥梁桥洞等处时要特别小心。在学校公寓或校外租房处就寝时，要避免独处，特别是节假日期间，晚上睡觉时要关好门窗，拉上窗帘。

4. 在观察中谨慎结交新朋友

女大学生在与同学、老乡及朋友（网友）的交往过程中要注意对方交往的目的，留意对方日常言行中表现出来的人品、道德修养。如果发现对方时常有过分亲昵、挑逗等预兆性言行时，要及时果断地终止来往。在与朋友交往的过程中应该时刻注意观察和提醒自己，不要轻信好话，不要单独跟新朋友去陌生的地方。控制感情，不要在交往过程中表现轻浮。控制约会环境，不要到偏僻人少的地方。不要过量饮酒，不接受超过一般的馈赠。对过分的言行持反对态度等。如果在网上交友，就需要特别小心，在不了解对方的情况下，尽量使用虚拟的 E-mail、ICQ 等方式，避免使用真实的姓名，不要轻易告诉对方自己的电话号码、住址等有关个人真实的信息资料。在会见网友时，要有自己信任的同学或朋友陪伴，事前要将会见网友的情况告知家人或老师，见面时应该选择在人多的公共场所，不要选择偏僻、隐蔽的场所，不要食用网友带来的食品及饮料。当网友要借手机、现金或者邀你到陌生的地方时，应该婉言谢绝。

5. 有选择地适当参加社会活动

女大学生应该慎重参加诸如家教类的活动，即使要参加也要通过学校及有关部门去联系，切忌自己通过小广告或自行推荐去选择服务对象。在参加之前，要对家教对象的基本情况有个大致的了解，不要只图报酬高，嫌手续烦琐而贸然前往，最好通过熟人或正规的组织介绍，且在第一次登门做家教时最好结伴前往，并将自己的去向、联系方式告诉同学或老师。

（二）女大学生易遭性侵害的时间及场所

1. 夏天

校园夏天性侵案件较多，主要由于夏季为性侵害犯罪提供了较有利的气候和客观环境。例如，夏天炎热，女生夜生活时间延长，外出机会增多；夏季不似冬天寒冷，容易找到作案场所；夏季校园绿树成荫，罪犯作案后容易藏身或逃脱。此外，夏季气候炎热，女生衣着单薄，裸露部分较多，对异性刺激增多也是一个因素。

2. 校内

（1）公共场所，例如厕所、教室、礼堂、舞池、溜冰场、游泳池、宿舍、实验场所。

（2）偏僻幽静处，例如空旷的操场、池边湖畔、假山土墩、亭台水榭、树林深处。

（3）偏僻小道、建筑物接合部、夹道小巷。

（4）尚未交付使用的新建筑物。

3. 校外

（1）公园假山、树林内。

（2）车站、码头附近。

（3）没有路灯的街道、楼边、小巷。

（4）大桥、立交桥下。

（5）单位的值班室、仓库。

（6）无人居住的小屋、陋室、茅棚。

（7）影院、舞厅、酒吧等公共娱乐场所。

（三）女大学生集体宿舍安全须知

（1）经常进行安全检查，如果发现门窗损坏，就及时报告学校有关部门修理。

（2）就寝前，要关好门窗，在天热时也不能例外，防止犯罪分子趁自己熟睡时作案。

（3）夜间上厕所，要格外小心。如果厕所照明设备已坏，那么应该带上手电筒，上厕所前先仔细查看一下。

（4）夜间如果有人敲门问询，要问清是谁再开门。如果发现有人想撬门砸窗闯进来，那么全室同学要一起呼救，并准备可供搏斗的东西，做好反抗的准备。

（5）周末或节假日，其他同学回家后，最好不要独自一人住宿。回宿舍就寝时，要留心门窗是否敞开，防止有犯罪分子潜伏伺机作案。如果遇到异常情况，那么可以请一两位同学同时进去，以确保安全。

（6）无论一人还是多人在宿舍，当犯罪分子来侵害时，都要保持冷静的态度，做到临危不惧，遇事不乱，想办法进行求救。

（四）女大学生夜间行路安全须知

（1）保持警惕。如果在校园内行走，就要走灯光明亮、往来行人较多的大道。对于路边阴暗处要有戒备，最好结伴而行，不要单独行走。如果走校外陌生道路，就要选择有路灯和行人较多的路线。

（2）陌生男人问路，不要带路；向陌生男人问路，不要让他带路。

（3）不要穿过分暴露的衣衫和裙子，防止产生性诱惑；不要穿行动不便的高跟鞋。

（4）不要搭乘陌生人的机动车、人力车或自行车，防止落入不法分子的圈套。

（5）遇到不怀好意的男人挑逗，要及时斥责，表现出自己应有的自信与刚强。如果碰上坏人，那么首先要高声呼救。如果四周无人，那么切莫慌张，要保持冷静，利用随身携带的物品，或者就地取材进行自卫、反抗，还可以采取周旋、拖延时间的办法等待救援。

（6）一旦不幸遭受侵害，不要丧失信心，要振作精神，鼓起勇气与犯罪分子作斗争。要尽量记住犯罪分子的外貌特征，例如面貌、体形、语言、服饰及特殊标记等。要及时向公安机关报告，并提供证据和线索，协助公安部门侦查破案。

（五）女大学生进行近身搏斗必知

在与犯罪分子近身搏斗时，要注意打击其要害部位，犯罪分子的要害部位一旦被击中，就会立刻丧失侵害能力。人体表面的要害部位很多，例如头部的太阳穴、两眉之间的印堂穴及两侧颈部、小腹部、阴囊等部位。只要对这些部位猛力进行拳击、掌砍、脚蹬、手抓，就能制服犯罪分子。此外，眼球组织附近的神经十分多，只要将拇指伸向犯罪分子的眼眶内，就能使其剧痛难忍，立即丧失攻击能力。

对犯罪分子的性攻击进行反抗自卫，是一种正当防卫行为，受到国家法律的保护。反抗自卫能否成功，关键在于你自己。首先，要振作精神，树立必胜的信心。犯罪分子虽然凶狠，但是他的行为是见不得人的，内心是紧张而空虚的，决不能被其外强中干的外表所吓倒。其次，你所面临的对手是性犯罪者或流氓恶棍，对这种人是不能讲什么"文明行为"的，因此你要不失时机地攻击其要害部位，决不可羞羞答答，迟疑不决。最后，不必担心在自卫反抗过程中对犯罪分子造成一定的伤害，法律规定，正常的"正当防卫"不负刑事责任。在反抗自卫过程中，要攻击犯罪分子的要害，一方面由于一般情况下女大学生攻击力量不及男性，不采取攻击要害的方法难以达到自卫目的；另一方面只有击中犯罪分子的要害，才可能制止其进行犯罪活动，为自己创造逃脱现场的条件，保证自己不遭到侵害。

（六）女大学生正当防卫十招

为了帮助女大学生在危急中能使用我国刑法界定的"正当防卫"手段，结合公安民警的办案实践，以下几种"正当防卫"的方法，可供女大学生在遭遇色狼时临时使用。

（1）喊。有道是"做贼心虚"。色狼在实施犯罪行为时，心虚得多。别小看喊声带来的风吹草动，它最有可能阻止犯罪嫌疑人的主观恶性继续加深。假如色狼正处于犯罪初始阶段，女大学生应该大声呼救，以向更多人求助。

（2）撒。若只身行走遭遇色狼，呼喊无人，跑躲不开，色狼仍然紧追不舍。女大学生可以干脆就地取材，抓一把泥沙撒向色狼面部（为防侵害，女大学生也可以在口袋、书包内常备一些食盐），这样做可以争取时间，跑脱后再去呼救援助。

（3）撕。如果撒的办法不起作用，仍被色狼死死缠住，打斗不过，那么女大学生可以在反抗过程中撕烂色狼的衣裤，令其丑态百出。然后将他的烂衣裤（碎片、衣扣、断带）作为证据带到公安机关报案。

（4）抓。若使劲撕仍然不能制止侵害行为，则可以向犯罪嫌疑人的面部、要害处抓去。抓时只有抓得狠、抓得死，将其抓破，才能达到制服色狼、收集证据的目的。将留在指甲里的血肉送到公安机关，即可作为受到不法侵害的证据。

（5）踢。面对一时难以制服的色狼，可以拼命踢向他的致命器官，这样可以削弱他继续侵害的能力。这个方法不少女大学生在自卫过程中使用过，极见成效。还应该大声正告色狼，再猖狂将受到法律制裁。

（6）变。若遇到色狼跟踪，则不要害怕，见机变换行走路线，一般都可以将其甩掉。

（7）认。受到色狼不法侵害时，女大学生应该牢记色狼的面部特征和体态特征，多记线索，以便在报案（一定要争取在24小时之内）时提供给公安人员。

（8）咬。色狼施暴时常常先将女大学生的双臂缚住，此时在不得已中应该抓住时机咬住其肉体不松口，迫使其放弃侵犯。

（9）套。如果几经反抗不力，色狼强奸既遂，此时也不可轻易放过（有些受害女大学生到此时就彻底放弃反抗了），可以采取"套"的办法将其制服。例如一位女大学生被害后哭着说："这么一来……我连对象都没法找了……你要是没有对象咱就……"次日晚，当色狼再次去找该女大学生"谈情说爱"时，被早已等在那里的公安人员抓获。

（10）刺。如果遇上色狼手中有凶器，那么女大学生仍然要沉着，胆大心细，不要慌乱，见机行事。

总之，女大学生在遭遇色狼时要胆大不慌，依法自卫。如果能灵活使用上述正当防卫方法，那么既可制服色狼，又可保全自己。

（七）失身以后的正确态度

在女大学生中，因为受各种性伤害而失身者不少，后果也比较严重。正确认识和处理好失身问题，对于维护女大学生的身心健康，保障她们的安全，帮助她们健康成长具有重要意义。

（1）分清原因，正确对待。如果你是因为受性侵害（例如被犯罪分子强奸、奸污），那么你是无辜的受害者，周围的人和社会舆论会对你表示同情，并且会给予你温暖和帮助，你不必因此而烦恼。如果你是被坏人欺骗，一时受骗上当，那么你应该吸取受骗的教训，使自己更成熟起来，增加抵御能力，今后不再上当。如果由于自己行为轻率，在恋爱过程中失去控制，或者经不起性诱惑而有性越轨行为，改正了就行，不必为此抱恨终身。

（2）振作精神，勇敢生活。失身固然是一种不幸，但这已是过去，要面对现实，面向未来，坚定勇敢地生活。首先要在思想上破除"女子从一而终"的封建道德观念，克服"一朝失身，终生完结"的思想，解除精神枷锁。同时也要克服无所谓的思想，防止破罐子破摔。要看到五彩缤纷的人生，如果你能做到这一点，不仅能在心灵上得到补偿，而且会受到人们的尊敬，给自己创造美好的未来。

（3）站在人生高度，理解人生曲折。大学生活固然是人生的美好时期，但只是人生的开始。生活的道路是漫长的，人生的曲折是必然的。我们要在挫折和错误中吸取教训，在克服困难的过程中前进。这样，就会使我们更加成熟、坚强。

（八）发生性侵害后的应对措施

（1）及时报案不要拖。女大学生一旦遭遇性侵害事件后，就要打消顾虑，及时向有关部门报案，不能因为害怕名誉受损，将苦果自己咽下去，这样会使犯罪分子逍遥法外，也会使更多的女性受害。

（2）配合调查要积极。性侵害发生后，在报案的同时，被害人要将有关物证保留好，并将犯罪分子的体貌特征、衣着打扮、口音、携带物品、受伤状况等情况如实地向有关调查人员反映，为公安机关破案提供线索。

（3）心态调整不极端。女大学生发生被侵害事件后，表现出意志消沉，精神萎靡，心理负担加重，整天生活在被侵害的阴影中，久而久之，会产生厌世情绪。有些会抱着破罐子破摔的心理，走上自甘堕落的道路。还有些自尊心较强的女大学生会因为悲愤产生强烈的报复心理，发誓要除掉侵害人，最终造成无法挽回的结果。因此，作为有知识、有文化的女大学生一定要在吸取教训的同时，及时调整心态，尽快从阴影中走出来。

（九）识别犯罪分子的特征的技巧

1. 静态特征

（1）性别。

（2）年龄。

（3）身高。对身高的描述，可以分高、中、矮三个等级，男子以身高 1.66～1.70 米者为中等，超过 1.70 米者为高，不足 1.66 米者为矮。

（4）体形。按胖、中、瘦描述。

（5）颈部。按长、中、短描述，并要注意有无喉结突出，肥胖皱褶等特点。

（6）肩。按肩的宽度，用宽、中、窄描述。

（7）背形。按平直、内弓、外弓描述，并注意肩骨是否突出。

（8）头部。

2. 动态特征

（1）行走姿势。按躯干是否正直描述，分正直、前倾、左右晃动；按两臂甩动情况描述，分甩动幅度大、甩动幅度小；按步行速度描述，分习惯走快步、习惯小步快走；按落脚轻重描述，分走路轻、走路重，是否习惯后脚跟着地；按步宽描述，分步子宽、步子窄；按两脚摆开角度描述，分外展很大、中等、两脚直行、两脚内收。

（2）说话动作。按说话速度描述，分说话快、说话慢；按说话神态描述，分平静、激动；按说话时的手势描述，例如习惯搓手、习惯捻胡子、习惯搔动；按口音和语气描述，例如有无地方方言；按面部表情描述，例如习惯皱额头、习惯揉眼睛、习惯眯眼睛等。另外还有其他习惯动作描述，例如习惯将双手插在口袋里，习惯将双手放在背后及抽烟的习惯动作等。

3. 应该注意的问题

（1）在描述静态特征与动态特征时，要注意那些特别明显的记号，例如皮肤上有无痣疣、伤疤、文身，有无口吃、跛足，有无畸指等。

（2）在描述外貌特征时，还要注意衣服、鞋帽和随身携带物品的特征。

（十）在犯罪分子身上留下痕迹的办法

性侵害案件以发生在夜间灯光暗淡和人迹稀少之处居多，或者虽有光亮，但因为受害者突然遭受袭击，情绪紧张，因此在惊恐中往往忽视仔细观察侵害人的外貌特征，或者无法看清其特征。然而在性侵害案件中，受害人从侵害人身上获取证据，留下某种暗记或痕迹，对于侦查破案，打击犯罪，维护妇女人身权利，保障社会安定具有重要意义。

当你受到性侵害时，一定要在与犯罪分子搏斗的同时，千方百计地从犯罪分子身上获取证据，并且巧妙地在犯罪分子身上留下各种印记和痕迹。

（1）在与犯罪分子搏斗时，要设法咬破、抓破其暴露躯体的某个部位，例如面部、手背。

（2）保留犯罪分子的血迹、精斑，尽量在其身上留下你反抗的痕迹。

（3）扯取犯罪分子的头发、衣片、纽扣等。

（4）故意让犯罪分子接触光滑物体，例如箱子、抽屉、地板、玻璃台面，让犯罪分子留下指纹、掌印、足印、鞋印等。

（5）在犯罪分子的身上、衣服上抹上颜料、油漆、油污等。

学防身术 防性侵害 第9章

法律链接

《中华人民共和国刑法》

第二百三十六条 以暴力、胁迫或者其他手段强奸妇女的,处三年以上十年以下有期徒刑。奸淫不满十四周岁的幼女的,以强奸论,从重处罚。强奸妇女、奸淫幼女,有下列情形之一的,处十年以上有期徒刑、无期徒刑或者死刑:

(一)强奸妇女、奸淫幼女情节恶劣的;

(二)强奸妇女、奸淫幼女多人的;

(三)在公共场所当众强奸妇女的;

(四)二人以上轮奸的;

(五)致使被害人重伤、死亡或者造成其他严重后果的。

《中华人民共和国治安管理处罚法》

第四十四条 猥亵他人的,或者在公共场所故意裸露身体,情节恶劣的,处五日以上十日以下拘留;猥亵智力残疾人、精神患者、不满十四周岁的人或者有其他严重情节的,处十日以上十五日以下拘留。

与您共勉

道德的基础是人类精神的自律。没有恶,则没有善;没有防,则必有患。

思考思考

1. 女大学生正当防卫十招有哪些?
2. 女大学生如何避免诱惑型性侵害?

夜跑锻炼,安全第一

校园警钟——大学生安全教育读本（第3版）

灯光下有黑影（插图：欧阳秋）

Chapter 10
第 10 章

爱护身体　切勿酗酒

酗酒丑态

　　酗酒是指无节制地过量饮酒，使人不同程度地降低甚至丧失自控能力，实施某种有伤风化或违法犯罪的行为。当代大学生是青春洋溢、意气风发的社会群体，他们拥有其他同龄人没有的宝贵财富，拥有光明的前途。大学生不仅要掌握现代专业文化知识，而且应该是思想和身体健康、具有综合素质的合格人才。酗酒这样的不良行为，不仅能毁了大学生的健康体魄，而且会影响大学生树立正确的人生观和价值观，甚至在一时冲动下引发暴力、冲突或意外事件，饮恨终身。

　　本章通过大学生酗酒的典型案例，揭示酗酒导致的严重后果，分析大学生酗酒的原因，介绍防治酗酒的科学知识和有关法律规定。大学生应该做到切勿酗酒，树立安全法律意识，加强自我约束，养成文明的生活习惯，做合格的大学生。

警钟格言

哪里酗酒成风,哪里就无法无天。

——(古希腊)毕达哥拉斯

真正的信仰是建立在岩石上的,而其他的一切都颠簸在时间的波浪上。

——(英国)培根

败坏德行的行为有许多,而酗酒必定败德。

——现代谚语

一餐喝一斤,一生剩半生。
一天喝一斤,一生少十春。

——现代谚语

征服世界,并不伟大,一个人能征服自己,才是世界上最伟大的人。

——现代谚语

案例回放

案例一 酒后驾车一死一伤

2019年12月16日19点左右,贵州省某高校2018级学生李某与4位同学外出吃饭,吃饭过程中,5人共喝了12瓶啤酒,22点左右,李某驾驶摩托车载着1位同学在校内行驶撞上人行道的树受伤,校内值班老师发现后立即拨打120,同时,校医及时到场施救。120救护车到达现场后立即将伤者送到医院抢救。23时,医生宣告李某抢救无效死亡。同车受伤的同学送医院观察治疗,已于当夜出院。

(案例来源:贵州省教育厅)

案例二 酒量定成绩的荒唐之举

2016年4月11日,贵州省一所高校的数十名毕业生经历了一场特殊的考试,考场上没有试卷,而是数十个一次性纸杯和散装白酒,考试成绩由喝酒多少来决定。据学生们说,老师称,如果能喝完一杯酒,那么可以得到100分,如果喝半杯,那么得90分,如果只喝一口,那么得60分,不喝则不及格。据中国之声《新闻纵横》报道,"你们出去是干销售的,就是要会喝酒"这句话是贵州省安顺市某学院中药制药专业的一位顾老师所说。

(案例来源:中国经济网)

案例三 大学生酗酒打架被判刑

贵州省某高校三名在校大学生张某、杨某、林某,在校外的餐馆参加朋友生日聚会,聚会结束后,在回学校的路上与同校的大学生顾某发生言语冲突,双方发生争执,互相斗殴,后顾某被打死。

经公安机关查明，张某、杨某、林某与顾某当日均饮酒过量，酗酒后情绪激动，自控力变差。因为张某路过顾某身边不小心碰到顾某，顾某觉得对方是在挑衅他，于是发生争执，最后互相斗殴，张某、杨某、林某三人共同殴打顾某一人，在斗殴中顾某不幸身亡。

经法院审理认为，张某、杨某、林某因为喝酒与他人发生争执，用拳脚将顾某殴打致死，其行为已构成故意杀人罪。

（案例来源：贵州省某高校保卫处）

案例四 醉酒致脑部重伤

2019年3月17日贵州省某职业学院机器人班学生罗某，与同学共同饮酒，因为饮酒过量后摔倒后致脑部受伤，经急诊科门诊诊断为颅内损伤，采用手术、超声波治疗，终于消除颅内淤血，防止颅骨开裂。

（案例来源：贵州省教育厅）

案例五 大学生酗酒猝死

2009年1月3日凌晨6点多，贵州省某高校学生陈某因1月2日晚与原高中两位同学在煤矿村吃饭，饮酒过量（三人喝了两瓶一斤装二锅头），猝死在某出租房内。

（案例来源：贵州省某高校保卫处）

点睛提示

身体和生命都是极其重要的，它属于每个人而且只有一次。大学生因为酗酒而酿成的悲剧警醒着我们：饮酒过量危害身体甚至夺取性命，酒后滋事触犯法律自毁前程。

案例五中，大学生陈某因为饮酒过量猝死，案例一中，李某因为酒驾丧失生命。正值青春年华的他，却因为酒，失去了年轻的生命。这样的人间悲剧，发人深省，劝诫好饮者引以为戒，不要重蹈覆辙。

案例二中，学校规章制度中，明确规定老师和学生之间绝对不允许酗酒，这样的规定却和顾老师的行为形成了荒唐的对比。在我国传统的人情社会中，酒文化大行其道，喝酒似乎成了摆平一切的法宝。但靠喝酒来评定成绩，还真是闻所未闻，既违纪又荒唐。

案例三中，因为酗酒发生争执，顾某在斗殴中不幸身亡，其他三人因为自己的莽撞行为锒铛入狱，三个年轻人的大好前程就此葬送。饮酒过量后，人往往情绪激动，无事生非，极易发生斗殴，行为变得粗暴，一旦发生冲突就容易造成不堪设想的后果。肇事者受到法律制裁，家人沉浸在无限的悲痛中，这样的教训是沉重的！大学生应该引以为戒，拒绝酗酒。

案例四中，罗某因为醉酒受伤，住院月余，险些丧命。

对于大多数人来说，喝酒是一种社交方式。大学里的校纪规定禁止喝酒，更不能酗酒。饮酒过量会使自己的神经受到麻痹，有时还会使自己的理智丧失，极易造成一些想象不到的危害。等到醉酒者清醒过来的时候，已经追悔莫及。大学生切勿为了酗酒时的潇洒或豪饮时的放纵，拿自己的前途和生命来赌明天。

（一）大学生酗酒的危害

酒，无论度数高低，都是含有酒精的。酒精是一种能够刺激和麻痹神经系统的物质，进入口腔后，经过人体的胃、小肠渗入到血液中，再由血液带到身体的各个部位。在肝脏内，酒精分裂成水、二氧化碳和能量；在大脑内，当它麻醉了大脑细胞时，思维过程会直接受到干扰而变缓，酒精浓度越高，受影响的脑细胞就越多。

每一次暴饮，往往带来下面一系列危害。

1. 严重影响身体健康

酒精过量，会不同程度地造成心率加快、皮肤升温、神志不清、控制力减弱、动作不协调，或者出现疲劳、恶心、头痛、呕吐，严重的还会出现酒精中毒现象。

2. 破坏校园秩序

醉酒后，由于身不由己而行不知所往，处不知所持，食不知所味；一种原始的冲动使人变得野蛮、愚昧、粗暴；异常的兴奋，又能诱导人为所欲为，出现迷离恍惚而又洋洋自得的举止。人在这种失去理智的状态下很容易对周围的人进行谩骂、动手殴打，或者从事一些莫名其妙的破坏活动。

酗酒的大学生往往具有不良作风和习气。他们经常违反学校的规章制度，不按学校规定的时间作息，上课迟到、早退，不请假外出，酗酒滋事，以及在公共场所做出超出常规的举动等。上述行为不但干扰了学校正常的教学秩序，而且极易引发纠纷和其他治安、刑事案件。

3. 荒废学业

醉酒的程度与智力恢复所需的时间大致成正比。一个经常醉酒、萎靡不振的人在工作和学习上也是心不在焉的，久而久之，有的最终荒废学业。

4. 酒后滋事触犯法律

醉酒的人动辄摔倒、撞伤，酒后开车酿成大祸的案件屡见不鲜；酒后溺水身亡，自食恶果的悲剧也不乏其例，惨痛的教训实在太深刻了。为此，我国有关法律规定，醉酒的人违法犯罪，应该负相应的法律责任。

几杯酒下肚，你可能开始觉得兴高采烈、情绪高涨、超级自信地飘飘然了，但是所有这些感觉都是幻觉。酒精之所以有这种功效，是因为它关闭了你大脑中可以控制理性判断的机能。酗酒者通常把酗酒行为作为一种因为内心冲突、心理矛盾造成的强烈心理势能发泄出来的重要方式和途径。酗酒者常通过酗酒来消除烦恼，减轻空虚、胆怯、内疚、失败等心理感受。这样，酗酒者就可能危害社会治安，做出偷盗、杀人等暴力行为。例如案例三中所讲的，酒后滋事、冲动伤人、触犯法律，毁掉了美好的前程。

酗酒丑态林林总总、危害多多。为了保证大学生能健康成长，维护大学校园秩序，《普通高等学校学生管理规定》规定大学生严禁酗酒，学校校纪还规定在校园内禁止喝白酒。

（二）在饮酒问题上应该纠正的糊涂观念和错误做法

引起人们酗酒的原因是多方面的。对于一个大学生来说，要特别注意纠正以下糊涂观念和错误做法。

（1）"今朝有酒今朝醉""借酒消愁愁更愁"。它表现的是逃避现实、自暴自弃的消极情绪。"药能医假病，酒不解真愁。"

（2）片面理解"酒逢知己千杯少"，认为交朋友离不开饮酒作乐。事实上"酒肉之交"未必

（3）错误地认为"男子汉天生应该会喝酒"。其实，用这种标准来衡量"男子汉"未免失之偏颇。"会酒未必真豪杰，忌酒如何不丈夫！"

（4）为了达到预定目的而特地设酒摆宴。饮酒为名，交易是实。

（5）逢场作戏，为"助兴"而即席端杯，或者出于好奇而涉足。这种人最容易成为摆弄的对象。

（6）硬着头皮充好汉。在酒桌上，"舍命陪君子""为知己即便是敌敌畏也喝下去""一醉方休"。这种人大多酒量并不大，总想博取他人心悦诚服，而最终往往授人以笑柄。

以上种种，不一而足。其中不乏陈腐观念和陈规陋习，有些则是酗酒者自欺欺人的贪杯"口实"。同学们应该反思案例二中学校老师的错误教育方式，应该有正确的为人处世之道。当你举起酒杯时，不妨斟酌一番，您是"为何而饮""为谁而饮""今朝饮酒又是为哪番"？

（三）酗酒酿成的悲剧给大学生的启示

1. 加强自身修养，树立正确的人生观和世界观

古语云："玉不琢，不成器"。大学生之所以要加强自身修养，就是为了把自己培养成社会发展所需要的人才，就是为了能担负起历史和时代赋予的重任。一方面，通过文明修身可以帮助大学生树立正确的人生观、世界观，帮助他们与他人和谐相处，减少与他人的矛盾，避免诸如打架斗殴、酗酒闹事事件的发生，保护好自身安全。另一方面，在提高自身素质的同时，健全对社会不安全现象的防范意识，能够有效防止各种人身伤害事件的发生。

2. 加强自我约束，树立法律意识

大学生应该加强自我约束，清楚认识到酗酒等不良行为的害处，从自身做起，抵制这些不良行为，自觉抵抗各种诱惑，防止享受玩乐、豪饮放纵思想对自己的侵蚀。不和有不良嗜好的人交往，如果已经结交这样的朋友，就应该立即彻底摆脱与他们的联系，避免被拉下水和被害，从而使自己远离危险。

同时，大学生要做到遵章守纪，提高法律意识，要学法、懂法、用法，加强沟通，减少摩擦。大学生要清楚认识到酒后闹事一旦触犯法律，就要承担相应的法律责任。认识到这个问题的严重性，从内心开始警醒，吸取经验教训，做一个遵纪守法的大学生。

⚠ 安全知识

酗酒的生理危害

酗酒涵盖了"酒精滥用"及"酒精依赖"。一般而言，如果一个人过度使用酒精而无法自我节制，导致认知上、行为上、身体上、社会功能或人际关系上的障碍或损伤，且明知故犯，无法克制，就达到"酒精滥用"的程度。若进一步恶化，则会把饮酒看成比任何事都重要，必须花许多时间或精力去喝酒或戒酒，或必须喝酒才感到舒服（形成了心理依赖），或必须增加酒精摄取才能达到预期效果（即耐受性），或产生酒精戒断综合征，达到"酒精依赖"的程度。

避免饮酒成性的方法

（1）在日常生活中，如果饮酒，那么一定要先吃一部分食物后再喝酒，同时做到少量及慢慢喝。

（2）在每次喝酒时，一定要多饮水，在酒使机体内细胞脱水前喝一部分水，酒醒后再补充一部分水。

（3）平时爱喝酒的人，一定要多服用复合维生素，例如维生素 B_1、B_3。

（4）多吃一些氨基酸药物，减少酒对机体的损伤。

（5）饮食应该均衡，常吃蜂蜜、果汁，不要吃油炸及油脂多的食物。

（6）自己一定要清楚认识到大量饮酒对身体的严重危害性。通过网络、书本等多种媒体让酗酒者端正对酒的态度，从思想上坚持纠正饮酒的成瘾行为。

（7）社会舆论干预和强制的行政手段，对戒酒有绝对的效果，但应该提倡主动戒酒。想要彻底戒酒，最好多吃富含 B 族维生素的食物，例如燕麦、全麦面包、动物内脏、瘦肉、花生、蔬菜、牛奶等。如果习惯，那么不妨在早上喝点燕麦粥，因为人体肝脏中乙醇脱氢酶的活性中午很低，喝酒很容易醉酒，早晨喝点燕麦粥，能够帮助降低中午喝酒的欲望。同时，粥类还能保护胃黏膜。需要注意的是，B 族维生素不会储藏于体内，多余的会完全排出体外，因此，戒酒的人必须每天补充 B 族维生素。

酗酒者大多营养不良。因此，戒酒期间最好每天摄取 150 克蛋白质，在饮食上，要以清淡为主，可以多吃含维生素和蛋白质的食物，例如胡萝卜、豆制品、小米粥等，同时多食新鲜的蔬菜和水果。

戒酒的方法虽然很多，但是真正要改掉酗酒成性的恶习，还需要酗酒者自己坚持良好的生活方式，正确认识酗酒的危害，从思想上彻底醒悟，在行动上真正改变，才能达到戒酒的效果。

法律链接

《中华人民共和国刑法》

第十八条　（第四款）醉酒的人犯罪，应当负刑事责任。

《中华人民共和国治安管理处罚法》

第十五条　醉酒的人违反治安管理的，应当给予处罚。

醉酒的人在醉酒状态中，对本人有危险或者对他人的人身、财产或者公共安全有威胁的，应当对其采取保护性措施约束至酒醒。

《普通高等学校学生管理规定》（教育部）

第四十二条　学生应当自觉遵守公民道德规范，自觉遵守学校管理制度，创造和维护文明、整洁、优美、安全的学习和生活环境。

学生不得有酗酒、打架斗殴、赌博、吸毒，传播、复制、贩卖非法书刊和音像制品等违反治安管理规定的行为；不得参与非法传销和进行邪教、封建迷信活动；不得从事或者参与有损大学生形象、有损社会公德的活动。

《工伤保险条例》（国务院）

第十六条　职工符合本条例第十四条、第十五条的规定，但是有下列情形之一的，不得认定为工伤或者视同工伤：……（二）醉酒或者吸毒的。

《贵州省学校学生人身伤害事故预防与处理条例》（贵州省人大）

第十八条 学生应当遵守法律法规、学校的规章制度和纪律，服从学校的教育和管理，学习安全知识，增强自我保护意识，不得参加赌博、吸毒、酗酒、威胁勒索、打架斗殴等可能危及自身或者他人人身安全的活动。

与您共勉

酒是穿肠毒药。酗酒非小事，意志定成败！

思考思考

1. 结合案例说说你对酗酒的看法。
2. 大学生是否应该完全禁酒？
3. 如何避免饮酒成性？

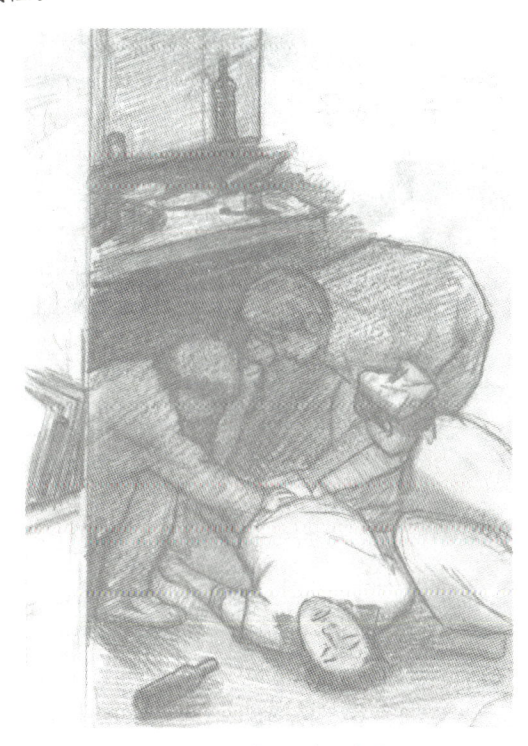

一天喝一斤　一生少十春

Chapter 11

第 11 章

"校园网贷" 警惕风险

陷入"校园贷"陷阱怎一个"愁"字了得?

警钟格言

只有我们醒着的时候，黎明才会到来。

——（美）梭罗《瓦尔登湖》

临祸忘忧，忧必及之。

——（春秋）左丘明《左传·庄公二十年》

祸兮，福之所倚；福兮，祸之所伏。

——（春秋）《老子》

面对大学生这个特殊群体的消费需求，2004年9月，自广东发展银行发行首张"大学生信用卡"以后，工商银行、建设银行、招商银行等纷纷跟进，大学生信用卡市场瞬间火爆。一些大学生顺势"冲动"消费，由于没有稳定的还款收入来源，一不小心有的沦为"卡奴"，终因透支现象普遍导致银行坏账等原因，经过2009年整治之后，以大学生信用卡退出大学校园而告终。随着我国经济增长步入新常态，互联网金融快速发展，2013年后不少网贷公司的民间资本取代银行，以网络借贷平台方式针对在校大学生开展借贷业务，快速发展为校园网贷，例如拍来贷、贷贷红、翼钱包、贝才网、贾汇分期等，名目繁多。高校大学生通过校园网络借贷平台来购买手机、电脑等现象频见，不计后果地在校园借贷平台申请贷款的学生屡见不鲜。由于缺乏金融监管，一些大学校园网贷的"求职贷""培训贷""创业贷"等不良借贷问题突出。它们不仅在利息上远远超出了法律允许的范围，在"担保"及讨债手段上更是逾越了法律边界。譬如事实上的高利贷、校园贷欺诈、野蛮催债、非法拘禁、诱导性广告等事件频发。借贷大学生被逼自杀有之，精神崩溃者有之，制造了一起起校园悲剧，突破了校园网贷的底线。由此产生的行业乱象引起社会广泛关注，造成了不良影响，给校园安全和学生合法权益带来严重损害。虽然经过中国银监会、中央网信办、教育部、工业和信息化部、公安部、国家工商总局 2016 年联合颁发《关于进一步加强校园网贷整治工作的通知》，对校园网贷进行清理整顿，紧接着 2017 年，中国银监会、教育部、人力资源社会保障部又再次联合下发《关于进一步加强校园贷规范管理工作的通知》，进一步将校园网贷叫停，但是面对大学生超前非理性消费观念和创业需求，违法违规的校园网贷并未绝迹，整顿之后中央电视台公开报道：禁令之下"校园贷"仍未消失。[①]闪银、拍拍贷、及贷等网贷平台在国家取缔校园贷之后，仍然悄悄从事该业务。2019 年 8 月在记者调查测试的上述几个平台中，仍然在从事校园贷的占比超过 42%，不得不惊呼"校园贷卷土重来"[②]。合理的信贷业务可以缓解生活经济压力，一旦贷款超出偿还能力或深陷骗局的陷阱，后果将不堪设想！大学生必须擦亮眼睛，区别什么是合法金融机构为大学生提供的正规普惠金融服务，什么是违法违规的校园网贷。增强防范金融风险的意识，提高警惕，避免沦为被非法放贷者宰割的羔羊。莫让校园网贷网住青春！

案例回放

案例一　大学生贷款 3 万多　一年多利滚利变成 70 多万

湖北省某大学广告设计与制作专业大二学生柳某，为了购买苹果 6 手机，登录深圳一家校园网络贷款平台申请贷款，该机构称，不贷现金，只"贷"手机。于是，柳某提供了自己的身份证、学生证、手机等号码，以及父母、老师的相关信息后，用一张借条换回一部苹果 6 手机。几天后，柳某用同样的办法，再次"贷"到一部苹果 6 手机。他卖掉第二部手机，还了 4000 元后便无力还款，按对方要求，连本带息打了一张 1 万元的总借条，月息 2000 元。对家里每月只能寄给 1500 元生活费的柳某来说，如此高利岂能承受，只好向其他贷款公司贷了 2 万元还上，再次向某网贷公司连本带息打了 5 万元的欠条，这 5 万元每天的"逾期还款违约金"高达借款本金的 10%。加上曾贷款赴海南和神农架游玩，三笔贷到的钱物共计只有 3 万多元，为了归还这 3 万多元及其利滚利，他先后向深圳、上海、北京及武汉本地的 10 多家网贷公司贷款多次，仅短短几个月，在这样的"连环贷"中，实际贷款 3 万飞快滚到了欠款 70 多万，其中大部分是逾期违约金，落入巨额高利贷的非法圈套之中。

柳某说："自从背上第一笔贷款，我就每天提心吊胆，学习也受到很大影响。"老师说："柳某刚入学时表现很好，还担任过班干部。从今年初开始，他显得心事重重，学习也不那么认真

[①] 2018 年 1 月 10 日《新闻 30 分》：《江西南昌禁令之下"校园贷"仍未消失》。
[②] 2019 年 8 月 7 日每日经济新闻：《强监管下死灰复燃，校园贷究竟要如何根治？》；2019 年 8 月 6 日新流财经：《校园贷卷土重来！年化利率高达 199%》。

了，估计是疲于应付高利贷导致的。"网贷公司在催债过程中频繁以"要求学校扣押毕业证""张贴大字报""送花圈到家"等相威胁，派人对柳某进行跟踪盯梢，柳某只好回到老家躲债，拖累其父母为他而卷入网贷高利风波。

（案例来源：《楚天都市报》2015年12月11日）

案例二　"培训贷"的网络陷阱

南京某高校学生黄某，在网上看到一家培训机构的广告，该机构承诺可以向学生提供贷款作为培训费。于是，黄某向该机构提交了个人证件、学历证明等资料，随后得到了3万元借款。此后，黄某对借款一事心生悔意，便向该机构提出取消借款。但该机构告知黄某，因为更换了合作方，所以还款必须汇到其指定的另一个账户。于是黄某来到银行汇款，柜员询问黄某的汇款用途以及是否认识收款人，黄某回答得含混不清，说是为了借款参加某个培训。银行大堂经理初步判断这笔汇款可能存在高利风险，并向黄某进行提示，建议其不要向陌生账户汇款，应该先向警方报案寻求帮助。黄某随即向警方报案。据调查，该培训贷款是一起高利网贷，涉及某高校的多名学生。

（案例来源：鞍山新闻说网络版2018年2月6日）

案例三　校园网贷的暴力催收

在一些大学校园网络上，刊登着很多以扶持大学生创业等为名的小额贷款放贷广告。贵州省某高校大三学生吴某于2015年12月在网上了解到这种贷款后，通过该网贷平台贷款12000多元，不到半年时间，连本带利息就飙升到3万多元。吴某无力偿还，每天面临无休止的电话追债，网贷公司多次以限制人身自由、起诉等相要挟，甚至冒充法院人员、律师进行威胁。

（案例来源：贵州省某高校保卫处）

案例四　大学生欠贷遭非法拘禁

2015年11月初，江西乐信科技公司到江西某技术职业学院推销"校园贷"分期贷款业务，与学生谭某签订了3000元的分期贷款合同，期限一年，年利息高达36%。开始两个月，谭某按期还款。2016年2月后未能按期还款。5月6日下午17时，贷款公司的潘某、胡某、余某3人来到学校找谭某要钱。并将谭某带至公司一个房间，非法限制谭某的人身自由至5月8日下午，长达30多个小时。谭某报案后，当地民警通过查询锁定方位，赶到谭某被拘处将其救出。潘某3人涉嫌非法拘禁被追究法律责任。

（案例来源：中国江西网2016年5月13日
《关注校园贷乱象 大学生欠钱遭拘禁 年息高达36%》）

案例五　落入以贷还贷陷阱不能自拔

21岁的小徐（化名），目前在广州一所大学读大二。2016年12月，小徐想做点小生意贴补生活费，在网上一家借贷平台借了6000元，但这笔钱最终花在了网购打游戏上。难忍借贷平台催债的他，决定向其他借贷平台借款拆东墙补西墙。先后向10多家校园贷平台借款，本金加利息、服务费等共计7万元。此外，他还让几个好友在校园借贷平台上借了6万多元，加上自借的7万元，利滚利算下来，竟高达32万元。

（案例来源：《投资时报》2017年8月10日）

案例六　年利率2000%的校园网贷

小盛（化名）是江西省南昌市某高校大三学生，因为最初2000元的借款现在身陷校园贷利滚利不得脱身，导致他和他家人的生活出现了一个让他们无法想象的局面。2015年小盛到南昌上大学，他在一款叫作"来分期"的网贷平台上借了2000块钱，由此迈出了"校园贷"的第一步，而这一步，让小盛深陷其中，无法自拔。开始是从朋友处拿了几千块钱玩股票和期货，结果血本无归，朋友要钱了，就去多家校园网贷借，以贷还贷。在小盛的手机上，满是借贷的App，在这些网贷平台上，小盛所借的多数是几百上千元的小额贷款，并且周期很短，譬如一个礼拜或者一个月，但是，需要缴纳的利息和各种费用却高得惊人。"无忧借条"网贷平台，借款一周，本金500，利息200，一天的利率高达5.7%，年利率高达2000%。小盛越陷越深，借东家还西家，两年下来，已经在90多家网贷平台贷过款，贷款金额达30万。由于一直逾期没有还钱，网贷公司将催贷电话打到了小盛的家中，小盛父母每天接到的催债电话多达二三十个，有些网贷平台还向小盛及其家人发送侮辱文字和图片，进行恫吓威胁。最高法院规定，借款超过年利率36%的，就是高利贷，不受法律保护。

（案例来源：《新闻30分》2018年1月10日）

案例七　落入网贷陷阱而跳楼自杀

2019年2月26日凌晨3点30分，西安某大学刚毕业参加工作不久的冯洁（化名），从租住的17楼窗台跳楼自杀。其父在收拾女儿遗物时意外发现女儿生前曾深陷"校园网贷"陷阱，是遭到网贷公司软暴力催债而被逼上绝路的。经调查，冯洁在西安读大学时深陷"校园贷"陷阱，遗物中有三张手写的校园网贷还款账单，依次列着网贷平台名称、还款金额、还款日期三项内容。冯洁的首笔贷款仅4000多元，是2015年11月贷来购买苹果6S手机的，加上后来的网贷，还不上便以贷养贷，甚至被套进高利贷，有的利息高达62%。最多时欠贷达到17万之多，一个月中有20天都在还款。仅在2018年12月8日那天，她就要同时偿还多个平台的欠款6000多元。"拆东补西"近4年来已还贷8万多，至2019年仍然欠多个网贷平台的17万没有还清，终于在网贷公司的谩骂和恐吓中倒下。

（案例来源：《央视法治在线》2019年6月21日）

案例八　"校园贷"叠加"套路贷"罪犯被判刑

广东省钟某犯罪集团以"校园贷""套路贷"诱使多名大学生与其签订高额借贷合同。其中，2016年，多次诱使广东东莞市在读大学生欧某参与网络赌博，致使其欠下赌债共360万余元，欧某被迫三次签下分别为70万元、200万元、90万元的借款合同用于归还赌债。因为欧某无法还债，所以钟某等人非法拘禁欧某，并向欧某父亲索要债务。欧某父亲陆续向钟某等人归还了370万元。2019年3月28日广东省东莞市第二人民法院依法对钟某等18人进行公开宣判。以组织、领导黑社会性质组织罪、敲诈勒索罪、非法拘禁罪等判处被告人钟某有期徒刑二十年，

129

校园警钟——大学生安全教育读本（第3版）

剥夺政治权利四年，并处没收个人全部财产；其他被告人分别被判处有期徒刑十四年至一年三个月不等。

（案例来源：《东莞时报》2019年4月10日）

👁 点睛提示

前几年随着互联网金融的快速发展，各类金融放贷主体进入大学校园网贷市场。2015年，中国人民大学信用管理研究中心调查了全国252所高校的近5万名大学生，撰写的《全国大学生信用认知调研报告》显示，在弥补资金短缺时，有8.77%的大学生会使用贷款获取资金，其中网络贷款几乎占一半。2018年北京青年报记者搜索名校贷贷款平台的官网页面，其平台的申请人数已经超过75万人，借款额度从1000元至2万元不等。面对众多校园网贷平台，金融监管一时不够到位，缺乏相应的制度和监管约束，以致放贷主体鱼龙混杂，良莠不齐，一些未经银行业监督管理部门批准设立的机构进入校园，诱使大学生上当受骗。有的网贷平台在国家取缔校园贷之后，仍然悄悄从事该业务。变异的校园贷事件频发，引起社会广泛关注，给校园安全和学生合法权益带来严重损害，其主要的违法表现是：

第一，设置种种网贷陷阱。例如"培训贷"，如案例二所述。一些无良公司利用大学毕业生求职心切，以某公司的高薪诱惑学生，让学生接受"岗前培训"，而"培训费"则是通过网贷平台借款。一旦毕业生接受"培训"，网贷机构放了款，毕业生未就业，就已背负了高利贷款，或者落入被骗陷阱。因为这些公司并不具有培训资质，更无法帮大学生就业。《齐鲁晚报》官微2018年发布消息称，济南100多人接受公司岗前培训，却被公司在自己不知情的情况下办理了贷款。据一名大四学生王某表述，由于临近毕业季着急找工作，便在10月中旬将简历发到了58同城。两天后一名自称是济南兴学技术有限公司的工作人员联系了他，签了一份《参加实训及上岗协议》，并称岗前培训三个月就能入职，薪资待遇各方面都不错。去了之后却被公司人员用他的身份证办了贷款，贷款金额达19800元，共需还款25184.13元。公司称会帮忙还前6个月的贷款，但之后公司却变卦称资金链断裂，没有办法偿还，让学生自己背上了25184.13元的债务。天津和西安的多所高校大学生也曾陷入变相培训贷，想维权却处处碰壁。驱动中国记者此前也就58同城发布的虚假招聘信息一事做了调查，发现依然有大学生求职不成反而背负两万元的培训贷现象。由此可见，培训贷现象并非个例，而是广泛存在的问题。虽然监管部门一直在整治招聘乱象，但是依然难以禁止。要想避免更多的求职者误入陷阱，首先招聘平台就应该提高企业准入门槛，加大平台对企业背景资质的审查力度。同时也应该加大对招聘信息的核查力度，从而让求职者有效规避招聘陷阱，莫让悲剧再次发生。又如"回租贷"，贷款公司以"抵押"手机的形式借款，手机仍然由大学生使用，只是要求读取大学生的通讯录，掌握大学生的隐私信息，逾期后贷款公司会按照通话记录骚扰大学生的家人、朋友，甚至要求大学生不断地续期，更换其他平台借款填窟窿。再例如"美容贷"，瞄准的是爱美又缺钱的学生，当学生无力支付美容手术费时，网贷平台就会推介所谓"不收任何手续费和利息"的信用贷款，因为美容机构与网贷平台存在合作关系而步步引你落入高利陷阱。虽然打着"无息贷款"的幌子，但却可能是高息贷款。中国银监会、中央网信办、教育部、工业和信息化部、公安部、国家工商总局六部门联合印发的《关于进一步加强校园网贷整治工作的通知》明令禁止：不得以歧视性、欺骗性语言或其他手段进行虚假欺诈宣传、促销，不得捏造、散布虚假信息或不完整信息，误导大学生借款人；不得自行或委托、授权第三方在互联网等电子渠道以外的物理场所进行宣传、推介项目或产品。大学生一定要加强对此类陷阱的辨别和防范。

第二，高利贷及变相高利贷违法。变异的网贷利用大学生不了解金融信贷常识，采取种种"障眼法"，把所谓的"低息""无息"贷款，"利滚利"变成了事实上的变相高利贷。如案例五、案例六所述。

《最高人民法院关于审理民间借贷案件适用法律若干问题的规定》第26条规定，如果双方借贷约定的利率在24%以内，受法律保护，称为司法保护区。如果超过了24%，但低于36%的，如果借款人已经支付，那么出借人不再退还；如果借款人没有支付，那么有权向法院主张超过部分不再支付，法律解释为自然债务区。而对于双方约定的超过36%的利率部分，即为非法的"高利贷"，不受法律保护，称为无效区。一些校园网贷平台的贷款利率远超这个利率，是惊人的高利贷或变相的高利贷。

1. 隐藏在"数字游戏"幕后的高利贷。有的网贷平台只报利息数额，不报利率，隐藏了利率的真面目。在案例六中，"无忧借条"网贷平台，只说借款一周，本金500元，利息200元。算下来，天的利率5.7%，年利率竟高达2000%。鼎通金融公司的工作人员说：8000块钱本金，两个月利息1000块钱，算下来，年利率已经高达76%。网贷平台往往会以低分期利率吸引学生，实际上很多都远超目前银行信用卡分期利率。网贷宣传"最低月息0.99%"，经过财经专业人士计算，其年利率实际超过20%，但很多大学生对此并不了解。因为月息0.99%，是每月等额本息还款，但每月还的本金是逐渐减少的，每月的利息不应该等额按照本金来计算。如果等额按照本金来计算分期利息，这贷款的实际年息已经超过了20%，每月的利率是1.77%，大大超过所谓的最低0.99%的月息，是骗局外人的营销把戏。

2. 砍头息。即把利息预先在本金中扣除，例如贷款10000元，约定利息2000元，借款人实际只拿到8000元。我国合同法第二百条规定："借款的利息不得预先在本金中扣除。利息预先在本金中扣除的，应当按照实际借款数额返还借款并计算利息。"一些网贷平台还"发明"了变种砍头息，把新人担保费、列表手续费、风险保障费等也列入砍头息中，预先在借款中扣除。按照IRR专业公式计算，闪银平台年利率高达199.38%，拍拍贷平台的年利率45.39%，及贷平台的年利率达71.56%，均大大超过36%的年利率高限。①

3. 利滚利。利滚利是指得到利息后，把利息加入本金一起生利息的高利贷的一种，如案例一所示。《最高人民法院关于审理民间借贷案件适用法律若干问题的规定》中明确，利滚利后支付的总借款额，也不得超过在最初借款本金基础上加上年利率24%的利息，即不得以利滚利的手段变相进行高利贷。

4. 畸高的逾期还款违约金。合同法中规定违约金的目的首先是补偿被违约方的损失，其次才是对违约方的惩罚。在校园借贷中，逾期还款给被违约方造成的损失有限，在已经收取了高额利息的情况下，再收取高额违约金有悖法律的公平原则。2016年一期《焦点访谈》披露：在列入网贷信用黑名单的4家平台拍来贷、贷贷红、贝才网、贾汇分期中，贷款逾期的学生有95万人之多。②一旦逾期偿还欠款，需要支付的违约金费率相当高，且是按日计算。据北京青年报记者调查，"名校贷"的逾期违约金是未还金额的0.5%/天，"趣分期"的逾期违约金是贷款金

---

① 2019年8月6日新流财经：《校园贷卷土重来！年化利率高达199%》。
② 2016年12月2日《焦点访谈》。

额的 1%/天，还有的是贷款金额 7%至 8%。这些逾期违约金和利息，比借款本金还多，形成事实上的高利贷。在案例一中大学生柳某陷入的就是这种畸高的逾期还款违约金。

5. 押金和服务费。部分网贷平台还会收取一定比例的押金和服务费。在签订贷款申请时，这些费用甚至在借款时就从所借款项中扣除。有学生贷款 10000 元平台扣除了 2000 元的咨询费，实际年化利率超出 30%。最高法院明确表示，对于各种以"服务费""中介费""保证金""延期费"等突破或变相突破法定利率红线的，都依法不予支持。

总之，年利率 36%是不可触犯的高利贷红线，无论它采取何种变化形式，都不受法律保护。早在 2016 年 4 月 10 日，银监会《关于银行业风险防控工作的指导意见》中就明确规定：网络借贷信息中介机构不得通过各种方式变相发放高利贷。大学生面对校园网贷的高利贷，应当说"不"。

第三，暴力催收酿成悲剧。案例四中的大学生因为欠款而遭非法拘禁，案例七中的冯洁因为遭到暴力催收而跳楼自杀，比起催还信用卡的银行而言，各种网贷公司催债的手段确实暴力。在学生无法按期还款的情况下，有的雇佣催债公司去索要欠款，有的去学校闹事，有的威胁学生家长，甚至采取打恐吓电话、暴力、拘禁、跟踪等违法犯罪手段进行讨债，严重侵犯了学生的人身安全。2016 年 3 月，河南牧业经济学院学生小郑（化名），先后在多个校园金融平台贷款近 60 万元，无力偿还，在贷款方多种手段催债之后，不堪心灵伐戮的他，从青岛市一家宾馆跳下死亡。2017 年 4 月，厦门华厦学院一名大二女生因为深陷校园贷，被发裸照催债，在泉州一家宾馆烧炭自杀。2017 年 9 月，21 岁的陕西大二学生朱某贷款 20 多万，无力偿还时跳江自杀。①令人触目惊心。

如果有证据证明催债公司存在电话骚扰、侮辱、恐吓、暴力等行为，那么该催债公司已经构成民事侵权。我国治安管理处罚法规定，有多次发送淫秽、侮辱、恐吓或者其他信息干扰他人正常生活以及偷窥、偷拍、窃听、散布他人隐私等行为的，处五日以下拘留或者五百元以下罚款；情节较重的，处五日以上十日以下拘留，可以并处五百元以下罚款。

一些性质情节严重的暴力催债行为，已经涉嫌构成犯罪，应当受到刑事追究。最高人民法院、最高人民检察院、公安部、司法部 2019 年 4 月 9 日起施行的《关于办理实施"软暴力"的刑事案件若干问题的意见》规定："软暴力"是指行为人为谋取不法利益或形成非法影响，对他人或者在有关场所进行滋扰、纠缠、哄闹、聚众造势等，足以使他人产生恐惧、恐慌进而形成心理强制，或者足以影响、限制人身自由、危及人身财产安全，影响正常生活、工作、生产、经营的违法犯罪手段。"软暴力"包括侵犯人身权利、民主权利、财产权利的手段，包括但不限于跟踪贴靠、扬言传播疾病、揭发隐私、恶意举报、诬告陷害、破坏、霸占财物等；采用"软暴力"手段，使他人产生心理恐惧或者形成心理强制，分别属于《中华人民共和国刑法》第二百二十六条规定的"威胁"、《中华人民共和国刑法》第二百九十三条第一款第（二）项规定的"恐吓"，以"软暴力"手段非法进入或者滞留他人住宅的，应当认定为《中华人民共和国刑法》第二百四十五条规定的"非法侵入他人住宅"。

2017 年网络借条管理平台"今借到"发起"今济计划"，解救陷入多头借贷的大学生，总共收集到 3121 份大学生求助信息。其中九成来自普通院校和高职大专学生。这 3121 位大学生，最少从 5 家平台借款，最多的大学生从 47 家平台借款，平均借款平台 8.75 家，借款金额在一

---

① 2019 年 8 月 6 日新流财经：《校园贷卷土重来！年化利率高达 199%》。

万多元至近百万不等，平均借款 66587.7 元，合计借款金额达 2.06 亿元。这些大学生基本上属于借旧贷还新贷的状态，以至于借款数额越滚越大。[①]一些不具有金融风险意识的大学生确实陷入了"校园网贷"的陷阱。2016 年 10 月中国银监会、中央网信办、教育部、工业和信息化部、公安部、国家工商总局六部委已经发布《关于进一步加强校园网贷整治工作的通知》，明确规定：不得通过收取各种名目繁多的手续费、滞纳金、服务费以及催收费等费用变相发放高利贷，或采取非法催收等手段胁迫借款人还款。加大对有关非法拘禁、绑架、暴力催收等违法犯罪活动的打击力度。

⚠ 安全知识

一、政府金融监管机构应该堵邪门、开正门、补服务

整治校园贷的困难，源于大学生消费市场的特性。一是大学生消费是个增长较快具有潜力的市场，比如大学生的就业创业资金需求、数字产品需求等；二是大学生的收入来源有限，收入主要来源于父母，少部分靠助学贷款，兼职收入有限；三是部分学生的消费观存在误区，存在攀比心理和超前消费。总之，部分大学生消费观念和意愿与收入严重不匹配。基于这些特点，为了追求利益，那些不正规的网贷平台乘机浑水摸鱼制造混乱。因此我们首先必须剥开校园网贷满足学生消费、鼓励创业的面具，揭露其高利贷等违法陷阱，釜底抽薪，全面叫停校园网贷，使变异的校园贷彻底退出校园市场。让审核严格、利率较低、收贷程序合法的正规金融机构积极进入校园市场，为大学生提供合法合规的信贷服务。2017 年，中国银监会、教育部、人力资源社会保障部《关于进一步加强校园贷规范管理工作的通知》已经一律叫停了原有的校园网贷业务。现在，一是要防止被整顿的网贷死灰复燃，未经银行业监督管理部门批准设立的机构不得进入校园为大学生提供信贷服务；二是金融和公安机关要加强监管，加强对这方面的控制，上述通知要求："对涉嫌恶意欺诈、暴力催收、制作贩卖传播淫秽物品等严重违法违规行为的，移交公安、司法机关依法追究刑事责任"，"加大对有关非法拘禁、绑架、暴力催收等违法犯罪活动的打击力度"；三是政府金融监管部门应该鼓励商业银行和政策性银行进一步针对大学生的合理需求研发产品，提高对大学生的服务效率，补齐面向校园、面向大学生金融服务覆盖不足的短板。

二、大学生应该树立正确的金融观念和消费观念

首先，天下没有免费的午餐。多了解金融知识，理性分析贷款实际利率标准，不贪图小便宜。

其次，提高甄别能力。在金融服务等消费活动中，认真阅读弄懂相关的合同条款，提高对不良校园贷及其变种的甄别能力。

再次，培养理性消费观。纠正超前消费、过度消费和从众消费等错误观念，树立文明、理性和科学的消费观。不盲目攀比，合理安排生活支出，量入为出，理性消费。观察校园贷的恶性事件，无一起是因为缴不起学费、生活费导致的，许多与超前消费有关。

---

① 2017 年 6 月 28 日《中国日报》：《有大学生从 47 家平台借款 有人借贷近百万》。

最后，用法律武器合法维权。保护好个人信息，注意留存相关凭据等证据，当权益遭受损害时第一时间与家人联系商量。"校园贷"不是国家和金融机构设立的正规金融产品，而是变相非法高利贷。如果你遭遇此类案件，就要及时向公安机关报案，或检举揭发。

法律链接

中国银行业监督管理委员会、中央网络安全和信息化领导小组办公室、教育部、工业和信息化部、公安部、国家工商总局

《关于进一步加强校园网贷整治工作的通知》

（银监发〔2016〕47号）发布及实施日期：2016.10.18

各银监局，各省、自治区、直辖市、新疆生产建设兵团党委教育工作部门、教育厅（教委）、通信管理局、公安厅（局）、工商局、网信办、金融办（局），教育部直属高校党委：

近期，部分网络借贷平台针对在校学生开展借贷业务（以下简称校园网贷）在一些地区呈现快速发展态势，风险事件频发，由此产生的行业乱象引起社会广泛关注，造成了不良影响，给校园安全和学生合法权益带来严重损害。根据《网络借贷信息中介机构业务活动管理暂行办法》（以下简称《办法》）、《P2P网络借贷风险专项整治工作方案》等有关要求，结合各地校园网贷摸底排查情况，现就加强校园网贷整治工作通知如下：

一、加大校园网贷业务整治力度

网络借贷信息中介机构（以下简称"网贷机构"）开展校园网贷业务要严格按照《办法》规定，并根据校园网贷业务特点，突出以下"四个不得"：一是不得向未满18周岁的在校大学生提供网贷服务，在审核年满18周岁在校大学生借款人资格时，必须落实借款人第二还款来源，获得第二还款来源方（父母、监护人或其他管理人等）表示同意其借贷行为并愿意代为还款的书面担保材料，并通过电话等方式确认第二还款来源方身份的真实性；二是不得以歧视性欺骗性、语言或其他手段进行虚假欺诈宣传、促销，不得捏造、散布虚假信息或不完整信息，误导大学生借款人；三是不得自行或委托、授权第三方在互联网等电子渠道以外的物理场所进行宣传、推介项目或产品；四是不得通过收取各种名目繁多的手续费、滞纳金、服务费以及催收费等费用变相发放高利贷，或采取非法催收等手段胁迫借款人还款。

同时，网贷机构开展校园网贷业务应该建立借款人资格审核、风险监测及客户信息保护三项机制：一是建立借款人资格审核及分级制度，确保借款人自身具有与借款金额相匹配的还款能力并按照合同约定还款；二是建立风险监测机制，进一步强化其信息披露责任，做好风险提示工作，确保借款流程及关键要素公开透明；三是建立客户信息保护制度，落实《电信和互联网用户个人信息保护规定》及相关系列标准，开展信息系统定级备案和等级测试，加强客户信息管理，确保出借人与借款人信息采集、处理及使用的合法性和安全性。

各地金融办（局）和银监局等部门要结合专项整治工作，综合运用资金监测、现场检查、数据分析等措施和手段，加大对校园网贷业务的集中整治力度，对于摸底排查中发现的问题，坚决督促其落实整改要求，依法严厉查处，及时处置风险。对违规情节较轻的，要求其限期整改；拒不整改或违规情节较重的，暂停其开展校园网贷业务，依法依规予以关闭或取缔；涉嫌恶意欺诈等严重违法违规行为，要严厉处罚、打击，涉嫌犯罪的，移交相关的司法机关。

二、加大对违法犯罪问题的查处力度

各地公安机关要加大对网贷机构涉嫌违法犯罪行为的查处力度，严厉打击校园网贷整治工作中发现的非法集资、非法证券等犯罪活动，加大对有关非法拘禁、绑架、暴力催收等违法犯罪活动的打击力度；依法监督检查互联网网站落实网络和信息安全管理制度的有关情况，依法打击侵犯用户个人信息安全的违法犯罪活动。

三、加强风险警示和教育引导工作

各地教育主管部门、各高校要切实采取有效措施，加强对校园网贷的风险警示和教育引导工作。一是定期调研排查学生参与网贷的情况，及时发现校园不良网贷苗头性、倾向性、普遍性问题，及时研判评估校园不良网贷的潜在风险，及时利用校园网站、校园电视、校园广播、LED显示屏及新媒体显示终端、短信平台、微信平台、橱窗报栏等多种形式多种渠道全方位向学生发布预警提示信息和校园不良网贷典型案例，加强警示教育。二是要把消费观教育融入丰富多彩的校园文化和各种主题教育中，积极开展宣传教育活动。大力营造崇尚节约的校园文化环境。要密切关注学生异常消费行为，关心学生消费心理，及时发现学生在消费过程中存在的问题，及时纠正学生超前消费、过度消费和从众消费等错误观念，教育引导学生树立文明、理性和科学的消费观。三是要在秋季入学的一段时间内，集中开展校园不良网贷宣传报道和教育引导工作，将防范校园不良网贷纳入学生思想政治教育工作，特别是在《形势与政策》课教育教学过程中，邀请金融机构、监管机构、网络安全等部门专业人员，以报告会、讲座、论坛等形式，向学生普及金融信贷知识以及网络安全知识，教育引导学生增强风险防范意识、网络金融安全意识和自我保护意识，远离不良网贷行为。四是加强对学生资助工作的科学管理，强化制度保障，畅通学生资助渠道，满足家庭经济困难学生学费、生活费等保障需求，提高学生资助工作服务水平。

四、强化网站监测管理

各地通信主管部门要积极履行互联网行业管理职责，配合各地政府开展校园网贷专项整治工作。一是强化互联网基础管理。严格落实网站实名制，继续做好网站备案、域名注册及IP地址备案等工作，为校园网贷整治工作提供支撑。二是做好网络监测预警。配合相关部门对校园网贷网站和移动应用程序的企业信息、相关产品信息、用户信息、资金信息、宣传推广信息、舆情信息、网站备案手续、网络安全信息、可疑人员及账号信息进行检测，做好数据共享和风险预警工作。三是加强网络用户个人信息保护监管。督促落实信息通信业务经营者的网络信息安全管理责任，强化网络用户个人信息等违法违规行为。四是依法处置违法违规网站。对经过相关部门认定存在违法违规行为的网贷机构网站和移动应用程序依法予以处置，防范化解校园网贷风险隐患。

五、做好舆情监测引导

各地互联网信息办公室要加强正面舆论引导，积极开展校园网贷相关舆情监测和舆论引导工作，加强涉网执法联动，加强线上线下配合，推动校园网络诚信建设，形成齐抓共管的有效合力。对于校园网贷出现的问题苗头，要及时查明真相、掌握舆情动态、处置不良有害信息，以客观事实为依据，及时进行媒体报道，妥善回应公众关切。对于不法分子利用校园网贷造谣生事的行为，主动发声、澄清真相，正面引导社会预期。对于涉及校园网贷的违法违规行为和不良信息，要畅通网上举报投诉渠道，鼓励广大网民进行监督举报，共同维护良好的舆论环境。

六、加强工商监管力度

各地工商部门要结合自身职能，积极配合相关的部门规范整顿校园网贷业务。一是配合相关的部门加大对校园网贷业务机构的监管力度，配合有关部门开展网贷机构的排查和处置工作，提供有关企业的登记、公示和监管信息。未在法定期限内公示年度报告、通过登记的住所和经营场所无法联系等严重违法失信的，由工商行政管理部门将其依法分别列入企业经营异常名录、严重违法失信企业名单。连同从事非法集资活动被相关的部门责令关闭或被工商部门依法吊销营业执照的网贷机构，一并通过国家企业信用信息公示系统予以公示。依法限制其法定代表人任职资格，并纳入部门联合惩戒范围。二是对公安机关认定涉嫌犯罪以及金融监管部门认定已经构成非法金融活动的网贷机构，工商部门依法责令其停止发布广告，严厉打击发布违法广告行为。

各部门要高度重视校园网贷整治工作，加强领导，明确分工，落实责任，务求整治工作实效。各地网贷风险专项整治联合工作办公室在报送P2P网络借贷风险专项整治分类处置工作报告时，将校园网贷清理整顿工作情况作为专项内容一并报送全国P2P网络借贷风险专项整治工作领导小组办公室。

中国银监会、教育部、人力资源社会保障部
《关于进一步加强校园贷规范管理工作的通知》

各银监局，各省、自治区、直辖市及新疆生产建设兵团教育厅（局、教委）、金融办（局）、人力资源社会保障厅（局），各政策性银行、大型银行、股份制银行，邮储银行，中央所属各高等院校：

银监会、教育部等六部委《关于进一步加强校园网贷整治工作的通知》（银监发〔2016〕47号，以下简称银监发47号文）印发以来，各地加大对网络借贷信息中介机构（以下简称网贷机构）校园网贷业务的清理整顿，取得了初步成效。但部分地区仍存在校园贷乱象，特别是一些非网贷机构针对在校学生开展借贷业务，突破了校园网贷的范畴和底线，一些地方"求职贷""培训贷""创业贷"等不良借贷问题突出，给校园安全和学生合法权益带来严重损害，造成了不良社会影响。为了进一步加大校园贷监管整治力度，从源头上治理乱象，防范和化解校园贷风险，现就加强校园贷规范管理工作通知如下：

一、疏堵结合，维护校园贷正常秩序

为了满足大学生在消费、创业、培训等方面合理的信贷资金和金融服务需求，净化校园金融市场环境，使校园贷回归良性发展，商业银行和政策性银行应该在风险可控的前提下，有针对性地开发高校助学、培训、消费、创业等金融产品，向大学生提供定制化、规范化的金融服务，合理设置信贷额度和利率，提高大学生校园贷服务质效，畅通正规、阳光的校园信贷服务渠道。开展校园贷的银行应该制定完善的校园信贷风险管理制度，建立风险预警机制，加强贷前调查评估，认真审核评定贷款大学生资质，重视贷后管理监督，确保资金流向符合合同规定。如果发现贷款大学生存在资料造假等欺骗行为，就应该提前收回贷款。银行应该及时掌握贷款大学生资金流动状况和信用评分变化情况，评估其还款能力，采取应对措施，确保风险可控。

针对当前各类放贷主体进入校园贷市场，缺乏相应的制度和监管约束，以及放贷主体自身风险控制机制缺失等问题，为了切实规范校园贷管理，杜绝校园贷欺诈、高利贷和暴力催收等行为，未经银行业监督管理部门批准设立的机构不得进入校园为大学生提供信贷服务。

二、整治乱象，暂停网贷机构开展校园网贷业务

各地金融办（局）和银监局要在前期对网贷机构开展校园网贷业务整治的基础上，协同相关的部门进一步加大整治力度，杜绝网贷机构发生高利放贷、暴力催收等严重危害大学生安全的行为。现阶段，一律暂停网贷机构开展在校大学生网贷业务，逐步消化存量业务。要督促网贷机构按照分类处置工作要求，对于存量校园网贷业务，根据违法违规情节轻重、业务规模等状况，制订整改计划，确定整改完成期限，明确退出时间表。要督促网贷机构按期完成业务整改，主动下线与校园网贷相关的业务产品，暂停发布新的校园网贷业务标的，有序清退校园网贷业务待还余额。对拒不整改或超期未完成整改的，要暂停其开展网贷业务，依法依规予以关闭或取缔，对涉嫌恶意欺诈、暴力催收、制作贩卖传播淫秽物品等严重违法违规行为的，移交公安、司法机关依法追究刑事责任。

三、综合施策，切实加强大学生教育管理

各高校要把校园贷风险防范和综合整治工作作为当前维护学校安全稳定的重大工作来抓，完善工作机制，建立党委负总责、有关部门各负其责的管控体系，切实担负起教育管理学生的主体责任。一是加强教育引导。积极开展常态化、丰富多彩的消费观、金融理财知识及法律法规常识教育，培养学生理性消费、科学消费、勤俭节约、自我保护等意识。现阶段，应该向每一名学生发放校园贷风险告知书并签字确认，每学期至少集中开展一次校园贷专项宣传教育活动，加强典型案例通报警示教育，让学生深刻认识不良校园贷的危害，提醒学生远离不良校园贷。二是建立排查整治机制。开展校园贷集中排查，加强校园秩序管理。未经校方批准，严禁任何人、任何组织在校内进行各种校园贷业务宣传和推介，及时清理各类借贷小广告。畅通不良校园贷举报渠道，鼓励教职员工和学生对发现的不良校园贷线索进行举报。对未经校方批准在校宣传推介、组织引导学生参与校园贷或利用学生身份证件办理不良校园贷的教职工或在校学生，要依规依纪严肃查处。三是建立应急处置机制。对于发现的学生参与不良校园贷事件要及时告知学生家长，并会同学生家长及有关方面做好应急处置工作，将危害消灭在初始状态。同时，对发现的重大事件要及时报告当地金融监管部门、公安部门、教育主管部门。四是切实做好学生资助工作。帮助每一名家庭经济困难学生解决好学费、住宿费和基本生活费等方面的困难。五是建立不良校园贷责任追究机制。对校内有关部门和院系开展校园贷教育、警示、排查、处置等情况，进行定期检查，凡责任落实不到位的，要追究有关部门、院系和相关人员责任。对因为校园贷引发恶性事件或造成重大案件的，教育主管部门要倒查倒追有关高校及相关的责任人，发现未开展宣传教育、风险警示、排查处置等工作的，予以严肃处理。

四、分工负责，共同促进校园贷健康发展

各部门要高度重视校园贷规范管理工作，明确分工，压实职责，加强信息共享，形成监管合力。各地金融办（局）和银监局要加强引导，鼓励合规机构积极进入校园，为大学生提供合法合规的信贷服务。要制定正负面清单，明确校园贷市场参与机构。要积极配合教育主管部门开展金融消费者教育保护和宣传工作。要加强信息共享与经验交流，以案说法，务求整治实效。各地教育主管部门、各高校要切实采取有效措施，做好本地本校工作分层对接和具体落实，筑好防范违规放贷机构进入校园的"防火墙"，加强风险警示、教育引导和校园管理工作。各地人力资源社会保障部门要加强人力资源市场和职业培训机构监管，依法查处"黑中介"和未经许可擅自从事职业培训业务等各类侵害大学毕业生就业权益的违法行为，杜绝公共就业人才服务

机构以培训、求职、职业指导等名义,捆绑推荐信贷服务。涉及校园网贷整治的相关事项,有关部门应该按照银监发47号文要求抓好贯彻落实。请各地区、各有关部门认真梳理辖内校园贷规范管理工作落实情况,并于2017年6月30日前将书面报告报送银监会、教育部、人力资源社会保障部。

中国银监会 教育部 人力资源社会保障部
2017年5月27日

最高人民法院

《关于审理民间借贷案件适用法律若干问题的规定》

(2015年6月23日最高人民法院审判委员会第1655次会议通过)

第二十六条 借贷双方约定的利率未超过年利率24%,出借人请求借款人按照约定的利率支付利息的,人民法院应予支持。借贷双方约定的利率超过年利率36%,超过部分的利息约定无效。借款人请求出借人返还已支付的超过年利率36%部分的利息的,人民法院应予支持。

(上述司法解释说明:如果双方借贷约定的利率在24%以内,法院是支持的,称为司法保护区。如果超过了24%,但低于36%的,如果借款人已经支付,则出借人不再退还,法律解释为自然债务区。当然,如果借款人没有支付,则有权向法院主张超过部分不再支付。而对于双方约定的超过36%的利率部分,法律上称为无效区,借款人即使支付了,也有权向法院主张,让出借人予以退回。)

最高人民法院、最高人民检察院、公安部、司法部

《关于办理"套路贷"刑事案件若干问题的意见》

《关于办理实施"软暴力"的刑事案件若干问题的意见》

(2019年4月)

最高人民法院、最高人民检察院、公安部、司法部联合印发了《关于办理"套路贷"刑事案件若干问题的意见》和《关于办理实施"软暴力"的刑事案件若干问题的意见》两份文件。这两份文件对"套路贷"和"软暴力"做了详细的规定,明确了这两种行为的违法性质。其中,《关于办理"套路贷"刑事案件若干问题的意见》不仅明确了"套路贷"和民间借贷的区别,更提出:无论何时何地,只要涉及"套路贷"公安机关必须立即受理。

与您共勉

勤俭节约,量入为出。在生活消费、人际消费、娱乐消费等方面,做到不盲从、不攀比、不炫耀,树立合理消费、理性消费、适度消费的消费观。

思考思考

1. 你是否参与过"校园网贷"、帮助同学参与"校园网贷"或从事过网贷平台代理?有何教训?
2. 大学生为什么不要超前消费、过度消费、从众消费?

"校园网贷" 警惕风险 **第11章**

0 高利贷

Chapter 12
第 12 章

居安思危　消除火患

隐患险于明火　防范胜于救灾

近几年来，随着高校发展规模的扩大，高校火灾也频频发生，给广大师生的人身及财产安全造成了极大的威胁。根据相关的资料统计，我国高校从未发生过火灾的寥寥无几。在发生过火灾的高校中，除了烧毁教学楼、实验室、宿舍等基础设施外，大都伴有人身伤亡。这些火灾事件，不但给所在学校造成物质损失，更会酿成人员伤亡的惨剧，血的教训为我们敲响了高校消防工作的警钟。

古训道："天有不测风云，人有旦夕祸福"，"前事不忘，后事之师"。近几年，发生在我国高校校园的典型火灾事故，让同学们深刻领悟到防火"责任重于泰山，警钟必须长鸣"的警示含义。火灾的暴发性、迅速性、摧毁性特点，使它在转眼之间具有吞噬一切的威力。火灾吞噬财产，吞噬大学校园，吞噬年轻学子的健康和生命。

隐患险于明火，防范胜于救灾。丁点火星，细小隐患，都可能酿成一片火海。无情火灾重在预防，许多大学生的弱点恰是平时的麻痹。本章系统地介绍了预防大学校园火灾、灭火和火场逃生自救的科学知识，以及我国法律法规关于防火、救火的有关规定。灾字下面一把火，责任连着你和我。防火人人有责，预防处处落实。大学生要树立预防为主的消防观念，大学校园应该建立健全消防安全制度，确保大学生的财产和人身安全。

警钟格言

居安思危，思则有备，有备无患。

——（春秋）《左传·襄公十一年》

隐患险于明火，防范胜于救灾，责任重于泰山。

——江泽民

凡事预则立，不预则废。

——（战国）《礼记·中庸》

贼偷一半，火烧精光。

——谚语

案例回放

案例一 大学宿舍三天发生两起火灾烧伤两人

2016年8月17日凌晨1点30分左右，烟台某大学13号公寓某一楼宿舍留校学生在宿舍点燃了蚊香（据说放在鞋盒子里，且周边堆有杂乱的衣物等可燃物）后外出上网，因为蚊香点燃了可燃物导致整个宿舍全部烧毁，整个宿舍楼300多人在浓烟中疏散、安全撤离，所幸没有人员受伤。此前14日，该大学2号公寓两名留校学生在走廊使用液体酒精炉吃火锅，在没有熄灭火焰的情况下添加酒精，发生火灾，两人烧伤，其中一人烧伤面积达40%。

（案例来源：《齐鲁晚报》、21世纪教育网）

案例二 大学的化学实验室爆炸引发火灾

2015年12月18日上午，北京某重点大学化学系何添楼231室，共3个房间起火，着火面积80平方米。造成一名实验人员死亡。火灾发生后，楼内师生已经及时组织撤离，周围人员也已经疏散。发生爆炸的是一间实验室，内部存放有化学品。不幸身亡的博士后名叫孟某某，家属在事发后第三天得知，爆炸的是一个氢气钢瓶，爆炸点距离操作台两三米处，钢瓶底部爆炸。钢瓶原长度大概一米，爆炸后只剩上半部大概40厘米。据了解，钢瓶厚度为一厘米，可见当时爆炸威力巨大。

（案例来源：清华大学官方微博）

案例三 违规使用大功率电器，后患无穷

2014年9月10日晚9时40分左右，贵阳市某高校学生寝室起火，学生逃离现场后求救。随后，当地消防队出动3台消防车，组织16名消防兵赶到火灾现场，寝室内已经被烟雾完全笼罩，大量浓烟向外扩散，所幸无人员被困和伤亡，消防人员第一时间将火扑灭。据调查，火灾原因是学生使用大功率电器所致。

（案例来源：都匀某高校保卫处）

案例四 起火盲目跳楼，不幸终酿惨剧

2008年11月的某一天，早晨6时10分，上海某学院徐汇校区学生宿舍楼由于某寝室违规使用"热得快"，引发电器故障并将周围可燃物引燃，从而引发火灾，4名女生慌不择路从6楼宿舍阳台跳下逃生，结果当场死亡。就这样，生命教育缺失终酿惨剧，"热得快"陨灭4位花季少女。

（案例来源：《新民晚报》）

案例五 乱拉、乱接电线引发寝室火灾

2013年4月10日早晨8时30分左右，贵阳某高校学生公寓一小区5栋511寝室发生火灾。当时正值上课时间，事发时该宿舍无人。南明消防大队富源中队接到报警后第一时间到达现场，火情被完全控制。511寝室室内物品被烧毁，无人员伤亡。据调查，火灾是因为该寝室学生乱拉电线"短路"造成。

（案例来源：贵州省教育厅安全稳定处）

点睛提示

案例中火灾导致的损失巨大，尤其是正值青春年华的大学生因为火灾丧失性命，令人痛惜，教训极为深刻。我国高校数量多，人员密集，致灾因素复杂，历来是消防安全管理的重点单位。

一、掌握高校发生火灾的规律与特点，搞好火灾预防

通过发生在高校的火灾案例，结合消防工作实践，可以看出高校火灾致灾因素主要有用火不慎、电气故障、实验操作不当等三类。

（一）用火不慎

用火不慎导致火灾有多方面原因，从高校已经发生的火灾来看，主要包括以下几个方面：

（1）吸烟。因为烟头引起的火灾在高校发生的火灾中占有很大的比例。因为烟头的表面温度为200～300℃，其中心温度高达700～800℃，而一般可燃物的燃点大都低于烟头表面温度，如果燃烧着的烟头遇到低于烟头温度的可燃物时，就会引起燃烧，发生火灾。

（2）使用炉具。有个别学生违反学校的管理规定，尤其是在假期，为了图方便，在寝室使用酒精炉、煤油炉等炉具做饭，因为使用不当引起火灾，如案例一。

（3）焚烧废旧物品。大学生在室内焚烧废旧纸张、书籍等杂物，尤其是在毕业前夕。如果焚烧物靠近衣被、蚊帐等可燃物或火未完全熄灭人即离开，火星飞到这些可燃物上也能引起火灾。

（4）不当使用手电。因为学校是定时供电，在断电后，有的学生习惯在床铺上用手电或台灯看书，虽然目前市面上的灯具发光源大都采用LED发光，但是依旧有部分老式灯泡，其工作时温度高，尤其在长时间使用后。当同学们因为疲劳入睡或看管不当时，这类灯具便成了引燃可燃物，从而引发火灾的巨大安全隐患。

（5）点蚊香。有的学生寝室为了驱蚊，经常点蚊香，但点燃的蚊香温度高达700℃左右，比布匹、纸张的燃点高很多（布匹的燃点为200℃，纸张的燃点为130℃），若点燃的蚊香靠近这类可燃物品，则极易引起燃烧，发生火灾，如案例一。

（二）电气故障

电气故障引起的火灾，在高校发生的火灾中，占有相当大的比例，其危害性非常大。因为电气引起的火灾主要有以下几个方面。

（1）乱拉乱接电线。由于学校实行定时供电，所以有的学生为了方便，就把走廊照明灯的电源或空调电源私自乱接，这种乱拉乱接电线的现象，极其容易损伤线路的绝缘层，从而引起线路短路和触电，发生火灾，如案例五。

（2）电线老化或接触不良。学校由于建校时间比较长，电器线路长年使用老化，加之个别工人在电气施工过程中未按规程操作或使用铜铝接头处置不当，就会引发线路起火，发生火灾。

（3）使用电器不当。使用电器不当在高校发生火灾的现象比较普遍。例如充电器长时间充电，加之衣被捂盖，散热不良，极其容易引起燃烧；使用劣质不合格电器也容易引发火灾；违规使用电热器具无人监管烤燃起火（特别是热得快等）；长时间使用电器不检修，电线绝缘老化，漏电短路而起火。

（4）使用大功率电器。学校教室、实验室、寝室建筑物的供电线路、供电设备，都是根据实际使用情况进行设计的，如果超出负荷，电线就会发热，加速线路的老化，极易引起火灾的发生。尤其是在学生宿舍内，如果使用大功率电器，例如电炉子、电饭锅、电吹风、热得快、电茶壶等，就会引发上述现象的发生，如案例三。高等学校都有明确规定，学生宿舍严禁使用大功率电器，但总有少数学生为了图方便，置涉及自身和他人生命安全的校纪校规于不顾，在宿舍违规使用电器。

（三）实验操作不当

这方面的火灾事故，往往后果特别严重，如案例二，要严格执行实验操作规程。

二、重点预防学生宿舍的火灾

据统计，高校内70%~80%的火灾发生在学生宿舍，上述案例也充分证明了宿舍防火应该成为重中之重。为了保证学生宿舍的消防安全，请同学们特别注意以下几个方面。

（1）床头灯。床头灯的危险性在于它放的位置是在床的周围，而床又是棉、纸等可燃物的集中区。有的同学考试期间挑灯夜战，又怕影响别人休息，用纸或毛巾等物遮挡床头灯，经过一定时间蓄热，使可燃物炭化，就很容易发生火灾。

（2）蜡烛。蜡烛在学生宿舍是被严禁使用的，然而个别同学平时不用功，临阵磨枪，偷偷地秉烛夜读，过度疲劳，很容易睡着，蜡烛燃烧引发火灾。

（3）蚊香。蚊香在学生宿舍使用也比较多，它具有很强的引燃能力，点燃后虽然没有火焰，但是能够持续燃烧，温度在700℃左右，如果接触可燃物，就会引起燃烧。

（4）充电设备。很多同学的小电器都需要进行充电，例如数码相机、随身听、笔记本电脑、男生用的剃须刀等。由于经常使用，就需要频繁地充电，并且每次都要充几个小时。个别同学充上电后，转身就去教室上课，甚至放假、外出也不切断电源，由于充电器长时间蓄热，热量又散发不出去，所以就会发生火灾。

（5）大功率电器。电炉子、热得快、电热杯、电饭锅等大功率电器在学生宿舍也是禁止使用的，个别同学经常在宿舍开小灶。这些电热器具功率高，电线超负荷运行，导致电线过热，绝缘皮熔化、短路，很容易发生火灾。

（6）吸烟。很多人都难以想象一个小小的烟头跟火灾有什么必然的联系，其实很多时候它都是火灾的罪魁祸首。烟头的火源虽小，但表面温度为 200～300℃，其中心温度可达 700～800℃，而纸张、棉花、木材、涤纶、纤维等一般可燃物的燃点为 130～140℃，烟头扔到上面极易引起火灾。

（7）乱拉电线。一些宿舍随意布线，电线线路混乱，有的搭在床铺上，有的绕在桌子腿上，有的靠近书籍，电线长期被踩压，很容易短路起火。另外，就是从一个插座上接出好几个插线板，特别是一些有计算机的宿舍，电网密布，由于接点不实，所以很容易打火，发生火灾。

（8）焚烧废纸。在学期期末，个别同学整理废弃物，特别是想要扔掉的一些信件，习惯将它们放在垃圾桶、楼道或厕所内焚烧，在一定的条件下，死灰复燃也可以引起火灾。

大学生在宿舍要做到以下"八不"：

（1）不躺在床上吸烟，不乱扔烟头。

（2）不在宿舍内使用电炉子、热得快等大功率电器，电热设备及煤气炉、酒精炉、液化炉等。

（3）不乱接电源。

（4）不在室内点蜡烛看书。

（5）不在室内燃烧杂物。

（6）不要将台灯靠近枕头、被褥和蚊帐。

（7）人走熄灯，关闭电源。

（8）不存放易燃易爆物品。

⚠ 安全知识

一、实验室防火

参加实验的学生在老师的指导下，应该严格遵守安全制度与有关操作规定，树立"安全第一"的思想，切实做到以下几点。

（1）参加实验的学生，必须了解实验过程中存在的或可能发生的不安全因素，了解消防器材存放地点，会扑灭初期火灾。

（2）熟悉水、电、气的开关阀门，使用易燃易爆气体时要经常检查管道和阀门开关。离开实验室时应该仔细检查，关好门窗。

（3）实验进行时不得脱离岗位，有事必须离开时，应该交代其他人员看管实验装置并对其讲明注意事项。

（4）化学试剂要限量领用和存放，注意安全保管和使用。

（5）凡高温、高压、高转速的实验项目，以及使用化学危险物品、剧毒性物品、放射性物品、压力容器的实验操作者，要充分了解其性能、使用方法、操作规定、防护方法，严格执行专门的规定和操作规程。

（6）严禁在实验室内吸烟、就餐，做与实验无关的活动。

（7）不得在存有化学危险品的实验室和库房住宿。

二、校园灭火方法

1. 报警

发生火灾必须立即报警（既可以向宿舍管理人员报告，也可以向学校保卫处及119报警）。

2. 灭火的基本方法

燃烧必须同时具备3个条件：可燃物质、助燃物质和火源。灭火都是为了破坏已经产生的燃烧条件，只要能去掉一个燃烧条件，火即可熄灭。根据这个基本道理，人们在灭火实践中总结出了以下几种基本方法。

（1）隔离法：将着火的地方或物体与其周围的可燃物隔离或移开，燃烧就会因为缺少可燃物而停止。例如将靠近火源的可燃、易燃、助燃的物品搬走；把着火的物件移到安全的地方；关闭电源、可燃气体、液体管道阀门，中止和减少可燃物质进入燃烧区域；拆除与燃烧物毗邻的易燃建筑物等。

（2）窒息法：阻止空气流入燃烧区或用不燃烧的物质冲淡空气，使燃烧物得不到足够的氧气而熄灭。例如用石棉毯、湿麻袋、湿毛巾被、黄沙、泡沫等不燃物质或难燃物质覆盖在燃烧物上；用水蒸气或二氧化碳等惰性气体灌注容器设备，封闭起火的建筑和设备门窗、孔洞等。

（3）冷却法：将灭火剂直接喷射到燃烧物上，以增加散热量来降低燃烧物的温度，当燃烧物的温度降低到该物的燃点以下时，燃烧就停止了，或者将灭火剂喷洒在火源附近的可燃物上，使其温度降低，防止辐射热影响而起火。冷却法是灭火的主要方法，主要用水和二氧化碳冷却降温。

（4）抑制法：这种方法是用含氟、溴的化学灭火剂喷向火焰，让灭火剂参与到燃烧反应中，使游离基链锁（俗称"燃烧链"）反应中断，达到灭火的目的。

以上方法在实际应用中，可以根据实际情况，采用一种或多种方法并用，以达到迅速灭火的目的。

3. 不能用水扑救的着火物质

水是最常见的灭火剂，但由于化学物质的特殊性，有些物质起火后不能用水去扑救，具体有以下几类物质。

（1）遇水燃烧的物质：例如金属钾、钠等，当遇水后即发生剧烈的化学反应，放出氢气，同时放出大量热能，从而引起燃烧或爆炸。

（2）比重小于水且不溶于水的易燃液体：例如汽油、乙醚、苯等均不能用水扑救。因为这些物质的比重比水轻，如果用水灭火，它就会漂浮在水面上随水的流动使火势蔓延开。

（3）易燃粉状固体，例如铝粉、镁粉、闪光粉等不能直接用水扑救，避免粉尘被冲散在空气中形成爆炸性混合物而发生爆炸。

（4）过氧化物及不溶于水的有机氧化剂：因为过氧化物遇水发生反应放出氧气，加速燃烧；不溶于水的液体有机氧化剂比重一般都小于水，若用水扑救也会扩大火势。

（5）硫酸、硝酸等酸类腐蚀物：这类物质不能用加压密集水扑救，因为密集的水使酸液发热甚至沸腾，四处飞溅而伤到灭火人员。

另外，电气设备带电灭火时，灭火人员在未穿戴绝缘靴、水枪喷嘴未接地的情况下，不能直接用水灭火，否则会发生触电事故。

4. 计算机着火的灭火方法

如果计算机着火，即使关机，甚至拔下插头，机内的元件也很热，仍然会进出烈焰并产生毒气，液晶屏、显像管也可能爆炸。采取的措施如下。

（1）计算机开始冒烟或起火时，马上拔掉电源插头或关闭电源总开关，然后用湿毛毯或棉被等盖住计算机，这样既能阻止烟火蔓延，也可以挡住液晶屏的玻璃碎片。

（2）切勿向失火计算机泼水，即使已经关掉电源也不能向失火的计算机泼水，因为温度突然降下来，会使炙热的显像管爆裂。此外，计算机内仍有剩余电热，泼水可能引起触电。

（3）切勿揭起覆盖物观看，防止爆炸伤人。

三、火场逃生自救常识

1. 熟睡时听到火警的正确做法

当熟睡时，听到报警信号许多人都慌张地把门打开，试图一下子冲出去，这种做法很危险，正确的做法有以下几点。

（1）在开门之前用手背试试门把，如果门把发热，那么千万不要开门，而应该利用窗户逃生。

（2）如果室内充满烟气，就用湿毛巾或其他东西捂住口鼻，降低姿势，爬向最近出口。

（3）如果衣服着火，那么应该立即脱掉或躺下，就地打滚直到火焰熄灭。

（4）如果被困在室内，那么应该趴在窗口附近等待救援，并用色彩鲜艳的床单、毛巾或手电筒向外发出求救信号。

（5）充分利用室内可用的东西进行逃生，例如用床单或其他东西结绳自救等。

2. 楼梯着火时的逃生方法

学生宿舍多是多层建筑，一旦发生火灾，由于同学们没有思想准备，可能就会惊慌失措。当发现楼梯口通道烟雾弥漫或熊熊烈火燃烧时，更是急得团团转，不知如何是好，此时，同学们一定要有战胜火灾的勇气和决心。

（1）首先要镇定自己的神态，保持清醒的头脑，想办法就地灭火，能扑灭的要尽量设法扑灭。例如，用水浇或用楼内存放的灭火器和消防设施，以及用湿棉被等物覆盖等。

（2）如果不能马上扑灭而火势越烧越旺，人有被火焰围困的危险。这时，应该避免不必要的牺牲，设法脱险。楼房着火，浓烟往往朝楼梯口通道蔓延，楼上的人容易产生错觉，以为楼梯已经被烧断，没有退路了，其实并未烧着，完全可以设法掩护面部夺路而出。

（3）如果被烟呛得透不过气来，那么可以用湿毛巾捂住口鼻，降低姿势走，即使楼梯被火焰封住了，在别无出路时，也可以用湿棉被等物作掩护及早迅速地冲出去。

（4）如果楼梯确实已经被火烧断了，那么也应该冷静想一想，查一查，是否还有其他楼梯可走；是否可以从屋顶或阳台上转移，是否可以破墙而走，是否可以越窗而出；是否可以借用水管、竹竿滑下来；是否可以利用绳子、皮带等爬下来；可不可以进行逐级跳越而下等，只要多动脑筋，一般是可以解救的。

（5）呼救，也是极为重要的，被火围困的人，没有办法出来，周围群众听到呼救，也会设法抢救，或者报告消防队来抢救。

3. 公众聚集场所疏散逃生方法

大学校园里，无论宿舍、教室还是食堂，多为公众聚集场所。发生火灾容易造成人员伤亡的惨剧，且火灾中多数死亡人员是因为不懂疏散逃生知识，选择了错误逃生方法或错过逃生的时机而造成的。因此，掌握公众聚集场所正确的疏散逃生方法对提高人们的自救能力尤其重要。

（1）要保持良好的心态。在发生火灾时，保持心理稳定是逃生的重要前提，先观察火势，再决定逃生方式，运用学到的避难常识和自己的聪明才智就会化险为夷，把灾难损失降到最低限度。

（2）利用疏散通道和安全出口自救逃生。校园建筑设置的疏散通道和安全出口，在额定人数内，只要有组织、有秩序地疏散，很快就能全部疏散完毕。因此，发生火灾时，不要惊慌失措，应该及时从疏散通道和安全出口逃生，疏散时要听从指挥人员的疏导和指挥，分流疏散，避免争先逃生，朝一个出口拥挤，堵塞出口。

（3）自制器材逃生。公众聚集场所发生火灾时，要学会利用现场一切可以利用的物品逃生，要学会随机应用，例如将毛巾、口罩用水浸湿当作防烟工具捂住口、鼻；把被褥、窗帘用水浸湿后，堵住门口阻止火势蔓延；利用绳索或用布、床单、窗帘等结绳自救。

（4）寻找避难所逃生。在无路可逃的情况下，应该积极寻找避难处所，例如到阳台、楼层平顶等待救援。选择火势、烟雾难以蔓延的房间，例如厕所、保安室等。关好门窗，堵塞间隙，房间如果有水源要立即将门窗和各种可燃物浇湿，以阻止或减缓火势和烟雾的蔓延速度。无论白天还是夜晚，被困者都应该大声呼救，不断地发出各种呼救信号以引起救援人员的注意，从而帮助自己脱离险境。

（5）在逃生过程中要防止中毒。公众聚集场所有些在装修过程中使用大量的海绵、泡沫塑料板、纤维等装饰物，火灾发生后，会产生大量有毒气体。在逃生过程中应该用水浇湿毛巾或衣物捂住口、鼻，采用低姿势行走，以减小烟气的伤害。匍匐爬行是避免毒气伤害的最科学的逃生方法。在火灾中如果站着行走，会有窒息的危险。

4. 火场逃生自救方法

面对滚滚浓烟和熊熊烈焰，只要冷静机智运用火场自救与逃生知识，就有极大可能拯救自己。

（1）匍匐前进法：由于火灾发生时烟气大多聚集在上部空间，因此在逃生过程中应该尽量将身体贴近地面匍匐前进或弯腰前进。

（2）毛巾捂鼻法：火灾烟气具有温度高、毒性大的特点，一旦吸入后就很容易引起呼吸系统烫伤或中毒，因此在疏散过程中应该用湿毛巾捂住口鼻，以起到降温及过滤的作用。

（3）棉被护身法：用浸泡过的棉被或毛毯、棉大衣裹在身上，确定逃生路线后用最快的速度穿过火场并冲到安全区域。

（4）毛毯隔火法：将毛毯等织物钉或夹在门上，并不断地往上浇水冷却，以防止外部火焰及烟气侵入，从而达到抑制火势蔓延速度、增加逃生时间的目的。

（5）绳索自救法：如果屋里有绳索，那么可以直接将其一端拴在门、窗或重物上，沿另一端爬下。在爬下的过程中，脚要成绞状夹紧绳子，双手交替往下爬，并尽量用手套、毛巾将手保护好。有条件的可以使用缓降器逃生。

（6）被单拧结法：把床单、被罩或窗帘等撕成条或拧成绳，并用水浸湿，按绳索逃生的方式缓慢滑到下面的楼层或地面，安全逃生。

（7）就地打滚法：如果发现身上着了火，那么千万不可奔跑或用手拍打，因为奔跑或拍打时会形成风势，加速氧气的补充，助长火势。当身上衣服着火时，应该赶紧设法脱掉衣服或就地打滚，压灭火苗。让别人向身上浇水，喷灭火剂就更有效了。

（8）管线下滑法：当建筑物外墙或阳台边上有落水管、电线杆、避雷针引线等竖直管线时，可以借助其下滑至地面，同时应该注意一次下滑时人数不宜过多，以防止逃生途中因为管线损坏而致人坠落。

（9）竹竿插地法：将结实的晾衣竿直接从阳台或窗台插到室外地面或下一层楼的平台，两头固定好以后顺杆滑下。

（10）"搭桥"逃生法：可以在阳台、窗台、屋顶平台处用木板等较坚固的物体搭在相邻建筑上，以此作为跳板过渡到相对安全的区域。

（11）攀爬避火法：通过攀爬阳台、窗口的外沿及建筑周围的脚手架、雨棚等突出物以躲避火势。

（12）楼梯转移法：当火势自下而上迅速蔓延而将楼梯封死时，上面楼层的应该迅速通过楼梯、老虎窗、天窗等爬到屋顶，转移到另一单元的楼梯进行疏散。千万不要乘普通的电梯逃生。因为电梯的供电系统在火灾时随时会断电或因为高温的作用电梯变形而使人被困在电梯内，同时由于电梯井犹如贯通的烟囱般直通各楼层，有毒的烟雾将直接威胁被困人员的生命。

（13）卫生间避难法：当实在无路可逃时，可以利用卫生间进行避难，用毛巾紧塞门缝，把水泼在地上降温，也可以躺在放满水的浴缸里避难。但千万不要钻到床底、阁楼、大橱等处避难，因为这些地方可燃物多，且容易聚集烟气。

（4）火场求救法：发生火灾时，可以在窗口、阳台或屋顶处向外大声呼叫，敲击金属物品或投掷软物品，白天应该挥动鲜艳布条、衣物等物品发出求救信号，晚上可以挥动手电筒等有亮光的物品引起救援人员的注意。

（15）逆风疏散法：应该根据火灾发生时的风向来确定疏散方向，迅速逃到火场上风处躲避火焰和烟气。

综合上面的逃生方法，可以得出逃生自救十要诀如下。

- 熟悉环境，记清方位，明确路线，迅速撤离。
- 通道不堵，出口不封，门不上锁，确保畅通。
- 听从指挥，不拥不挤，相互照应，有序撤离。
- 发生意外，呼唤他人，不拖时间，不贪财物。
- 自我防护，低姿匍匐，湿巾捂鼻，防止毒气。
- 自奔通道，顺序疏散，不入电梯，以防被困。
- 保持镇静，就地取材，自制绳索，安全逃生。
- 烟火封道，关紧门窗，湿布塞封，防烟侵入。
- 火已烧身，切勿惊跑，就地打滚，压灭火苗。
- 无法自逃，向外呼唤，让人救援，脱离困境。

5. 火场逃生的心理误区

要想在大火中安全逃生，除了平时要学习一些自防自救常识之外，还要努力克服逃生中的某些心理误区。逃生中的心理误区主要有以下几种。

（1）惊慌心理。在逃生时，惊慌心理可以导致一些不合理的非理性行为，结果经常是不幸的。

（2）习惯心理。习惯心理常表现为人们只会朝经常使用的出入口和楼梯疏散，即使那里已经挤成一团，堵塞了出口，还是争相夺路不肯离去。一方面是因为灾祸降临，人们挤成一团，以解除心理上的孤独感和恐惧感；另一方面，也是由于对所处环境的不了解，对其他出口没有把握，甚至不了解安全疏散出口包括哪些楼梯和门窗。特别是楼房火灾，一般人听到火警，往往习惯往下跑，而遇上烟气又会慌忙向上跑，烟速为3～4米／秒，大大超过了人的上楼速度，就在这种往返之中，贻误了逃生的最佳时机，甚至丧生。

（3）趋光心理。人有向光的习性，所以有趋向明亮方向和宽敞空间的本能。例如，当旅馆有烟气在走廊弥漫时，若走廊一端黑暗、一端明亮，则人们一般向明亮方向疏散。趋光心理有时是有益的，但如果身处陌生的火灾环境中，盲目地拼命朝有光亮的方向逃跑，很容易误入危险境地，例如建筑物里的"袋形走廊"，就十分危险。

避免误入危险逃生路径，就必须熟悉自己所处的环境。当进入一个比较陌生的建筑物中，就要到走廊看一看报警器、疏散出口和楼梯的位置，这种细心是很必要的，只有养成习惯，心中有数，才能在关键时刻不盲目，不惊慌失措。

（4）外散心理。起火时，求生本能促使人一般总想向室外跑，这对低层的、结构简单的建筑物还可以，但对高层的、结构又较复杂的建筑物来讲，这种想法是不太现实的，因为身处较高楼层或比较复杂结构的环境中，人们跑到室外需要较长时间，反而会贻误逃生的时机。所以，在火灾中一心只想逃出去，有时并非上策。在无路可逃时，就要选择相对安全的地方避难，等待救援人员到来。当然，即使选择避难处所避难，也只能是暂时的，最终目的在于及早疏散出去或者被安全救援，所以在选择避难处所的同时应该做好下一步的考虑和准备。

（5）盲从心理。盲从心理是惊慌心理的延续，表现在火灾危险中失去正常判断能力，没有主见，随大流、不顾后果。例如一窝蜂地跟着人群盲目地跑，至于跑向什么地方，能不能跑得出去则根本不知道。又如不知所措的程度急剧增加，见人从楼上往下跳，便跟着一起往下跳，至于跳下去是什么后果则不管了。准确地说，这种盲从心理导致的行为已经算不上是一种正常的逃生了。许许多多群死群伤火灾的发生，都与这种盲从心理带来的消极后果密切相关。

综合以上几种逃生心理的分析不难看出，在逃生过程中，心理上一旦走入误区，也就相当于人在火场中闯入误区一样危险。

法律链接

《中华人民共和国消防法》

第五条 任何单位和个人都有维护消防安全、保护消防设施、预防火灾、报告火警的义务。任何单位和成年人都有参加有组织的灭火工作的义务。

第四十四条 任何人发现火灾都应当立即报警。任何单位、个人都应当无偿为报警提供便利，不得阻拦报警。严禁谎报火警。

人员密集场所发生火灾，该场所的现场工作人员应当立即组织、引导在场人员疏散。

任何单位发生火灾，必须立即组织力量扑救。邻近单位应当给予支援。

第六十四条 违反本法规定，有下列行为之一，尚不构成犯罪的，处十日以上十五日以下拘留，可以并处五百元以下罚款；情节较轻的，处警告或者五百元以下罚款：
（1）指使或者强令他人违反消防安全规定，冒险作业的；
（2）过失引起火灾的；
（3）在火灾发生后阻拦报警，或者负有报告职责的人员不及时报警的；
（4）扰乱火灾现场秩序，或者拒不执行火灾现场指挥员指挥，影响灭火救援的；
（5）故意破坏或者伪造火灾现场的；
（6）擅自拆封或者使用被公安机关消防机构查封的场所、部位的。

《中华人民共和国刑法》

第一百一十八条 破坏电力、燃气或者其他易燃易爆设备，危害公共安全，尚未造成严重后果的，处三年以上十年以下有期徒刑。

第一百一十九条 第一款 破坏交通工具、交通设施、电力设备、燃气设备、易燃易爆设备，造成严重后果的，处十年以上有期徒刑、无期徒刑或者死刑。

与您共勉

灾字下面一把火　责任连着你和我

火起于幽微，灾缘于疏忽；堤溃蚁穴，气泄针芒。明者防祸于未萌，智者图患于将来。让我们防火防患于未然。

思考思考

1. 在熟悉的地方和不熟悉的环境中，应该如何在第一时间了解消防逃生的通道？
2. 遇到火灾，应该采取什么措施保全生命？
3. 火灾现场紧急疏散和逃生自救时应该注意些什么？

Chapter 13
第 13 章

教学安全　严防事故

　　教育教学活动是学校的基本活动，教学安全事关教育改革全局，不容忽视。教学安全是高校安全工作的重要组成部分。本章从教育教学中的实验室安全、实习安全及体育和军训安全三个方面，通过典型事故案例进行讨论和剖析，使广大学生达成"遵章平安，违章出事"的共识，提高学生在教学各环节的安全保护意识，提高遵章守纪的自觉性。

一、实验室安全

实验安全永放心间

警钟格言

　　先其未然谓之防，发而止之谓之救，行而责之谓之戒，防为上，救次之，戒为下。
　　　　　　　　　　　　　　　　　　　　　　——（东汉）荀悦

案例回放

案例一 科研试验不慎引发火灾

2018年12月26日北京某大学东校区环境工程实验室内学生在进行垃圾渗滤液污水处理科研试验时发生爆炸引发火灾。上午10:20，火情得到控制，经过初步核实，共有3名参与实验的研究生在事故中不幸遇难。

（案例来源：中国新闻网，2018.12.26）

案例二 实验发生爆炸致师生受伤

2018年11月11日上午10点左右，南京某大学翰林学院一个实验室在实验过程中发生爆燃。事故发生后，强烈的冲击波将实验室大门炸飞，玻璃碴子更是到处都是，而当时身处实验室内的多名师生受伤。

（案例来源：南京某公安局警情通报）

案例三 化学反应釜发生爆炸重伤学生

2017年3月27日晚，上海某大学一间实验室发生爆炸，现场一名20岁男性伤及双上肢。经过该校化学系核查，当晚有2名本科生在209实验室工作，受伤学生为三年级本科生，在处理一个约100毫升的反应釜过程中，反应釜发生爆炸，学生左手大面积创伤，右臂贯穿伤骨折。

（案例来源：南方都市报）

案例四 化学楼甲醛泄漏 百名师生紧急疏散

2012年2月，江苏省某大学化学楼内发生甲醛泄漏，从化学楼到靠近该校北门的路边弥漫着刺鼻的气味，上百名师生紧急疏散。事发时，一名教师正在实验室里做实验，中间出去了一段时间，甲醛在这个空当泄漏。按照实验的规范要求，师生在做实验时，不得中途离开。

（案例来源：《中国青年报》2012年2月24日）

点睛提示

高校是科研的重要阵地，高校实验室是高校人才培养的重要场所、科学研究的重要基地、社会服务的重要窗口。近年来，随着本科实践教学学分比重加大和科学研究项目任务增多，进入实验室的人员越来越多，实验室安全管理面临着更加复杂的局面和严峻挑战。实验室安全事故有所增多，酿成如案例所示的惨痛悲剧。2019年，教育部出台了《关于加强高校实验室安全工作的意见》，对高校实验室安全工作提出了更加具体的要求，对今后高校实验室安全管理工作具有重要的指导意义。

1. 安全管理体系不顺畅，专业安全管理人员不足

目前，部分高校实验室安全工作由多部门共同管理，各部门之间职责不够明确，实验室安全管理的体制与运行机制有待完善。同时，许多涉及化学、环境、生物类院级单位尚无专职安全管理员，导致具有相关资质的专业安全管理人员不足，难以开展有效的安全工作。

2. 安全管理制度不健全，缺少相应的规范和标准

近年来，高校开始重视实验室安全工作并建立了相应的管理制度，但涉及面、内容、数量和可操作性均不够理想。特别是执行层面，许多制度未能落实，制度约束性明显不足。

3. 校园安全教育体系不健全，实验室安全文化缺乏

长期以来，学校师生员工对校园安全的认识尚停留在感性层面，危险性实验和仪器设备缺少实验指导书和安全操作规程。在实验过程中，师生还未养成遵守操作规程、正确佩戴个人防护用具等习惯，均以"被动安全"为主，未形成良好的安全习惯。部分高校仅将消防讲座、消防演练作为实验室安全教育的主要内容，但消防演练仅以观摩为主，师生参与度明显不足，未能发挥应急演练的积极作用。

4. 安全检查推进不均衡，隐患整改未形成闭环管理

部分高校虽然定期自行开展安全检查，但是检查人员专业水平不够，未能严格按照查思想、查制度、查管理、查隐患、查整改的"五查"要求开展工作，尚未形成安全检查的闭环管理。

5. 未有针对性的进行分层级的实验室安全教育

对于实验室安全管理来讲，未树立综合治理、预防为主、安全第一的安全理念，安全教育培训力度不够。学生对实验室安全的重要性认识不到位，实验室安全教育流于形式。

⚠ 安全知识

（一）实验室安全事故的成因

在实验室安全事故的发生和预防中，人为因素为主要因素。安全意识淡薄是导致实验室安全事故发生的重要原因，通常个人不安全行为和失误导致的事故占了很大的比重。

一般而言，高校实验室安全事故发生的主要原因有：①人员操作不慎，使用不当和粗心大意；②仪器设备或各种管线年久失修，老化损坏；③不可抗力的自然灾害；④恶意侵害行为；⑤监控管理不力。

（二）实验室安全事故的表现形式

实验室五类易发安全事故分别为火灾性事故、爆炸性事故、毒害性事故、机电伤人性事故以及其他事故。

1. 火灾性事故

火灾性事故的发生具有普遍性，几乎所有的实验室都有可能发生。酿成这类事故的直接原因如下。

（1）忘记关电源或在实验过程中，人离开实验室的时间较长，致使设备或用电器具通电时间过长，温度过高，引起着火。

（2）操作不慎或使用方法不当，使火源接触易燃物质，引起着火。

（3）供电线路老化，超负荷运行，导致线路发热，引起着火。
（4）乱扔烟头，接触易燃物质，引起着火。

2. 爆炸性事故

爆炸性事故多发生在具有易燃易爆物品和压力容器的实验室。酿成这类事故的直接原因如下。
（1）违反操作规程使用设备、压力容器（例如高压气瓶）而导致爆炸。
（2）设备老化，存在故障或缺陷，造成易燃、易爆物品泄漏，遇火花而引起爆炸。
（3）对易燃易爆物品处理不当，导致燃烧爆炸。
（4）强氧化剂与性质有抵触的物质混存能发生分解，引起燃烧和爆炸。
（5）由火灾事故发生引起仪器设备、药品等的爆炸。

3. 毒害性事故

毒害性事故多发生在具有化学药品和剧毒物质的化学实验室和具有毒气排放的实验室。酿成这类事故的直接原因如下。
（1）违反操作程序，将食物带进有毒物品的实验室，造成误食中毒。
（2）设备老化，存在故障或缺陷，造成有毒物质泄漏或有毒物质无法排放，酿成中毒。
（3）管理不善，造成有毒物品散落流失，引起环境污染。

4. 机电伤人性事故

机电伤人性事故多发生在有高速旋转或冲击运动的实验室，或要带电作业的实验室和一些有高温产生的实验室，酿成这类事故的直接原因如下。
（1）操作不当或缺少防护，造成挤压、甩脱和碰撞伤人。
（2）违反操作规程或因为设备设施老化而存在故障和缺陷，造成漏电触电和电弧火花伤人。
（3）使用不当造成高温气体、液体对人的伤害。

5. 其他事故

其他事故多发生在学生日常实验过程中，例如玻璃割伤、烫伤及被酸、碱或溴液灼伤等。

（三）预防方法

1. 火灾性事故预防方法

（1）操作和处理易燃、易爆溶剂时，应该远离火源；对易爆炸固体的残渣，必须小心销毁（例如用盐酸或硝酸分解金属炔化物）；不要把未熄灭的火柴梗乱丢；对于易发生自燃的物质（例如加氢反应用的催化剂雷尼镍）及沾有它们的滤纸，不能随意丢弃，以免造成新的火源，引起火灾。

（2）实验前应该仔细检查仪器装置是否正确、稳妥与严密；操作要求正确、严格；常压操作时，切勿造成系统密闭，否则可能会发生爆炸事故；对沸点低于80℃的液体，一般蒸馏时应该采用水浴加热，不能直接用火加热；在实验操作过程中，应该防止有机物蒸气泄漏出来，更不要用敞口装置加热。若要进行除去溶剂的操作，则必须在通风橱里进行。

（3）实验室里不允许贮放大量易燃物。在实验过程中一旦发生了火灾切不可惊慌失措，应该保持镇静。首先立即切断室内一切火源和电源，然后根据具体情况正确地进行抢救和灭火。

常用的方法有：

① 在可燃液体燃着时，应该立即拿开着火区域内的一切可燃物质，关闭通风器，防止扩大燃烧。

② 酒精及其他可溶于水的液体着火时，可以用水灭火。

③ 汽油、乙醚、甲苯等有机溶剂着火时，应该用石棉布或干砂扑灭。绝对不能用水，否则

反而会扩大燃烧面积。

④ 金属钾、钠或锂着火时，绝对不能用水、泡沫灭火器、二氧化碳、四氯化碳等灭火，可以用干砂、石墨粉扑灭。

⑤ 注意电器设备导线等着火时，不能用水及二氧化碳灭火器（泡沫灭火器），以免触电。应该先切断电源，再用二氧化碳或四氯化碳灭火器灭火。

⑥ 衣服着火时，千万不要奔跑，应该立即用石棉布或厚外衣盖熄，或者迅速脱下衣服。火势较大时，应该卧地打滚以扑灭火焰。

⑦ 发现烘箱有异味或冒烟时，应该迅速切断电源，使其慢慢降温，并准备好灭火器备用。千万不要急于打开烘箱门，以免突然供入空气助燃（爆），引起火灾。

⑧ 发生火灾时应该注意保护现场。较大的着火事故应该立即报警。若有伤势较重者，则应该立即送医院。

⑨ 熟悉实验室内灭火器材的位置和灭火器的使用方法。

发生火灾时要做到三会：

① 会报火警。

② 会使用消防设施扑救初起火灾。

③ 会自救逃生。

手提式干粉灭火器使用方法：

① 先撕掉小铅块，拔出保险销。

② 再用一手压下压把后提起灭火器。

③ 另一手握住喷嘴，将干粉射流喷向燃烧区火焰根部即可。

2. 爆炸性事故预防方法

（1）了解爆炸物的性能。在接触爆炸物之前，必须了解爆炸物的基本性能。

（2）在与爆炸物品接触时，要做到"七防"：防止可燃气体粉尘与空气混合，防止明火，防止摩擦和撞击，防止电火花，防止静电放电，防止雷击，防止化学反应。

（3）严格遵守各项法律、法规和规章制度。对于爆炸物的使用、管理，国家有相应的严格规定，单位也有各方面的规章制度。爆炸演示、试验、参观等，未经领导和指导老师允许，不得擅自参加。

（4）要严守岗位职责。同学们在进行实验、实习时，常常是分组活动，几个人共同操作，这就要严格按操作规程行事，听从统一指挥，协调行动，恪尽职守。

（5）要依靠组织解决异常问题。如果发现丢失爆炸物品或违反国家关于爆炸物品管理规定的行为，同学们不要自行处理，更不能听之任之，必须及时报告老师、学校保卫部门或当地公安机关，便于组织采取措施，防止危害事故发生。

（6）做好实验设备特别是压力容器的定期检查。

3. 毒害性事故预防方法

（1）处理具有刺激性、恶臭和有毒的化学药品时，例如浓硝酸、发烟硫酸、浓盐酸、氯乙酰等，必须在通风橱中进行。通风橱开启后，不要把头伸入橱内，并保持实验室通风良好。

（2）在实验过程中应该避免手直接接触化学药品，尤其严禁手直接接触剧毒品。沾在皮肤上的有机物应该立即用大量清水和肥皂洗去，切莫用有机溶剂洗，否则只会增加化学药品渗入皮肤的速度。

（3）溅落在桌面或地面的有机物应该及时除去。如果不慎损坏水银温度计，那么撒落在地上的水银应该尽量收集起来，并用硫磺粉盖在撒落的地方。

（4）在实验过程中所用剧毒物质由各课题组技术负责人负责保管、适量发给使用人员并要回收剩余。实验装有毒物质的器皿要贴标签注明，用后及时清洗，经常使用有毒物质实验的操作台及水槽要注明，实验后的有毒残渣必须按照实验室规定进行处理，不准乱丢。

（5）在操作有毒物质实验的过程中若感觉咽喉灼痛、嘴唇脱色或发绀，胃部痉挛或恶心呕吐、心悸头晕等症状时，则可能系中毒所致。视中毒原因施以下述急救后，立即送医院治疗，不得延误。

（6）**固体或液体毒物中毒**：有毒物质尚在嘴里的立即吐掉，用大量水漱口。误食碱者，先饮大量水再喝一些牛奶。误食酸者，先喝水，再服 $Mg(OH)_2$ 乳剂，最后饮一些牛奶。不要用催吐药，也不要服用碳酸盐或碳酸氢盐。重金属盐中毒者，喝一杯含有几克 $MgSO_4$ 的水溶液，立即就医。不要服催吐药，以免引起危险或使病情复杂化。砷和汞化物中毒者，必须紧急就医。

（7）**吸入气体或蒸气中毒者**：立即转移至室外，解开衣领和纽扣，呼吸新鲜空气。对休克者应该施以人工呼吸，但不要用口对口法。立即送医院急救。

4. 机电伤人性事故

（1）使用电器时，应该防止人体与电器导电部分直接接触及石棉网金属丝与电炉电阻丝接触；不能用湿的手或手握湿的物体接触电源插头；电热套内严禁滴入水等溶剂，以防止电器短路。

（2）装置和设备的金属外壳等应该连接地线，实验后应该先关仪器开关，再将连接电源的插头拔下。检查电器设备是否漏电应该用试电笔，凡是漏电的仪器，一律不能使用。

5. 其他事故

（1）**玻璃割伤**：一般轻伤应该及时挤出污血，并用消过毒的镊子取出玻璃碎片，用蒸馏水洗净伤口，涂上碘酒，再用创可贴或绷带包扎。大伤口应该立即用绷带扎紧伤口上部，使伤口停止流血，急送医院就诊。

（2）**烫伤**：被火焰、蒸气、红热的玻璃、铁器等烫伤时，应该立即将伤口处用大量水冲洗或浸泡，从而迅速降温避免温度烧伤。若起水疱则不宜挑破，应该用纱布包扎后送医院治疗。对轻微烫伤，可以在伤处涂些鱼肝油或烫伤油膏或万花油后包扎。若皮肤起疱（二级灼伤），则不要弄破水疱，防止感染。若伤处皮肤呈棕色或黑色（三级灼伤），则应该用干燥而无菌的消毒纱布轻轻包扎好，急送医院治疗。

（3）**被酸、碱或溴液灼伤**：皮肤被酸灼伤要立即用大量流动清水冲洗（皮肤被浓硫酸沾污时切忌先用水冲洗，以免硫酸水合时强烈放热而加重伤势，应该先用干抹布吸去浓硫酸，然后再用清水冲洗），彻底冲洗后可用2%~5%的碳酸氢钠溶液或肥皂水进行中和，最后用水冲洗，涂上药品凡士林。

碱液灼伤要立即用大量流动清水冲洗，再用2%醋酸洗或3%硼酸溶液进一步冲洗，最后用水冲洗，再涂上药品凡士林。

酚灼伤时立即用30%酒精揩洗数遍，再用大量清水冲洗干净而后用硫酸钠饱和溶液湿敷4~6小时，由于酚用水冲淡1:1或2:1浓度时，瞬间可以使皮肤损伤加重而增加酚吸收，故不可先用水冲洗污染面。

受上述灼伤后，若创面起水疱，则均不宜把水疱挑破。重伤者经过初步处理后，急送医务室。

（4）**酸液、碱液或其他异物溅入眼中**：酸液溅入眼中，立即用大量水冲洗，再用 1%碳酸氢钠溶液冲洗。

若为碱液，立即用大量水冲洗，再用 1%硼酸溶液冲洗。洗眼时要保持眼皮张开，可以由他人帮助翻开眼睑，持续冲洗 15 分钟。重伤者经过初步处理后立即送医院治疗。

若木屑、尘粒等异物进入眼中，则可以由他人翻开眼睑，用消毒棉签轻轻取出异物，或任其流泪，待异物排出后，再滴入几滴鱼肝油。若玻璃屑进入眼睛内是比较危险的。这时要尽量保持平静，绝不可用手揉擦，也不要让别人翻眼睑，尽量不要转动眼球，可任其流泪，有时碎屑会随泪水流出。用纱布轻轻包住眼睛后，立即将伤者急送医院处理。

（5）对于**强酸性腐蚀毒物**，先饮大量的水，再服氢氧化铝膏、鸡蛋白；对于强碱性毒物，最好要先饮大量的水，然后服用醋、酸果汁、鸡蛋白。不论酸或碱中毒都需要灌注牛奶，不要吃呕吐剂。

（6）**水银容易由呼吸道进入人体**，也可以经皮肤直接吸收而引起积累性中毒。严重中毒的征象是口中有金属气味，呼出气体也有气味；流唾液，牙床及嘴唇上有硫化汞的黑色；淋巴腺及唾液腺肿大。若不慎中毒，则应该送医院急救。急性中毒时，通常用碳粉或呕吐剂彻底洗胃，或者食入蛋白（例如 1 升牛奶加 3 个鸡蛋清）或蓖麻油解毒并使之呕吐。

法律链接

《贵州省学校学生人身伤害事故预防与处理条例》（贵州省人大）

第十五条 学校应该加强对学生人身伤害事故的防范，履行下列职责：

（六）对教学、科学研究、社会实践活动需要的易燃、易爆、有毒、有害、放射源等危险品，应该设立符合条件的专门场所并指派专人保管，制定购买、运输、保管、使用、登记、注销的安全管理措施。医学类和开设生物专业的学校，应该加强对各类实验室及生物样本、生物制品等特殊物品的管理，其安全标准应该符合国家规定。涉及病原微生物的实验室，其设立和管理应该符合国家有关法律、法规或者国家规范标准的相关要求。

与您共勉

沱沱云海沓无边，天与谁相连，舳舻万里来往，有祷必"安全"。专掌握，雨旸权，属丰年，琼卮玉醴，飨此精诚，福庆绵绵。

【释字——舳舻：舳指船尾，舻指船头。旸：太阳在云层里忽隐忽现。卮：古代盛酒的器皿。醴：甜酒。飨：供奉祭品，通"享"，享有、享受。】

这是一首古代关于安全的诗句。词名：诉衷情。宋代赵师侠所作。以在大海中航行的安全作比喻，平安是一种境界，需要修炼强大的内心，让灵魂有所依靠，让精神有安定的归宿。平安也是一种预见，一定要预料到危险和可能的灾祸并且努力避免——舵手掌握好方向，善于利用变化的气候条件，就会保证平安。

思考思考

针对本文所提及的实验室安全 5 种隐患，谈谈你的感受。

二、实习安全

实践环节　安全第一

　　实习是大学尤其是理工、医、农专业教学计划中非常重要的实践性教学环节。实习包括认识实习、生产实习、毕业实习。无论是哪种实习，其共同点都是与生产实际接触，强调学生动手操作，实践中种种安全隐患，如果防范不够就可能产生实习安全事故。

警钟格言

生命，那是自然会给人类去雕琢的宝石。

——（瑞典）诺贝尔

患生于所忽，祸起于细微。

——（汉代）刘向《说苑》

案例回放

案例一　不遵守实习纪律而受伤

　　2019年7月1日，贵州省某高职学校学生王某与李某在某工厂实习时，被安排使用油压机压制一批铁板成型的操作。王某和李某做了一会后，觉得一人操作一人监护，完全没有必要，于是两人乘师傅去旁边指导其他同学之际，悄悄私自分工，王某负责入料，在放好料后通知李某，李某得到王某的指令后操作把手冲压。几次之后，两人觉得熟练了，很新鲜很兴奋，思想开始放松警惕。一次王某在放料时，李某在与旁边的同学眨眼小声炫耀二人的分工杰作，未听清王某的指令就操作了压杆，王某的手被铁板下的胎膜击伤，造成骨折。

（案例来源：贵州省某高职学校官方微博）

案例二　学生实习上班途中遭遇车祸

2015年4月15日上午7时50分，贵州省某高校工程系2012级建筑工程技术3班学生王某在清镇上班实习途中被车撞伤，送往清镇市第一人民医院治疗，该生已于4月19日医治无效死亡。通过学校、交警大队协调，肇事司机与死者家属达成调解。

（案例来源：贵州省教育厅）

案例三　一起发生在实习过程中的伤害纠纷

王某系贵州省某高校学生，2013年12月1日王某进入某科技公司顶岗实习，约定第一个月工资1000元，从第二个月开始每月工资1500元。2004年12月30日下午3时许，王某等人在某科技公司安排下，给其公司新厂房门刷漆，因为厂房门比较高，所以王某站在三角梯上刷门，在推动三角梯从一侧向另一侧时不料三角梯倾倒，导致站在三角梯上的王某从2米多高的三角梯上坠落受伤。王某受伤后，该科技公司把王某送往医院救治，公司给付王某15000元医疗费，并护理11天。但由于赔偿问题最终未能解决，王某将该公司及自己所在学校一起告上法庭。

法庭审理后认为，本案中，作为实习单位的科技公司虽然对原告进行了实习培训，但是其对原告在实习时可能存在的安全隐患仍然负有直接的提醒和注意义务，因为某科技公司未尽到相关的义务，对原告受伤的损害结果存在一定的过错，所以应该承担相应的赔偿责任。学校未加强对学生的安全教育和进行必要管理，负有疏于管理的责任，该学校对原告受伤的损害结果也存在一定的过错，应该承担相应的赔偿责任，法院酌定为20%。原告作为已经成年的大学生对其自身安全亦有一定的注意义务，其在工作时在三角梯移动过程中没有离开三角梯，对其受伤的损害结果存在一定的过错，应该减轻二被告赔偿责任，法院酌定为20%。

（案例来源：贵州省教育厅）

点睛提示

实习与实践是大学教育必不可少的重要组成部分，也是大学生就业前的最后教学环节，社会实习的质量和学生就业能力与就业竞争力息息相关。此时，如果风华正茂即将踏入社会的学子们，由于忽视实习中的安全发生伤亡事故，而摔在了"最后一公里"的路上，怎能不令人惋惜！大学生实习安全事故往往发生在这样几个方面：一是实习安全制度不健全，有的形同虚设；二是事前的安全防范培训与准备不够；三是安全防范与事故责任不明确、不具体。尤其是一些小企业为了规避责任，很少与学校或学生签订需要本方承担的安全协议，而学校或学生本人也缺乏必要的安全责任意识和法律意识，致使安全事故发生后，相互推诿责任，甚至引发法律纠纷。大学生实习期间的权益保障已经成为维护大学生安全利益的重要内容。

以下是实习伤亡事故发生的主要原因及预防机制。

1. 主要原因

（1）实习生心理准备不充分。

（2）实习生安全意识淡薄。

（3）学校安全教育流于形式，没有发挥实质性作用。

（4）实习单位安全管理松懈，缺乏安全实习意识。

（5）学校与企业实习单位缺乏沟通，安全责任制不明确。

2. 预防机制

（1）树立安全意识、严格遵守安全操作规程应该是实习生上岗的第一课。

（2）学校的安全教育要落实到学生实习的每一个阶段，发挥实质性的作用。

（3）企业等实习单位要加强安全管理，增强安全意识，健全安全制度。

（4）学校应该主动与实习单位联系沟通，设计学生实习的方案，争取企业的支持。

⚠ 安全知识

（一）学生校外实习安全注意事项

（1）贯彻"预防为主"的方针，把安全摆在工作和学习的首位。

（2）严格遵守用人单位的规章制度，尊敬同事，团结工友，服从领导的安排，刻苦钻研业务，争取尽快达到岗位的要求。

（3）遵守工作岗位的《安全操作规程》，严禁违章作业，爱护实习单位的设备仪器；严格遵守实习单位的保密制度，维护实习单位的利益。

（4）遵守社会公德，注重社会影响，严禁赌博、打架等行为，自觉维护学校和实习单位的声誉。

（5）在实习过程中发现问题，出现意外，应该及时向学校老师反映和请示，由学校与单位负责协商，实习生不得直接与实习单位发生冲突，不得起哄、闹事，不得无理取闹。

（6）实习生要确保手机、QQ等联系方式的畅通。

（二）学生校外实习发生安全事故处理程序

（1）在现场的学生或发现者应该立即向实习单位负责人和带队老师报告，并根据事故的具体情况拨打120、110、119、112、122等电话或送医院处理，并保护好事故现场。

（2）实习带队人要在第一时间了解事故具体情况，做好学生的思想工作，维持秩序，及时向学校汇报。

（3）学校领导及相关人员做好相关人员的思想工作，采取有效措施防止事态扩大。对于重大事件，学校应该采取应急救援方案处理。

📖 法律链接

《学生伤害事故处理办法》（教育部）

第九条 因为下列情形之一造成的学生伤害事故，学校应该依法承担相应的责任：……(四)学校组织学生参加教育教学活动或者校外活动，未对学生进行相应的安全教育，并未在可预见的范围内采取必要的安全措施的。

🔒 与您共勉

凋零的花瓣透出的是生命的终结，枯萎的落叶宣告的是生命的停息；雍容的牡丹彰显的是生命的华贵,繁盛的大树凸现的是生命的粗犷。生命不仅给生物以形体,还赋予它无可比拟的华彩,因此,我们要对生命感恩。

思考思考

参加实习的学生应该如何预防安全事故?

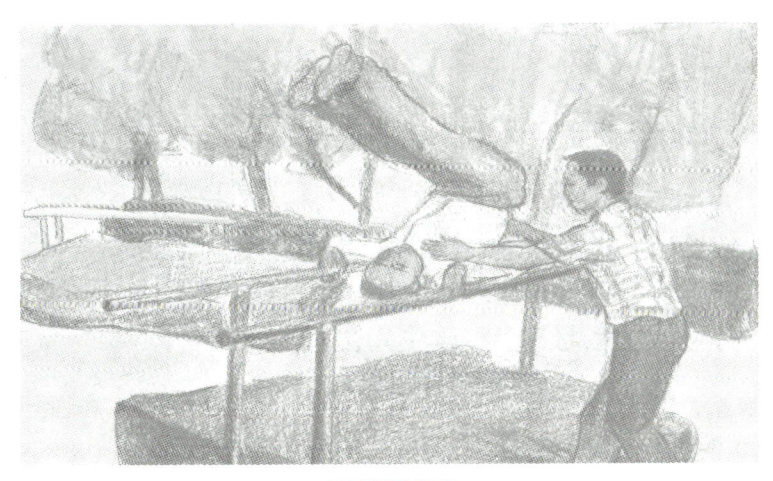

三、体育和军训安全

关注运动安全

警钟格言

生命在于运动。生命在于矛盾,在于运动,一旦矛盾消除,运动停止,生命也就结束了。

——(德国)歌德

努力发展体育事业,把我们的国民锻炼成为身体健康精神愉快的人。

——朱德

一个民族,老当益壮的人多,那个民族一定强;一个民族,未老先衰的人多,那个民族一定弱。

——(法国)皮埃尔·顾拜旦
——(法国)伏尔泰

身体虚弱,它将永远不会培养有活力的灵魂和智慧。

——(法国)卢梭

世界上没有比结实的肌肉和新鲜的皮肤更美丽的衣服。

——(苏联)马雅可夫斯基

案例回放

案例一　军训期间学生隐瞒病史导致死亡

2019年7月，李某昊考入北京某技术学院，并于8月28日开始参加军训。9月4日，在军训午休起床时，李某昊发生昏厥，后被送到部队卫生所检查，医生判断为中暑。之后在9月6日，在军训结束返校途中，李某昊再次发生晕厥，抢救无效死亡，后经北京市尸检中心检验，结论为李某昊具有先天性心脏病病史，李某在入学后和军训中隐瞒自己先天性心脏病病史是导致其死亡的直接原因。

（案例来源：某高校官方微博）

案例二　体育课中发生的伤害

2019年5月，山东省某高校足球课上，一男生在担任守门员期间，跃起抓住足球门栏，但因为该门栏固定不牢，导致门栏翻倒压在该生身上而受重伤。

（案例来源：山东省某高校网站）

案例三　体育课堂练习不当致学生死亡

贵州省某职业技术学院2016级社会体育专业学生黎某系该校2019级社会体育专业的武术教学实习生，2019年9月23日上午自行前往参加2017级体育专业学生的武术专选课，在11时46分左右做后空翻练习时颈部着地，不幸摔伤，经过毕节市第一人民医院120到现场抢救无效于12时36分死亡。学校按照应急处理预案及时通知学生家长，并同时电话向贵州省教育厅报告。

（案例来源：贵州省教育厅）

点睛提示

（一）体育安全

《中华人民共和国高等教育法》规定：要把大学生培养成为德、智、体等方面全面发展的社会主义事业的建设者和接班人。大学体育课是高校学校教育的重要组成部分。体育教学的任务是向学生传授体育知识、技术与技能，增强其体质，培养其良好的道德、意志品质。它是教育方针的重要组成部分。学生具有很强的可塑性，体育教学的每一个构思和步骤，将直接影响学生成长，不仅是外在肌肉的力量和肌肉线条的流畅，骨骼的完善发育，内脏器官的健全，而且也包括整体的匀称、协调发展，并且是按照生长发育的先后有序而全面地发展。

一般在体育锻炼之前，都要求先做热身运动，这样做的好处有以下几点。

（1）通过热身运动，迅速使体温升高增加身体的肌肉、肌腱和韧带等的灵活性和柔韧度，降低肌肉受伤的可能性。

（2）让心血管系统做好运动的准备，让人体的心脏、肺和血管逐渐适应运动的状态。

（3）增大流向肌肉的血液量，流向肌肉的血液量越多，肌肉产生能量所需要的氧气和葡萄糖就越充足。

（4）增大流向心脏的血液量。供应心脏的血液量越多，越有助于心血管问题的预防。

（5）提高肌肉的伸缩性，让肌肉更有弹性，动作更加灵活。

（6）增强神经传递能力。由于心血管系统的活动程度增加，血液量的增大，神经与肌肉的协调合作必会增强，运动中的反应会更加迅速，动作更加敏捷。

（7）提高氧气的吸收与利用，肌肉可以更好地促进氧合血红蛋白的分解，将氧气释放出来以供肌肉方便地燃烧脂肪生成能量，提供人体运动所需。

（二）军训安全

军训是大学教育的重要环节，是大学新生入校的第一课。其目的是使大学生在军训的过程中增强国防意识，培养团结互助、艰苦奋斗、刻苦耐劳的品质和严格的组织纪律性与集体主义观念。同时还能提高大学生的生活自理能力，培养思想上的自立和独立，养成严格自律的良好习惯。军训，教大学生怎样做人，怎样迎接挑战，怎样把握自由与纪律的尺度。要求大学生用心融入其中去锻炼与磨砺。军训时间虽然短暂，但却是人生难得的宝贵积累与沉淀。

多数大学生在军训时会出现头晕的状况。一方面可能由于在学生时代不定期定量的进行体育锻炼，不注重身体素质的培养。另一方面，由于高校军训时段在九月份新生开学时，天气炎热，在阳光下站立的时间稍长，容易出现低血糖或中暑的现象，个别女生恰逢生理期小腹痛、心情焦虑等诸多因素，再在日光照射下，站立时间过久，出汗过多。一方面导致血容量下降，另一方面，大量血液淤积在下肢舒张的血管里，使回心血量下降，心搏血量减少，造成大脑缺血缺氧而出现意识丧失导致突然晕倒。针对当前大学生体质状况，也值得进一步探讨更科学的军训方法和强度。

⚠ 安全知识

一、体育安全知识

（一）体育运动过程中扭伤、骨折的救助方法

1. 学生运动扭伤的救助方法

（1）保护。可以用三角巾、木夹板或支架等器具来固定或支撑受伤的肢体，主要是保护受伤的部位，避免受到不当的外力而造成更大的伤害，促进局部创伤的修复。

（2）冷敷。这可以降低局部代谢速率，控制出血及肿胀（但要注意冷敷的时间，防止冻伤），减缓疼痛。

（3）加压抬高患肢。使用弹性绷带，减少肿胀出血，并将受伤的肢体抬至心脏水平以上的高度，有利于血液回流，也可缓解肿胀及出血。如果伤情较为复杂或严重（例如腰椎、颈椎部位受伤时），那么应该在第一时间拨打120，叫救护车将患者立即送往医院，由专业医疗人员进行处理，不可轻易搬动患者，以免造成进一步的伤害。

2. 学生运动骨折的救助方法

（1）第一时间拨打120，呼叫医护人员，等医护人员到达再做急救措施。

（2）等待医护人员期间，如果怀疑是脊柱骨折，就要用软担架运送脊柱骨折的患者，在把患者搬上担架的时候，要保持脊柱不能弯曲。

（3）等待医护人员期间，如果判断是开放性骨折，那么应该立即封闭伤口。最好用干净的布片、衣物覆盖伤口，再用布带包扎。

（4）如果骨折端外露，那么注意不要尝试将骨折放回原处，应该继续保持外露，以免将细菌带入伤口深部引起感染。

（5）止血可以采用压迫止血的方法。要记住的是一旦采用布带、绳子捆扎止血时，就必须记录扎带的时间，一般不超过 1 小时，以免时间过长导致肢体缺血坏死，一般每 1 小时需要放松止血带至少 5 分钟。

（二）体育运动遇到有人晕倒、昏迷的救助方法

昏迷的正确急救方法有以下几点。

（1）第一时间拨打 120，呼叫医护人员，等医护人员到达再做急救措施。

（2）判断患者意识。大声地呼叫患者，或者摇摇他，看是否有反应。凑近他的鼻子、嘴边，感受是否有呼吸。摸摸他的颈动脉，看是否有搏动，切忌不可同时触摸两侧颈动脉，容易发生危险。如果患者神志丧失、患者的大动脉搏动消失，那么应该立刻进行心肺复苏。如果神志丧失，大动脉搏动没有消失，或者没有心搏骤停，那么需要尽快帮助患者通畅呼吸道。将患者置于平躺的仰卧位，昏迷的人常常会因为舌后坠而造成气道堵塞，这时施救人员要跪在患者身体的一侧，一手按住其额头向下压，另一手托起其下巴向上抬，标准是下颌与耳垂的连线垂直于地平线，这样就说明气道已经被打开。

（3）掐人中穴位。掐人中穴位会有强烈的疼痛刺激，会引起呼吸循环中枢的兴奋，对癔病性的意识障碍，可以促醒。人中穴位的位置在鼻唇沟的中上三分之一处。按压的时候用拇指的指尖，用力地有节律地按压。每分钟 20～40 次，按压时让下颌抬起来，保证呼吸道的通畅，否则会造成气道的阻塞，甚至造成窒息。

（4）人工呼吸。如果患者无呼吸，那么立即进行人工呼吸两次，然后摸颈动脉。如果能感觉到搏动，那么仅做人工呼吸即可。进行人工呼吸时，最好能找一块干净的纱布或毛巾，盖在患者的口部，防止细菌感染。施救者一手捏住患者鼻子，大口吸气，屏住，迅速俯身，用嘴包住患者的嘴，快速将气体吹入。与此同时，施救者需要观察患者的胸廓是否因为气体的灌入而扩张，气吹完后，松开捏着鼻子的手，让气体呼出，这样就完成了一次呼吸过程。每分钟平均完成 12 次人工呼吸。

（5）胸外心脏按压。如果患者一开始就已经没有脉搏，或者人工呼吸进行 1 分钟后还是没有触及，就需要进行胸外心脏按压。胸外心脏按方法：施救者先要找到按压的部位。沿着最下缘的两侧肋骨从下往身体中间摸到交接点，此处即剑突穴，以剑突穴为点向上在胸骨上定出两横指的位置，也就是胸骨的中下三分之一交界线处，此处就是实施点。施救者以一手叠放于另一手手背，十指交叉，将掌根部置于施压位置，依靠上半身的力量垂直向下压，胸骨的下陷距离为 4～5 厘米，双手臂必须伸直，不能弯曲，压下后迅速抬起，频率控制在每分钟 80～100次。注意必须控制力道，不可太过用劲，因为力道太大容易引起肋骨骨折，从而造成肋骨刺破心肺肝脾等重要脏器。老年人的骨质本身就脆，更要加倍注意。

（三）体育运动过程中跌倒的救助方法

（1）当人体跌倒时要首保大脑、次保胸腰、三保两臂、四保腿脚。具体要求是：人体跌倒时，尽可能用两腿着地，除非在保护大脑和胸腰的情况下（例如翻滚、倒栽、前扑等），一般不

得用两臂先着地。尽可能避免胸腰摔打地面，任何情况下（翻滚类动作除外）不得使头部着地。

（2）根据人体各关节的解剖特点和生物学原理，可以采用如下方法：

① 顺关节支撑法：当人体后倒或侧倒时，必须屈膝坐臀，配合手臂顺撑（手指向前），不能出现直臂反撑；当一足踏栽凹凸不平的地方上即将发生扭踝时，可以顺势向扭踝足侧屈膝倾坐并顺撑，同时迅速转移身体重心，减少扭踝程度。

② 顺惯性滚动法：当人体受惯性作用将发生跌倒时，可以顺势做翻滚或滚动，以免损伤。例如：支撑跳跃落地前冲力过大而前倒时，应该向前翻滚；落地后倒时，应该团身后翻滚，滚翻时肌肉应该保持适度的紧张。

③ 缓冲着地法：当人体从高处或器械上跌落时，可以屈臂、屈膝、屈髋等缓冲着地。

④ 增大支撑面法：人体在跳落或跌倒时，应该尽可能增大着地的受力面积，切忌用肘尖膝盖着地。例如人体从高处或远处跳落时，两腿应该并腿屈膝落地，身体向前扑倒时，必须用两臂屈肘双掌撑地，切忌用单腿、单膝撑地。

⑤ 缓降重心法：在球类竞赛中，当跳起时被他人推倒发生直体后倒，可以顺势收腹屈膝降低重心，配合两臂支撑，做屈体后滚动落地。在做器械体操动作失败而掉落时，应该尽量抓住器械不放，以便借助器械的挂撑转危为安或缓降重心落地。从爬杆、木梯等高器械上掉落时，可以先紧握器械，待接近地面时推开器械跳落地面或顺势跳滚落地。

⑥ 改变动作结构法：当做某个动作失败而出现跌倒危险时，可以顺势改变其中一个或几个构成要素。例如当做侧空翻动作失败时，可以改为单臂侧手翻落地。当做后空翻动作翻不过来时，应该改为屈膝或屈体或团身后翻滚落地，以摆脱倒栽的危险。

二、军训安全知识

（一）军训期间训练技巧

（1）尽量穿宽松的衣服，不建议穿牛仔裤。

（2）随身携带面巾纸和防晒霜，最好也带两个创可贴，手机最好不要带。训练时贵重物品就是累赘，零钱可以随身少带点，方便买水。

（3）军训时留刘海的女生把刘海用卡子别起来，出汗时刘海会粘在额头上，不仅热还会刺激额头长痘，把军帽调得稍微紧一点，在军帽和额头中间垫一张面巾纸，这样汗水就不会往下流。

（4）早上都会有早操，出完操后才吃饭，所以尽量起早一些，先吃一些饼干之类的垫胃，不要到时候手忙脚乱忘带东西，早操时又饿得胃疼。

（5）有的女生都会赶上一次生理期，在这个期间一定要注意身体。

（6）脚上可能会起疱，视情况而定看是否需要挑破，如果不影响走路就不用管，等肌体自己吸收就好，挑破更疼。

（7）午餐一定要吃，但不要吃太饱，吃太多下午会犯困，跑步还容易岔气。

（8）军训的时候不要吃油腻、辛辣的食物。

（二）军训期间中暑的预防

一般产生中暑的因素除了气温以外，还与湿度、日照、劳动强度、高温环境暴露时间、体质强弱、营养状况、水盐供给及健康状况有关。中暑分为三种：一是热射型中暑，是中暑中最严重者。首发症状有全身软弱、无力、头痛、眼花、恶心及汗少，继而体温迅速上升可达41℃

以上，并有极度困倦、皮肤干热无汗、脉搏快、呼吸浅、血压下降等症状。如果不赶快救治，很快会出现全身抽搐、心律失常、脑水肿、休克甚至死亡。二是热衰竭型中暑，与第一种类型相反，主要是因为大量出汗引起的，多表现面色苍白、皮肤多汗、呼吸浅、脉搏弱、血压下降、意识不清。三是痉挛型中暑。主要是体内大量出汗，丢失了盐分引起肌肉痉挛，常与热衰竭型同时出现，有口渴、乏力，突出表现为肌肉痉挛。四是日射型中暑。主要是夏日阳光直射头部而产生的脑部损害，有头痛、头晕、恶心等症状，重者昏迷，体温升高。

军训期间训练时防止中暑需要注意以下几点：

（1）最好穿宽松、透气性好的浅色服装，要戴帽子以防日晒。

（2）及时补充淡盐水和营养，饮食应该以清淡滋阴食品为主，例如鸭肉、瘦肉、新鲜水果、苦瓜、黄瓜、绿豆汤等。

（3）避免出汗后立即用冷水冲淋。不少同学贪一时凉快，喜欢在大量出汗后用冷水冲淋身体。其实，这样不仅起不到降温的作用，还容易导致感冒、头痛、头晕等病症。因为出汗后立即用冷水冲淋身体会使皮肤毛孔和血管突然收缩，导致体内热量散不出来，并引发血管供血不足，导致脑组织缺氧，出现头晕、头痛症状，而且，一热一冷也极易导致感冒发生。

（4）注意休息，一定要保证充足的睡眠。

（5）随身带上必要的防暑药物，例如清凉油、风油精、万金油、人丹、十滴水、藿香正气水等。

（6）万一出现上述先兆中暑症状，立即到学校卫生所就诊。

法律链接

《中华人民共和国兵役法》

第四十六条 普通高等学校设军事训练机构，配备军事教员，组织实施学生的军事训练。

《贵州省学校学生人身伤害事故预防与处理条例》（贵州省人大）

第三十一条 因为下列情形之一造成的学生人身伤害事故，应该依法承担相应的责任：

（四）学校组织学生参加教育教学活动或者校外活动，未对学生进行相应的安全教育，未在可预见的范围内采取必要的安全措施的。

与您共勉

生命就是这样，你可能无法解读，但你却拥有，你会尽力使它丰富，使它完美，用自己的青春与热血去擦亮，去点燃。每一步前行的脚步都是生命的轨迹，每一分的耕耘都是为了生命的一次进取。生命虽短暂，但却能铸就永恒；生命虽平凡，却能孕育伟大。

生命虽脆弱，却能成就坚毅。

思考思考

1. 在运动过程中，如果有人跌倒致其骨折，那么你应该如何采取救助措施？
2. 如何在军训过程中预防中暑？

Chapter 14

第 14 章

出行安全　防灾避险

安全教育是大学入学教育的重中之重，每年开学之际，新生入校以后，高校都要开展形式多样的安全教育，在出行安全问题上，大学生由于其具有充足的时间、加之青春期的心理生理特征，在出行安全方面更需要警钟长鸣，防患于未然。

本章选择交通安全、游泳安全、自然灾害、驴友安全这四种较典型的校园安全问题进行分析和评述，希望能提高大学生在这四方面的安全防范意识，增强大学生的安全法制观念。

交通事故已经成为当代严重影响公共安全的一个"车轮杀手"。高校交通安全要区分校内交通安全与校外交通安全，在教育过程中做到区别对待，大学生应该做到关爱生命、文明出行，遵守交通规则，严防交通肇事。防止大学生溺水事故的发生是大学安全防范中的重要一环。我们应该牢记"科学游泳促健康，安全至上不涉险"。各种自然灾害的发生都可能给人类的生存与发展带来巨大的威胁和危害。大学生在遭遇灾害时，除了及时告知政府、学校等待救援之外，还应该利用平时掌握的防灾知识进行自救，及时脱险，保障自身人身安全。随着户外运动的兴起、时尚，驴友群体日渐增多。由于缺乏基本的安全意识和救援知识，驴友伤亡事故也频频出现，一段开心之旅，有时变成伤心归途，惨痛的教训提醒驴友生命安全远比享受刺激重要，出行要时刻紧绷安全这根弦。

一、交通安全

交通安全必须时时警钟长鸣

本文所指交通安全包括校外与校内的交通安全，主要是指在校外出行遭遇的交通事故。同时，在校内，目前大学生会驾驶汽车的越来越多；校园中车辆和人群也越来越多；校园道路也越来越赶不上需要；大学校园内大学生骑自行车的人众多，常常会因为汽车、摩托车、自行车的撞击引起伤亡。

警钟格言

道路因为文明行驶而通畅，生活因为出入平安而幸福。

——校园交通安全标语

本来，生命只有一次，对于谁都是宝贵的。

——瞿秋白

道路千万条，安全第一条。行车不规范，亲人两行泪。

——交通安全标语

虽为坦途，超速者戒，纵有捷径，乱穿者止。

——交通安全标语

良药苦口利于病，交通法规利于行。

——安全标语

案例回放

案例一　高校学生错误驾驶自行车致死

2015年5月17日，内蒙古某大学新校区校园内发生一起二轮摩托车意外伤亡事故。一名校外人员为推销一辆二轮摩托车与一名外籍留学生在校内试车时，因为车速过快，转弯失控而发生意外事故，导致两人当场身亡。

（案例来源：内蒙古某高校保卫处）

案例二　大学生租车出意外

2016年4月2日，清明节放假期间，贵阳某大学袁某（取得驾驶执照）等5名法学本科四年级大学生向租车行租了一辆雪佛兰轿车外出游玩。在开车途中，出现意外，汽车撞上了道路防护栏，万幸的是车上5名学生均未受伤。依据现场鉴定，肇事的雪佛兰车负全责。最后，租雪佛兰车的5名学生共同承担了撞坏防护栏的2万余元的民事赔偿责任。

（案例来源：本书作者在贵阳某高校的调查）

案例三　学子殒命校园"黑车"

2006年10月1日国庆节，全国都笼罩在喜庆的气氛中，然而南京某高校的两名女生却给家人和亲属们带来了一个惊天噩耗！据报道，早晨6时左右，离家已久的大学生归心似箭，为了尽快享受家中的欢快，大家都赶到公交车站等候乘坐公交车，站牌处排起了长队，非常拥堵。

南京某高校的这两位女大学生选择了乘坐"黑车"去火车站。一路上，两名女生欢声笑语，难以抵挡内心对家的向往，但谁也没想到的是，她们的向往永远地成为泡影。当"黑车"行驶到东杨坊附近时，由于司机拐弯时未注意到前方迎面而来的一辆面包车，所以导致两车相撞，顿时"黑车"被撞得面目全非，玻璃碎片遍地都是。这起事故让乘坐"黑车"的其中一名女大学生送了命，断送了她大好的花样年华。而另一名女生也因为重伤被送到医院的重症监护室里接受抢救。

（案例来源：《江南时报》）

案例四　学生熬夜骑自行车出事故

某高校学生张某，头天晚上在网吧里上网，到第二天凌晨四点多才回寝室休息。一觉醒来已经快到上课时间，他起床后顾不得梳洗匆匆下楼，骑上自行车朝教室飞奔。当他骑到一个下坡向右转弯的路段时，本来车速已经很快，但他还觉得慢，又猛踩了几下，就在这时迎面来了一辆小轿车，因为车速太快避让不及，连人带车掉进了路旁的水沟里，致使右胳膊骨折，自行车摔坏。

（案例来源：本书作者在贵阳市某高校的调查）

案例五　校园交通肇事后果严重

2015年6月2日18时20分左右，一辆载货面包车在贵州省某大学第二食堂门口违反交通规则撞伤2013级4班计算机科学专业2名大学生，事故发生后受伤学生被紧急送往医院救治，其中一名大学生经过抢救无效死亡，另一名大学生腰椎、盆骨骨折受伤。

（案例来源：贵阳市某高校保卫处）

案例六　酒后驾驶摩托车身亡

2014年3月9日23时30分左右，遵义市某高校珠海校区护理医学系2012级学生韦某和生物工程系2011级学生曾某在校外吃宵夜并饮酒，酒后驾驶摩托车行至金海岸大道与金岛路交叉路口时，车辆碰到路基，致使曾某和韦某受伤，韦某伤势严重，3月12日16时，抢救无效死亡。

（案例来源：遵义市某高校保卫处）

点睛提示

高等学校学生非正常死亡人数中，交通事故死亡占有一定的比例。交通事故不仅造成了无数家庭的破碎，还会给国家、本人造成严重的经济损失。从统计资料看，世界上每年大约因为道路交通事故造成50万人死亡，1000万人受伤，造成的经济损失相当于国民经济生产总值的1%～2.5%。我国的情况更是不容乐观，近几年发生交通事故在23万起左右/每年，因为交通事故死亡人数均超过7万人左右，相当于一个小型县城的人口数，平均每天死亡200多人，相当于每天坠毁一架大型客机。

近年来，全国的交通安全形势日益严峻，交通事故频繁发生，人员伤亡和财产损失惨重，交通事故造成的死亡人数占各种事故的90%以上，对人类的危害已经远远超过了地震、洪水、火灾这些可怕的灾难。随着改革开放政策的不断深入，经济的快速发展，机动车辆迅猛增加，交通条件与交通流量之间的矛盾日益突出。尽管在预防道路交通事故方面做了大量工作，但是由于交通参与者的交通安全法律意识淡薄，安全防范能力较差，所以道路交通安全现状仍然不容乐观。

在城市交通事故中，绝大多数是机动车撞上骑车人和行人，从而导致骑车人和行人死亡，因此，与汽车、机动车相比较，骑车人、行人总是处于弱势的地位。高校大学生作为社会的组成部分，同样不可避免地受到交通事故的困扰。

一、交通安全形势比较严峻

目前，威胁大学生的交通安全隐患主要有以下一些表现。

（1）大学生酒后驾车。有醉酒驾车拖着交警跑的，有醉酒驾车撞围墙的，有女中"豪杰"酒后驾驶撞死人的等。

（2）大学生"无证驾驶"。人们称为"马路杀手"，把开车兜风、飙车等当作一种刺激、一种时尚。无证驾驶人因为缺乏专业培训，不具备安全驾驶能力，所以驾驶车辆在行驶过程中如果遇到突发情况，往往就会惊慌失措、处置失当，发生交通事故，造成车毁人亡。

（3）大学生驾车和大学生行人不遵守交通规则。因为横穿马路和车撞行人而命丧车轮的事故几乎天天都有报道，但历史却一次次重演。目前获得驾照的大学生与日俱增，每逢节假日为了旅行的方便，常常会出现大学生开车出游的情形。正如案例二中，学生由于驾驶经验不足，发生交通事故，轻则财产损失，重则失去生命。遵守交通规则，这不仅是个人素养问题，更是对自己和对他人生命的负责。

（4）"黑车"现象。"黑车"通常以其"速度快、价格低、随叫随到"而盛行。但是因为黑车没有运营资格，所以黑车司机不受相关运营公司的制约，驾驶技能良莠不齐，对于处理突发状况的反应不一，无法保证乘客安全。

（5）校内交通事故。大学生普遍认为学校是很安全的一个场所，在学校内安全意识比较淡薄，当走在校园马路上时，有的同学追追打打，有的同学边走边看书，有的同学随意横穿马路。这些都是不对的。案例五中的事故就是在提醒大家一定要注意驾驶安全，哪怕是在校园内，也要遵守交通规则，谨慎驾驶。面对上述交通安全隐患，大学生应该时刻保持冷静与理性，牢记交通安全规则，把安全放在首位。

当我们看到一个个鲜活的生命消失于车轮之下，当我们发现一阵阵欢声笑语淹没在尖锐的汽笛声中，当我们面对那些触目惊心、惨不忍睹的场景时，心中是何等的凄凉。在交通日益发达的今天，我们本应享受着汽车给生活带来的便利，却没有想到汽车在带来便利的同时，也源源不断地制造出事故，让众多生命经受痛苦的煎熬，甚至使大学生鲜花般的生命过早凋谢。

二、大学校园易发生交通事故的主要原因

随着高校改革的不断深入，高校与社会的交流越来越频繁，使校园内人流量、车流量急剧增加。随着生活水平的提高，许多高校教师都拥有自己的轿车，学生驾驶摩托车和骑电动车、自行车的也越来越多，开汽车上学也已经不再是新闻了。然而许多高校校园道路建设、校园交通管理滞后于高校的发展，一般校园道路都比较狭窄，交叉路口既没有信号灯管制，也没有专

职交通管理人员管理。校园内人员居住集中，上、下课时容易形成人流高峰等原因，致使高校的交通环境日益复杂，交通事故经常发生。

三、交通事故产生的危害和影响

交通事故居高不下，车祸猛于虎，已经不再是危言耸听。它在给家庭带来不幸的同时，也给社会带来了极大的不安定，又给国家造成巨大的经济损失。

（1）对肇事者自身而言

肇事者在承担各种责任的同时，内心也产生了沉重的压力与负担，一次事故或许会让他悔恨终生，甚至精神错乱，失去自我，从而无法自食其力，断送了美好前程。对其家庭而言，交通事故带来的伤害也将是一道永远无法愈合的伤口，轻者会使家庭收入减少，甚至让家人一起背上沉重的债务负担，造成日常生活拮据，生活质量得不到提高和改善；重者会"白发人送黑发人"，孩子因为失去父母而无依无靠。因此，我们可以清楚地认识到，交通事故对肇事者自身和自身家庭的危害也是极大的。

（2）对社会的影响

交通事故的发生首先造成了社会资源的浪费。在事故中受伤的、死亡的人员和受到损坏的车辆、车辆上的货物丧失了其原有的功能和价值，无法再发挥其自身效用，损害了社会财富的增长。与此同时，公安、消防、医疗卫生等各部门在交通事故中付出了大量的人力、物力等社会成本；交通警察赶赴事故现场处理事故会造成不必要的资源浪费；消防参与救援需要增加社会成本；医院组织医务力量抢救伤者造成医院医生资源的紧张；事故现场导致交通受阻或中断也会对国民的生产和生活产生影响。

另外，交通事故纠纷不能及时解决，事故责任主体不能确定，导致受害人得不到及时救助或没有足够的医疗费用，而且诉讼过程中司法途径漫长、程序烦琐、费用较大，受害人员及其家属往往容易产生急躁情绪，甚至出现打架斗殴、报复、上访、封路等过激行为，而过激行为的出现，势必导致公安等相关部门的介入，为了防止事态扩大和演变，也浪费了原本就比较紧缺的警力资源，同时也给社会带来很多不稳定因素，阻碍了和谐社会的发展。所有这些，无论是对经济发展还是社会的发展都是不利的。

总之，无论事故发生的原因是单方的还是双方的，也无论事故是以何种方式发生的及事故造成伤害的大小，一旦发生事故，亡羊补牢已晚矣！作为一个完整的生命，我们不仅要对自己负责，更应该对家庭，对这个社会负责！其实，很多惨剧是可以避免的，但有些人往往存在侥幸心理，才造成众多事故的发生。古话讲："凡事预则立，不预则废"，悲惨的现实就像这句话一样时刻提醒着人们不能忘记惨痛的教训，不可视生命为儿戏。面对生命，我们必须慎之又慎，杜绝任何侥幸，平安是福，拥有了平安就拥有了一切！

⚠ 安 全 知 识

一、交通事故的预防

（一）提高交通安全意识

不管是校内还是校外，发生交通事故最主要的原因是思想麻痹、安全意识淡薄。作为一名在校大学生遵守交通法规是最起码的要求。若没有交通安全意识则很容易带来生命之忧。

（二）自觉遵守交通法规

除了提高交通安全意识、掌握基本的交通安全常识以外，还必须自觉遵守交通法规，才能保证安全。以下两点是大学生必须掌握并要在日常生活中严格遵守的。

（1）在道路上行走，应该走人行道，无人行道时靠右边行走。走路时要集中精力，"眼观六路，耳听八方"；不与机动车抢道，不突然横穿马路、翻越护栏，过街走人行横道；不闯红灯，不进入标有"禁止行人通行""危险"等标志的地方。

（2）乘坐市内公共交通工具等车停稳后，依次上车，不挤不抢。在车辆行驶过程中不得把身体伸出窗外；乘坐长途客车、中巴车时不能贪图便宜，乘坐车况不好的车，不要乘坐"黑巴""摩的"，因为这些车辆安全没有保障。乘坐火车、轮船、飞机时必须遵守车站、码头和机场的各项安全管理规定。

二、发生交通事故的处理方法

突然发生交通事故首先应该在情绪上保持冷静与理性，避免争执；在行动上应该根据现场情况灵活处理。以下举出了几个处理要点。

（1）马上停车，设置危险警示标记。

（2）及时报案，拨打 110 或 120 电话。

（3）保护现场。

（4）抢救伤者和财物。

（5）协助现场调查取证。

发生道路交通事故时应该注意以下几方面事情：

（1）迅速检查事故现场，积极寻找伤员，并对重伤员进行优先救助处理。

（2）对呼吸、心搏骤停的伤员，应该立即清理其上呼吸道，进行人工呼吸。

（3）对昏迷伤员，迅速解开其衣领，采取侧俯卧位，如果遇其舌头后坠，那么可以将舌尖牵出，也可以将伤员的头部后仰，以保证呼吸道畅通，防止窒息。

（4）对创伤出血，可以临时采用指压止血法。

（5）就地取材及时包扎伤口，对脱出的肠管不要送回腹腔，应该用大块敷料覆盖后，扣上盆、碗以便保护肠管。脑膨出时，可以用纱布包在膨出部周围，或用碗覆盖脑膨出部，包扎固定，以防脑实质干燥或受压。

（6）对骨关节伤、肢体挤压伤和大块软组织伤，应该灵活采用木棍、树枝、玉米秸等固定。对已经离断的肢体，应该妥善包扎，送往医院，以备再植。

（7）对大面积的烧伤，可以用较清洁的衣服、雨衣、布单保护伤面，粘在伤面上的衣服可以不脱掉。

（8）在运送脊柱、脊髓受伤伤员时，务必谨慎、得当，避免脊柱弯曲或扭转，应该用硬板担架运送，尽量减少搬运次数。

另外，受伤后至手术时所间隔的时间与死亡率成正比，危重伤病员每延迟 30 分钟，死亡率则增加 3 倍，因此，运送伤员应该力求迅速。

法律链接

《中华人民共和国道路交通安全法》

第四十二条 机动车上道路行驶，不得超过限速标志标明的最高时速。在没有限速标志的路段，应当保持安全车速。

夜间行驶或者在容易发生危险的路段行驶，以及遇有沙尘、冰雹、雨、雪、雾、结冰等气象条件时，应当降低行驶速度。

第八十九条 行人、乘车人、非机动车驾驶人违反道路交通安全法律、法规关于道路通行规定的，处警告或者五元以上五十元以下罚款；非机动车驾驶人拒绝接受罚款处罚的，可以扣留其非机动车。

第九十一条 饮酒后驾驶机动车的，处暂扣6个月机动车驾驶证，并处1000元以上2000元以下罚款。因饮酒后驾驶机动车被处罚，再次饮酒后驾驶机动车的，处10日以下拘留，并处1000元以上2000元以下罚款，吊销机动车驾驶证。

醉酒驾驶机动车的，由公安机关交通管理部门约束至酒醒，吊销机动车驾驶证，依法追究刑事责任；5年内不得重新取得机动车驾驶证。

饮酒后驾驶营运机动车的，处15日拘留，并处5000元罚款，吊销机动车驾驶证，5年内不得重新取得机动车驾驶证。

醉酒驾驶营运机动车的，由公安机关交通管理部门约束至酒醒，吊销机动车驾驶证，依法追究刑事责任；10年内不得重新取得机动车驾驶证，重新取得机动车驾驶证后，不得驾驶营运机动车。

饮酒后或者醉酒驾驶机动车发生重大交通事故，终生不得重新取得机动车驾驶证。

第九十九条 有下列行为之一的，由公安机关交通管理部门处200元以上2000元以下罚款：

（一）未取得机动车驾驶证、机动车驾驶证被吊销或者机动车驾驶证被暂扣期间驾驶机动车的；

（二）将机动车交由未取得机动车驾驶证或者机动车驾驶证被吊销、暂扣的人驾驶的；

（三）造成交通事故后逃逸，尚不构成犯罪的；

（四）机动车行驶超过规定时速50%的；

（五）强迫机动车驾驶人违反道路交通安全法律、法规和机动车安全驾驶要求驾驶机动车，造成交通事故，尚不构成犯罪的；

（六）违反交通管制的规定强行通行，不听劝阻的；

（七）故意损毁、移动、涂改交通设施，造成危害后果，尚不构成犯罪的；

（八）非法拦截、扣留机动车辆，不听劝阻，造成交通严重阻塞或者较大财产损失的。

行为人有前款第二项、第四项情形之一的，可以并处吊销机动车驾驶证；有第一项、第三项、第五项至第八项情形之一的，可以并处15日以下拘留。

《中华人民共和国道路交通安全法实施条例》（国务院）

第三十八条 机动车信号灯和非机动车信号灯表示：

（一）绿灯亮时，准许车辆通行，但转弯的车辆不得妨碍被放行的直行车辆、行人通行；

（二）黄灯亮时，已越过停止线的车辆可以继续通行；

（三）红灯亮时，禁止车辆通行。

在未设置非机动车信号灯和人行横道信号灯的路口，非机动车和行人应当按照机动车信号灯的表示通行。

红灯亮时，右转弯的车辆在不妨碍被放行的车辆、行人通行的情况下，可以通行。

第三十九条 人行横道信号灯表示：

（一）绿灯亮时，准许行人通过人行横道；

（二）红灯亮时，禁止行人进入人行横道，但是已经进入人行横道的，可以继续通过或者在道路中心线处停留等候。

第四十条 车道信号灯表示：

（一）绿色箭头灯亮时，准许本车道车辆按指示方向通行；

（二）红色叉形灯或者箭头灯亮时，禁止本车道车辆通行。

第四十一条 方向指示信号灯的箭头方向向左、向上、向右分别表示左转、直行、右转。

第四十二条 闪光警告信号灯为持续闪烁的黄灯，提示车辆、行人通行时注意瞭望，确认安全后通过。

第四十三条 道路与铁路平面交叉道口有两个红灯交替闪烁或者一个红灯亮时，表示禁止车辆、行人通行；红灯熄灭时，表示允许车辆、行人通行。

第七十二条 在道路上驾驶自行车、三轮车、电动自行车、残疾人机动轮椅车应当遵守下列规定：

（一）驾驶自行车、三轮车必须年满12周岁；

（二）驾驶电动自行车和残疾人机动轮椅车必须年满16周岁；

（三）不得醉酒驾驶；

（四）转弯前应当减速慢行，伸手示意，不得突然猛拐，超越前车时不得妨碍被超越的车辆行驶；

（五）不得牵引、攀扶车辆或者被其他车辆牵引，不得双手离把或者手中持物；

（六）不得扶身并行、互相追逐或者曲折竞驶；

（七）不得在道路上骑独轮自行车或者2人以上骑行的自行车；

（八）非下肢残疾的人不得驾驶残疾人机动轮椅车；

（九）自行车、三轮车不得加装动力装置；

（十）不得在道路上学习驾驶非机动车。

第七十四条 行人不得有下列行为：

（一）在道路上使用滑板、旱冰鞋等滑行工具；

（二）在车行道内坐卧、停留、嬉闹；

（三）追车、抛物击车等妨碍道路交通安全的行为。

第七十五条 行人横过机动车道，应当从行人过街设施通过；没有行人过街设施的，应当从人行横道通过；没有人行横道的，应当观察来往车辆的情况，确认安全后直行通过，不得在车辆临近时突然加速横穿或者中途倒退、折返。

第七十六条 行人列队在道路上通行，每横列不得超过2人，但在已经实行交通管制的路段不受限制。

第七十七条 乘坐机动车应当遵守下列规定：

（一）不得在机动车道上拦乘机动车；
（二）在机动车道上不得从机动车左侧上下车；
（三）开关车门不得妨碍其他车辆和行人通行；
（四）机动车行驶中，不得干扰驾驶，不得将身体任何部分伸出车外，不得跳车；
（五）乘坐两轮摩托车应当正向骑坐。

《中华人民共和国侵权责任法》

第四十九条 因租赁、借用等情形机动车所有人与使用人不是同一人时，发生交通事故后属于该机动车一方责任的，由保险公司在机动车强制保险责任限额范围内予以赔偿。不足部分，由机动车使用人承担赔偿责任；机动车所有人对损害的发生有过错的，承担相应的赔偿责任。

第五十三条 机动车驾驶人发生交通事故后逃逸，该机动车参加强制保险的，由保险公司在机动车强制保险责任限额范围内予以赔偿；机动车不明或者该机动车未参加强制保险，需要支付被侵权人人身伤亡的抢救、丧葬等费用的，由道路交通事故社会救助基金垫付。道路交通事故社会救助基金垫付后，其管理机构有权向交通事故责任人追偿。

《中华人民共和国刑法》

第一百三十三条 【交通肇事罪；危险驾驶罪】

违反交通运输管理法规，因而发生重大事故，致人重伤、死亡或者使公私财产遭受重大损失的，处三年以下有期徒刑或者拘役；交通运输肇事后逃逸或者有其他特别恶劣情节的，处三年以上七年以下有期徒刑；因逃逸致人死亡的，处七年以上有期徒刑。

第一百三十三条之一 【危险驾驶罪】

在道路上驾驶机动车，有下列情形之一的，处拘役，并处罚金：
（一）追逐竞驶，情节恶劣的；
（二）醉酒驾驶机动车的；
（三）从事校车业务或者旅客运输，严重超过额定乘员载客，或者严重超过规定时速行驶的；
（四）违反危险化学品安全管理规定运输危险化学品，危及公共安全的。机动车所有人、管理人对前款第三项、第四项行为负有直接责任的，依照前款的规定处罚。有前两款行为，同时构成其他犯罪的，依照处罚较重的规定定罪处罚。

《贵州省学校学生人身伤害事故预防与处理条例》（贵州省人大）

第十条 公安、交通运输等有关部门、乡镇人民政府应当根据各自职责加强对载运学生车辆、船舶及其他交通工具的安全管理，依法取缔无牌无证、不符合安全标准的车辆、船舶及其他交通工具，及时制止和查处超速、超载等违法行为。

与你共勉

礼让他人，尊重自己，行车安全需要你我的努力。

思考思考

谈谈发生交通事故以后的处理方法。

二、游泳安全

莫把生命当儿戏

游泳作为一项健身活动，深受大学生的喜爱，许多大学也开设了游泳课来指导学生学习游泳，但是，每年仍然有部分高校学生因为游泳而失去宝贵的生命。游泳安全仍然是高校安全教育的重要组成部分，特别是野外游泳虽然可以让身心在水中享受大自然的种种恩赐，但是如果不注意安全防护，就蕴藏溺水的巨大风险。

警钟格言

世界上只有一种英雄主义，那就是了解生命而且热爱生命的人。

——（法）罗曼·罗兰

你不能像鱼儿那般在水中自由，所以，请你预防溺水。

——防溺水宣传标语

玩水诚快乐，清凉价更高。若为生命故，二者皆可抛。

——游泳安全警示标语

案例回放

案例一 漠视警示，高校学生溺水死亡

贵州省某高校市场营销专业2005级学生章某，2007年5月5日下午违反学校纪律，私自邀约刘某、张某等同学到情人谷游玩，在游玩过程中漠视公园"严禁游泳、后果自负"的安全警示，私自下河游泳，溺水死亡。

（案例来源：贵州省某高校保卫处）

案例二　安全意识薄弱，丧命水库

2014年10月3日下午2时，贵州省安顺市某高校影像专业学生刘某邀约本班同学4人一起外出到安顺市西秀区虹山水库玩，刘某不顾水库水管所的"禁止游泳"警示标志，提出下水游泳。因为大家未带游泳衣说不去游泳，刘某说"哪个不去就拉哪个下水游泳"，除了1人感冒和1人说不会游泳在岸上负责看管衣服以外，刘某与另2名男生穿着长裤在水库游泳。刘某先推一人下水，接着另一人也下了水，最后刘某下水。据公安机关调查，现场群众反映，这3名下水游泳学生是向不同方向游泳，一人游泳到中途游回岸边上岸，另一人离刘某40米左右，几分钟后看见刘某从离岸20米左右的地方游回，在离岸边七八米的地方乱抓了两下就不见手了。岸边锻炼身体的老奶奶把一个游泳圈投入水中，接着有两名男子跳入水中去救，两名男子在水中找了20秒左右上岸说人没找到。岸上人员电话报警后派出所民警和消防队官兵及时赶到现场，两名消防队人员在水下找了较长时间才将刘某找到，并拖上岸，法医现场检查确认死亡。

（案例来源：贵州省某高校保卫处）

案例三　陌生水域学游泳，险失生命

2018年6月26日下午3点半左右，芜湖市冬泳协会的泳友们在神山公园芙蓉湖边例行训练健身。突然，湖里传来大声呼喊："救命！救命！"呼救声中还掺杂着扑通扑通打水的声音。几名泳友往湖中看去，在离岸十几米的水中，一个人已经往水下沉去，眨眼间只能看见头发浮在水面。就在这危急一刻，游泳教练王良伟纵身一跃跳入水中，快速游到落水者身后，用单手夹胸拖带的方式把溺水者缓缓救上岸。泳友王大雷也从旁协助王良伟救人。

待溺水者上岸清醒之后，经过询问，这名溺水的年轻人是淮北人，是安徽工程大学的大一学生。他看了一些网上的游泳视频后，在没有准备安全救生设施的情况下，就独自一人在自然湖泊中学游泳，结果遇到险情。经过游泳教练的现场教育，这名大学生十分后怕和后悔。

（案例来源：新浪安徽）

案例四　戏水于江河，命亡于此刻

2013年6月22日，内蒙古自治区某学院的12名学生到户外野餐，在河道边戏水时，一名学生不慎落水，其余11名学生组织援救。在援救过程中，又有5名学生相继落水。当地公安、消防、120急救人员在接警后及时赶赴现场施救，其中2名学生获救，其余4名学生不幸溺亡。

（案例来源：安徽省某高校保卫处）

点睛提示

生命如此宝贵，却又如此脆弱。在上述禁游区边那漠视警示的悲剧里，属于每个人只有一次的"生命"，在任何一个短暂的瞬间都有可能逝去。生活中一个个血的事实告诫我们珍爱生命，必须防患于未然。

案例一与案例二中，章某和刘某违反学校纪律，漠视公园与水库的安全警示，私自下水游泳，加之没有做好游泳安全准备，穿长裤下水致腿脚被缠，不幸溺水死亡。其沉痛的教训告诉我们，大学生在各项活动中应该遵守纪律和有关规定，听从指导，服从管理。在公共场所，要遵守社会公德，增强安全防范意识，提高自我保护能力，才能避免不幸和遗憾。

游泳安全的"五个不，一禁止"。

五个不：

（1）不准私自下水游泳。

（2）不得擅自外出游泳。

（3）不到无安全设施的游泳场所游泳。

（4）不到无救护人员的水域游泳。

（5）不到水情险恶的地方游泳。

一个禁止：禁止到山塘、河流、水库、建筑工地的积水畦地等危险水域游泳。

（一）溺水的原因

1. 不熟悉水性意外落水

主要是气管内吸入大量水分阻碍呼吸，或者因为喉头强烈痉挛，引起呼吸道关闭，窒息死亡。

2. 熟悉水性但遭遇意外

（1）腿抽筋是最常见的。

（2）有时因为潜入到浅水造成头部损伤而发生溺水。

（3）有时会因为心脏病发作或中风引起意识丧失，而发生溺水。

（4）还有另外一种，就是本身会水，在游泳过程中因为不小心吸入气管少量水而引发咳嗽，由于没有恰当处理，反而坚持继续游泳，在头沉入水下的过程中呛咳，引起大量水进入肺部，造成溺水。

3. 盲目自信，准备不足

（1）游泳技术不佳，没有认清楚自己的能力，盲目自信甚至打赌、逞强。

（2）游泳前活动热身不够，下水后水温比气温低，极易抽筋，最终无力回游。

（3）游泳遇到恶劣的天气，结果溺水。

（4）在游泳的过程中遇到溺水者，自己盲目地去捞救，结果自己也深陷溺水的危险。

4. 自救措施不当

对河道情况不了解，深浅不明，以至于在遇到问题时惊慌失措，采取自救措施不当导致溺水身亡。

（二）游泳安全注意事项

（1）游泳需要经过体格检查。患有心脏病、高血压、肺结核、中耳炎、皮肤病、严重沙眼等以及各种传染病的人不宜游泳。处在月经期的女同学也不宜游泳。

（2）要慎重选择游泳场所。不要到户外无安全措施或者专业施救人员的场所游泳，游泳之前要对游泳场所有一定的了解，初学者不要进入深水区游泳。

（3）下水前要做准备活动。可以跑跑步、做做操，活动开身体，还应该用少量冷水冲洗一下躯干和四肢，这样可以使身体尽快适应水温，避免出现头晕、心慌、抽筋现象。

（4）饱食或者饥饿时，剧烈运动和繁重劳动以后不要游泳。

（5）水下情况不明时，不要跳水。

⚠ 安全知识

（一）如何预防溺水

游泳是高校大学生喜爱的体育锻炼项目之一，为了确保游泳安全，防止溺水事故的发生，必须做到以下几点。

（1）不要独自一人外出游泳，更不要到不摸底和不知水情或比较危险且易发生溺水伤亡事故的地方去游泳。

（2）要清楚自己的身体健康状况，平时四肢就容易抽筋者不宜参加游泳或不要到深水区游泳。

（3）对自己的水性要有自知之明，下水后不要逞能，不要贸然跳水和潜泳，更不能互相打闹，以免喝水和溺水。

（4）在游泳过程中如果突然觉得身体不舒服，例如眩晕、恶心、心慌、气短等，要立即上岸休息或呼救。

（5）在游泳过程中，若小腿或脚部抽筋，则千万不要惊慌，可以用力蹬腿或做跳跃动作，或用力按摩、拉扯抽筋部位，同时呼叫同伴救助。

（6）在游泳过程中遇到溺水事故时，现场急救刻不容缓，心肺复苏最为重要。

（二）溺水自救与他救

1. 溺水的自救

遇到溺水危险时，可以用下述简易方法自救。

（1）首先应该保持镇静，千万不要手脚乱蹬拼命挣扎，可以减少水草缠绕，节省体力。

（2）除了呼救以外，落水后立即屏住呼吸，踢掉鞋，然后放松肢体，当你感觉开始上浮时，尽可能地保持仰位，使头部后仰，使鼻部可以露出水面呼吸，呼吸时尽量用嘴吸气、用鼻呼气，以防呛水。呼气要浅，吸气要深。

（3）千万不要试图将整个头部伸出水面。

（4）将头仰起呼吸，同时双手猛力向下推，双脚向下蹬，换气时向别人呼救。

（5）救助者出现时，落水者只要理智还存在，绝不可惊慌失措去抓、抱救助者的手、腿、腰等部位，一定要听从救助者的指挥，让救助者带着游上岸。否则不仅落水者不能获救，反而连累救助者丧失性命。

（6）抽筋时的应对措施有以下几种。

① 会游泳者，如果发生小腿抽筋，就要保持镇静，采取仰泳位，用手将抽筋的腿的脚趾向脚面弯曲，可以使痉挛松解，然后慢慢游向岸边。

② 对于手脚抽筋者，若是手指抽筋，则可以将手握拳，然后用力张开，迅速反复多做几次，直到抽筋消除为止。

③ 若是小腿或脚趾抽筋，则先吸一口气仰浮水上，用抽筋肢体对侧的手握住抽筋肢体的脚趾，并用力向身体方向拉，同时用同侧的手掌压在抽筋肢体的膝盖上，帮助抽筋腿伸直。

④ 若是大腿抽筋，则可以同样采用拉长抽筋肌肉的办法解决。

2. 溺水的他救

当发现有人溺水，需要对其进行救助时，应该牢记以下几点。

（1）若未受过专业救人的训练或未领有救生证的人，则切记不要轻易下水救人。会游泳并不代表会救人。

（2）若发现有人溺水，该应该立刻通知119与当地救援人员协助救援。

（3）溺水情形发生时，在岸边的民众不宜直接下水，救援的最好方式是丢绑绳索的救生圈或长杆类的东西，千万不要徒手下水救人，可以就地取材，树木、树藤、枝干、木块、矿泉水瓶都可以利用来救人。

（4）抢救溺水者时，需要先脱衣解裤，以免被溺水者缠住而无法脱身。游到溺水者面前3~5米，先吸大口气潜入水底从溺水者背后施救，才不至于被对方困住。须知当一个人面临死亡的一瞬间，使出的力量绝对惊人，万一被溺水者缠住，应该迅速设法摆脱，否则会有危险。

摆脱被溺水者困住的方法有以下两种。

① 握紧拳头狠狠重击溺水者后脑，使他昏迷，再拖上岸。

② 深吸一口气憋住，把对方压下水底，有如同归于尽，但溺水者这时为了吸气，必定踩你肩头上，你可趁此机会顶住他3~5秒，让其头部露出水面，顺畅换气及观察四周，配合岸上的同伴把木块、木头等漂浮物投入水中，只要溺水者抓住任何一物都能施救成功。

（5）在水中要拖着伤者的头颈与上背使之成为直线尽量不动，并维持脸朝上并露出水面，若溺水者呼吸不理想，即使还在水中仍然应该开始施予人工呼吸。

法律链接

《普通高等学校学生安全教育及管理暂行规定》（教育部）

第六条 学生安全教育应该根据不同专业及青年学生的特点，从学生入学到毕业，在各种教学活动和日常生活中，特别是节假日前适时进行，并善于利用发生的安全事故教育学生，防患于未然。学校应该根据环境、季节及有关规定进行防盗、防火、防特、防病、防事故等方面的教育，并使之经常化、制度化。

《贵州省学校学生人身伤害事故预防与处理条例》（贵州省人大）

第二章 学生人身伤害事故预防

第八条 教育行政部门应该当加强学校安全工作，履行下列职责：

（一）建立和完善学生人身伤害事故预防机制；

（二）制定学生人身伤害事故处理应急预案，将学校安全工作纳入学校目标管理，完善学校安全工作考核机制；

（三）组织开展安全知识培训；

（四）定期组织对校舍和其他教育教学设施设备进行安全检查；

（五）督促学校建立健全并落实预防学生人身伤害事故的制度和措施；

（六）指导、监督学校建立健全校车安全管理制度，落实校车安全管理责任，组织学校开展交通安全教育；

（七）协调其他相关部门共同做好学校安全管理工作；
（八）法律、法规规定的其他职责。

与您共勉

不要因为碧波蒙蔽了双眼，不要因为清凉失去了判断——预防溺水，珍爱生命。

思考思考

1. 谈谈游泳前应该做些什么准备工作。
2. 游泳安全的"五个不，一禁止"是什么意思？

三、自然灾害安全

狂风袭击教室

　　自然灾害是指给人类生存带来危害或损害人类生活环境的自然现象，包括干旱、洪涝、台风、冰雹、暴雪、沙尘暴等气象灾害，火山爆发、地震、山体崩塌、滑坡、泥石流等地质灾害，风暴潮、海啸等海洋灾害，森林草原火灾和重大生物灾害等。

　　自然灾害是人类依赖的自然界中所发生的异常现象，且对人类社会造成危害的现象和事件。其既有地震、火山爆发、泥石流、海啸、台风、龙卷风、洪水等突发性灾害，也有地面沉降、土地沙漠化、干旱、海岸线变化等在较长时间中才能逐渐显现的渐变性灾害，还有臭氧层变化、水体污染、水土流失、酸雨等人类活动导致的环境灾害。这些自然灾害和环境破坏之间又有着复杂的相互联系。人类要从科学的意义上认识这些灾害的发生、发展及尽可能减小它们所造成的危害，已经是国际社会的一个共同主题。

警钟格言

> 只有顺从自然,才能驾驭自然。
> ——(英国)培根
>
> 自然是善良的慈母,同时也是冷酷的屠夫。
> ——(法国)雨果
>
> 破坏了自然环境,就等于破坏了你的生活。
> ——(芬兰)基米
>
> 这自然法规我认为是最高的法规,一切法规中最具有强制性的法规。
> ——(美国)马克·吐温

案例回放

案例一　突如其来的雷电

2005年9月14日,湖南省某高校新校区的操场上,大一新生正在接受军训,天气突变,一道闪电划过长空,包括一名教官在内的6人倒在了地上,其中一名女生再也没有醒来。

15时30分左右,原本晴朗的天空突然乌云密布。教官看到快下雨了,就召集学生重新集合,准备解散。大家刚刚聚拢过去,队伍还没成形,事故就发生了。

事发后,120急救中心迅速派出数辆救护车,伤者被送到医院,但其中一名女生被证实已经死亡。

(案例来源:《长沙晚报》)

案例二　狂风暴雨吹倒教室窗户

2016年4月19日,刚进入谷雨天气的昆明,来了一阵狂风暴雨。昆明有两所高校教学楼被狂风暴雨重创,多间不同楼层正在上课的教室部分窗户倒入教室,学生急忙躲闪,地上一片狼藉,校方立即开展疏散和处理。

(案例来源:《都市时报》网讯,2016年4月19日澎湃网)

案例三　正在地质考察的大学生被落石击中受伤

2016年7月24日13时,峨眉山景区突降暴雨,景区立即启动应急预案,对全山实施交通动态管理,对石船子路段的车辆进行监测单边放行,金顶下山的自驾车,从零公里绕行洪雅路段下山。同时,对游客实行分流。当天13时30分左右,在景区进行社会实践的西南交通大学几名学生沿公路步行下山,行至石船子路段,其中一名学生被落石击中小腿。他途经事发路段时,没有注意到山上掉石头。他们此次去峨眉山,是进行地质方面的实习,24日是实习的第三天。在黄某被砸倒地后,走在其前后的三名同学观察了山崖的情况,齐力将他抬离了危险路段。

24 日下午 5 点多，受伤学生黄某被转送至四川大学华西医院，进行了手术。为了保障游客生命安全，峨眉山景区立即对道路进行临时交通管制，增派人员及时排除危崖，同时安排地质专家对现场山体进行勘验。

（案例来源：澎湃网）

案例四 暴雨中女大学生落入下水道抢救无效死亡

2014 年 3 月 30 日，广东省东莞市全市遭受雷雨大风，局部伴有冰雹，30 日下午 5 时 30 分左右，东莞市某高校三名女学生，得知因为暴雨不用上晚自习，便返回家中。在回家途中，因为积水太多，其中一名 16 岁的女学生不慎落入下水道中，被雨水冲走。同伴紧急报警。民警在附近一个水塘中找到了这名女学生。找到时，这名女生已经昏迷不醒，被紧急送往附近医院抢救。31 日上午记者从医院获悉，该名女生已经于 30 日夜间抢救无效死亡。

（案例来源：中国新闻网）

点睛提示

贵州省灾害种类多、灾情频繁、区域分布广。贵州省地势起伏，高差悬殊，地表岩层较为破碎。雨量集中，暴雨强度大，加之人为的对生态环境的破坏，导致多种自然灾害频发。从大类上分，既有气象灾害，也有地质灾害、生物灾害等。从小类上分，可以分为冰雹、洪涝、雪灾、大风、大雾、雷电、滑坡、泥石流、坍塌、地裂等。从贵州省自然灾害发生的情况来看，平均两周就要发生一次灾害。从时间和空间分布上看，贵州省每年都有灾害，以洪涝和地质灾害较为频繁。

雷电、洪水、大风、冰雪天气、沙尘暴等气象灾害，以及滑坡、泥石流、地震等地质灾害，这些灾害一旦发生都可能给人类带来致命的伤害。目前，人类所能做的只有研究其内部规律，有效预防和避开自然灾害，尽可能地减少损失。在雨季、汛期，同学们出行时要特别注意暴雨、山洪、泥石流、滑坡等自然灾害的发生。案例二说明，突发自然灾害也可能降临正在上课的课堂，在特定季节和环境，一定要有防患意识和防灾准备。一旦发生地质灾害，一定要听从学校的指挥和安排。

案例一中，突变的天气，电闪雷鸣，宽敞的操场上一道闪电划过长空，悲剧发生了，6 人被雷击，其中一人被雷击身亡。如花的生命在一瞬间消失，是天灾。雷电是一种神奇的自然现象，它是不可避免的，地球上任何时候都有雷电在活动。我们能做的就是积极防雷避雷，避免生命遭受伤害。

案例四中，由于突降暴雨，导致学校停课，离家近的学生便返回家中，但是在返家过程中却发生了悲剧。在天降暴雨导致学校的正常学习进程被迫中断的时候，学校应该更为重视对学生的管理，对学生进行及时宣传教育使其尽量避免外出，以免发生不测。遇难者的离去让人痛心疾首。我们也许无法阻止暴雨、洪水、泥石流、滑坡等自然灾害的发生，但我们可以根据自然规律来做好减灾防灾工作。

183

地震一刻

⚠ 安 全 知 识

（一）对雷电灾害的应对

防护原则：当雷电发生时，一是要尽量降低人体的位置，以便减少直接雷击的危险；二是双脚要尽量靠近，与地面接触越小越好，以便减少"跨步电压"。

（1）雷电发生时该应一眼万年迅速躲入有防雷设施保护的建筑物内，不宜进入孤立的棚屋、岗亭等低矮建筑物。汽车是躲避雷击的理想地方。

（2）雷电发生时，应该迅速远离山顶、树木、电线杆、烟囱、广告牌等孤立高大的物体，这些地方都是极易遭到雷击的地区。

（3）如果找不到合适的避雷场所，就应该找一块地势低的地方，蹲下，双脚并拢，手放膝上，身向前屈。不要在洞穴、大石和悬崖下避雨。

（4）在空旷场地不宜打伞，不宜把金属工具、羽毛球拍、高尔夫球棍等物品扛在肩上。

（5）当在江、河、湖泊或游泳池中游泳时，遇上雷雨则要赶快上岸离开。因为水面容易遭到雷击，况且在水中若受到雷击伤害，还会增加溺水的危险。

（6）在室内时要关好门窗，远离门窗、阳台和外墙壁。不要靠近、更不要触摸任何金属管线，包括水管、暖气管等，也不要上网。

（7）在无防雷设施的房间里尽量不要使用家用电器，最好拔掉所有的电源插头，雷雨天气不要用太阳能热水器洗澡。

（8）不要使用移动电话，不要站在避雷针附近，不要靠近金属和潮湿的物体，不要穿湿衣服赶路。

（9）发生雷击火灾时，要赶紧切断电源，并迅速拨打119或110电话报警求救。万一不幸发生雷击事件，同行者要及时报警求救，同时为其做抢救处理。

（二）对洪水灾害的应对

（1）易受洪水淹没的地区，有连续暴雨发生时，要关注当地的洪水警报和水位变化，并且及时收听收看天气预报，必要时选择好路线进行撤离。

（2）洪水来得太快，来不及转移时，要立即爬上屋顶、楼房屋顶、大树、高墙，做暂时避险，等候救援人员营救，不要独自游水转移。

（3）在山区旅游时，如果遇到连降大雨，那么在可能暴发山洪的情况下，应该注意避免渡河，以防止被山洪冲走，还要注意防止山体滑坡、滚石、泥石流等关联灾害的发生。

（4）发现高压线铁塔倾倒、电线低垂或断折时，要远离这些危险物，找适合的地方进行避险，不可触摸或接近，防止触电。

（5）保存好尚能使用的通信设备，做好等待救援的准备。

（6）洪水过后，要服用预防流行病的药物，做好卫生防疫工作，避免发生传染病。

（三）对地质灾害的应对

1. 对地震灾害的应对

（1）大学生平时要熟悉地震知识，掌握基本的地震防御方法，要及时收听广播，关注天气变化，不听信和传播谣言。

（2）发布临震预报后，应该准备好食物、水、手电筒、毛巾、简便衣物、塑料布和简易帐篷、收音机、手机等，及时迁往开阔地（例如操场）避险。

（3）发布临震预报后，要听从当地政府或救援人员的指挥，按指定路线和地点疏散，避免混乱，及时到安全地带避险。

（4）正在教室上课、工作场所工作、公共场所活动时，应该迅速抱头、闭眼，在墙角、课桌、工作台、办公桌下边等地方躲避。

（5）正在海边游玩时，应该迅速远离，以防地震引起海啸。驾车行驶时，应该迅速躲开立交桥、陡崖、电线杆等，并尽快选择空旷处立即停车。

（6）地震时如果在室外，就要远离建筑物，尤其是高大建筑。在地震发生时应该尽量往宽阔的地方去，避免因为建筑物倒塌而受到伤害。

（7）地震发生后应该采取以下自救措施。

① 要尽量用湿毛巾捂住口、鼻和头部，防止因为灰尘呛闷发生窒息。

② 如果被压尽量活动手、脚，清除脸上的尘土和压在身上的物件。

③ 如果一时无法脱险，不要惊慌害怕，要尽量节省力气，等待救援人员赶来。

④ 被压时注意保存体力，不要盲目大声呼救，而是要听到上面（外面）有人活动时再呼救。

⑤ 如果被埋在废墟下的时间比较长，救援人员未到，或者没有听到呼救信号，就要想办法维持自己的生命，防震包的水和食品一定要节约，尽量寻找食品和饮用水，必要时自己的尿液也能起到关键作用。

（8）注意震后传染性疾病的发生，加强消毒工作，及时处理因为地震死亡的人和动物的尸体。尤其是夏季，一定要做好消毒及震后处理工作，避免震后传染性疾病的发生。

2. 对滑坡灾害的应对

（1）善于识别滑坡、泥石流，经验表明，滑坡灾害绝大多数发生在雨季，夜晚发生滑坡较白天发生滑坡的概率更大。外出旅游在野外宿营时，应该避免选在易发生滑坡、泥石流的地带，特别是雨季的夜晚最好不要在滑坡危险区逗留。

（2）注意发现前兆，山坡上的树木长成马刀形状（滑坡发生时导致树木倾斜，滑坡停止一段时间后树木因为向上生长，树干部就形成带弯的马刀形状），坡面出现裂缝，坡脚隆起，泉水干枯或突然变浑，动物惊恐等异常现象，是滑坡的前兆，发现这些前兆时应该及时撤离。

（3）当看到或听到山坡发生崩塌、滑坡时，应该迅速判断崩塌、滑坡来源方向，不能顺着崩塌、滑坡运动方向逃离。通常情况下，应该以最快速度向着垂直崩塌、滑坡运动的方向逃离。

（4）当看到或听到沟谷上游可能有泥石流发生时，要选择好逃生路线，不能顺着沟谷向下游逃离，而应该以最快速度向沟谷两侧山坡上方逃离。

（5）如果学校校址选在山脚下，平时就要留心周围的地形环境，预先选定临时避灾场所。低缓宽厚的山冈往往不易发生崩塌、滑坡，可以作为避灾场所。沿山脊展布的道路比沿山谷展布的道路更安全，在日常活动和避灾过程中都应该尽量选择安全道路行走。

（6）政府、学校相关部门平时加强防止滑坡、泥石流的演练，预先制定相关的应急预案，公布相关的责任人，疏通逃生路线。

3. 对泥石流灾害的应对

泥石流发生时自救措施主要包括以下几个方面。

（1）迅速撤离到安全的避难场地。慌乱不利于逃生，应该快速从容地观察泥石流的走向，不要顺着泥石流可能倾泻的方向跑，要向泥石流倾泻方向的两侧高处躲避。不要在土质松软、土体不稳定的斜坡停留，以免斜坡失衡下滑，应该停留在基底稳固的高处。发生在河床附近的应该立刻向河床两岸高处跑；发生在山坡上的应该向与泥石流流向垂直方向的两边山坡高处跑。

（2）来不及避开时应该采取的措施。如果身边发生泥石流，那么不要惊慌，躲在坚实的障碍物下，例如在坚硬的大岩石下蹲着，不至于被砸伤；或者躲避在树林密集的地方，因为碎石滚落遇树就会减速，这样伤害会减小。如果脚底下的土地闪速移动，无法继续逃离时，就应该迅速抱住身边的树木等固定物体，并注意保护好头部，可以利用身边的衣物裹住头部。

（3）山体滑坡发生后被困者的自救方法。滑坡停止后，不应该放松警惕。因为滑坡会连续发生，必须快速设法脱离险境。如果不幸受伤或被困，找不到脱离险境的好办法，就要尽量保存体力，不要乱动，以免造成进一步伤害。向外发出呼救信号，避免大喊大叫消耗精力和体力，尽可能控制自己的情绪或闭目休息，等待救援人员到来。最实用的求救方法是用石块敲击能发出声响的物体。发生骨折或流血后，首先要将受伤的部位固定，不要发生晃动，其次要想办法包扎，避免流血过多。

法律链接

《中华人民共和国防震减灾法》

第四十四条第三款 学校应当进行地震应急知识教育，组织开展必要的地震应急救援演练，培养学生的安全意识和自救互救能力。

《贵州省学校学生人身伤害事故预防与处理条例》

第十二条 国土资源、水利行政部门应该对学校及其周边进行地质灾害、洪涝灾害危险性评估，对存在地质灾害、洪涝灾害等安全隐患的，应该及时报告当地人民政府采取工程治理或者搬迁避让措施，对情况危急的应该及时划定危险区，在危险区边界设置明显的警示标识，并予以公告。

校园周边的水域管理者，应该按照规定做好水域安全防护设施的建设和管理，危险区域应该设置明显的警示标识。

与您共勉

安全是革命的本钱,健康是人生的基础,但是,如果不注意,"本钱"将花尽,"基础"将毁掉。届时,即使你满腹经纶,也只是明日黄花。所以说,为了自己长寿,为了亲人,重视安全,使自己健康、快乐地度过每一天。由此可证:"安全是生命之本,安全是头等财富"。

思考思考

若在路上遇到洪涝等自然灾害,谈谈应对的方法。

四、驴友安全

驴友受困山崖

驴友一般是指徒步或骑自行车出去的旅游者,他们自带帐篷、厨具及各种野外生存工具。因为毛驴能驮能背,吃苦耐劳,所以,驴友这个称谓也常被爱好者作为自豪的资本之一。他们在旅途中往往能够发现一些别人没去过或很少去过的美丽风景区,但是也会遇到一些意想不到的困难或突发事件。

警钟格言

个人在旅游时必须带上知识,如果他想带回知识的话。

——(丹麦)约翰逊

没有知识的旅游者是一只没有翅膀的鸟。

——谚语

案例回放

案例一　12名大学生被困深山获救

　　为了在跨年夜看到最美的日出，四川省成都市某大学12名没有专业装备和登山经验的大学生决定：2015年12月31日出发，打算登上海拔2434米的雪山赵公山顶峰，欣赏新一年的日出。但因为对路面预期不足、体力不支，2名大学生受轻伤。大学生被困在海拔2100米的山上，黑夜渐渐降临，雨水夹杂雪水滴下，山上气温降到零下。"我们当时都害怕了，走在最前面的组织者小文，登上了一块非常险峻的岩石，表示自己体力已经完全透支，动弹不得了。"晚上7时30分左右，众人报警。在等待施救的过程中，一支专业登山队也攀爬到了学生所处的地方。对比了两者之间的装备后，专业登山队队员毫不避讳地告诉他们，没有经验就来登这么高的山，简直就是自寻绝路。

　　当晚，警方接到报警后，30余名救援人员连夜上山，在结冰路面上步行3个小时，终于在海拔2100米的山上找到了被困的大学生。

　　被救大学生事后说，"又是愧疚，又是后怕……我一辈子都感激恩人。"警方提醒：驴友不要单独爬山，尽量选择经验丰富的人同行。

（案例来源：《成都商报》）

案例二　33名大学生驴友被困原始峡谷，经过搜救已经安全脱险

　　2015年4月30日15时9分，浙江省丽水市景宁畲族自治县110指挥中心接到报警，有一行30多名外地驴友被困炉西峡。接报后，当地有关部门紧急召开救援分析部署会，决定由公安、消防、相关乡镇及有经验的驴友组成搜救队连夜进入峡谷开展搜救，并对后勤保障、医疗急救等方面作了预案部署。5月1日凌晨1时30分左右，搜救队抵达被困驴友露营地，所有被困驴友均安全获救。这批驴友为南京某大学户外运动协会的同学，自发组织来炉西峡进行户外探险活动，没想到遇大雨引发洪水。考虑到峡谷环境恶劣、通信不畅、夜间行进困难等因素，经过休整后，6时30分左右，搜救队引导护送被困驴友撤离被困地点，乘车返回县城。

（案例来源：新华网）

案例三　学生驴友徒步登山迷路警方艰苦搜寻6小时

　　2017年7月1日下午4点左右，南京市公安局浦口分局接到一名大学生驴友报警，称他进入老山徒步，由于地形不熟迷路了。接警后，浦口分局珠江派出所民警解晓路、黄淳等人随即前往老山开展救援。通过定位，发现那名学生在老山林区的大马山附近，因为所处位置没有山道，所以民警只能在山林夜路中摸索慢慢地向他靠近。为了尽快救助被困学生，民警还联系了一位熟悉山路地形的社区工作人员一起进入山道，从观音洞向大马山位置爬，由于这一段没有成形的山路，崎岖难行，所以树木、蚊虫成了路上最大的阻碍。当晚大雨，山道泥泞不堪，这给民警的搜救工作带来了不小的困难。参与救助的民警打开随身手电，一边用电话联系，一边用手电筒光引导学生。之后，经过6个小时的不断摸索，终于成功将被困驴友救了出来。当晚

10 点左右，被困大学生驴友安全下山。"我太冒失了，完全低估了爬山路的危险程度，给你们添麻烦了，实在对不起。"迷路大学生不停地向包括民警在内的搜救人员道歉。

（案例来源：腾讯网）

案例四 徒步穿越沙漠，大学生寻找水源时不幸遇难

2015 年 5 月 27 日，中国登山协会山地救援培训人员马江龙接到救援报警称，吉林某大学两名男生，赵某和潘某，于 17 日从内蒙古自治区西部出发，徒步穿越中国第三大沙漠——巴丹吉林沙漠。进入沙漠前，两人留下一份备忘录，并嘱咐同学，27 日如果未出沙漠就让同学报警。事情发生后，当地派出 30 多辆汽车，以"并排方式"搜寻。同时一名失联学生的家属在微博上发布了求救信息。

28 日上午 10 点，网上发布信息显示，当日早晨 6 时，救援队伍根据当地牧民提供的线索到达相应的地点。但不幸的是赵某已经没有任何生命体征，潘某意识清醒，但身体虚弱。资料显示，巴丹吉林沙漠总面积 4.92 万平方千米，是中国第三大沙漠。每年都有国内外大量游客乘坐越野车、骑骆驼或徒步穿越该沙漠。赵某和潘某在临行前各携带了 30 瓶矿泉水，其中 24 瓶为 600 毫升，其余 6 瓶是更大容量的，他们于 5 月 17 日出发，但走到第九天，水就喝光了。两人在缺水的情况下，通过卫星定位发现 6 千米外有水源，而赵某就是在寻找水源的过程中，因为体力不支就再也没回来。当救援队发现两人时，距离走出沙漠还有 100 多千米。

（案例来源：吉林电视台）

点睛提示

"驴友"是对户外运动爱好者的称呼。我国开展的户外运动主要包括远足、登山、攀岩、漂流、山地车越野等，属于极限和亚极限运动，有很大的挑战性和刺激性。因为可以拥抱自然，挑战自我，锻炼意志及团队合作精神，提高野外生存能力，所以深受青年人的喜爱。

但是，最近几年，随着"驴友"群体的不断壮大，事故的发生也越来越频繁，尤其是大学生"驴友"，由于缺乏户外探险经验，所以遇险后往往无法有效地进行自救。

案例一和案例二中的大学生"驴友"是幸运的，他们在遇险后及时向救援机构进行求救，并最终获救。而案例四中的大学生"驴友"就没有那么幸运了，由于所处沙漠地带，位置偏远，通信不良，遇险后无法及时向救援机构求救，最终失去了宝贵的生命。

大学生"驴友"在旅行之前应该做好以下准备。

（一）装备

户外食品要做到重量轻、能量高、包装简单、分量足。根据时间长短准备饮用水，食品中主要包括高能量的肉食例如牛肉，主食最好是烧饼，迅速补充体力的巧克力，要及时补充盐分，准备含盐食品例如榨菜，还有能快速补充能量的葡萄干、水果糖、山楂片等。驴友山行必备装备包括背包、帐篷、睡袋、防潮垫、刀具、指南针、手机、鞋、袜子、外衣裤、内衣裤、帽子、手套、墨镜、毛巾、洗漱用品、拖鞋或凉鞋、防晒霜、唇膏、雨衣、必备药品等。

（二）上路

上路不仅仅是走一走、看一看那么简单，掌握必备的知识，使旅行有备无患。

1. 要学会呼吸

（1）不要憋住一口气"腾腾"向前走，这样心肺会出问题。

（2）呼吸急促时要用深呼吸来调整。

（3）气喘时要停下来深呼吸。

（4）全程要匀速前进，当心跳和呼吸发生变化时要调整。

2. 要学会休息

（1）在运动初期要站着休息，不要坐下来休息。

（2）突然间坐下会对心肺功能产生影响，严重时站起来后会发生晕厥、抽筋现象。

（3）刚上路不久需要休息时可以短休，行进 20 分钟左右停下来休息 1 分钟左右。

（4）运动了一大段距离后，例如 1~3 个小时（根据山路实际情况），可以在平缓一点的地方坐下休息 10 分钟左右。

3. 学会饮水

（1）运动初期的二三十分钟出现口渴现象，是身体调节的生理反应，是假渴，并不真正缺水。此时可以适量补水，只要小口喝点就好了，目的是让口腔尽可能湿润，大口大口地喝会增加心肺负担。

（2）无论在什么时候都不要"牛饮"。

（三）特别提示

（1）太胖的人不要爬太高的山，这样自重大，对身体有伤害。

（2）对户外知识不太了解的人，不要盲目跟风去一些过于荒野的地方。

（3）只参加自己身体条件能适应的活动。

（4）无论参与活动还是发起活动，都要本着对他人负责的精神。

（5）尽可能多地关注同行的"菜鸟"。

（6）制作一张小卡片（最好是防水的塑料卡片），上面写明个人姓名、血型、地址、应急联系电话。

无论准备工作做得多么充分，都无法完全避免危险的发生，所以，大学生"驴友"如果在旅行过程中遇险，一方面要学会进行自救，防止危险的扩大；另一方面，要学会发放和识别求救信号，当自己无法以一己之力脱离危险时，及时求救，才不会像案例中的大学生一样失去宝贵的生命。

那么，如何发放和识别求救信号呢？遭遇危难时获救的首要前提是与外界取得联系，使他人知道你的处境。SOS 是国际通用的求救信号，可以在地上写出或通过无线电发报，也可以用旗语通信方式打出或通过其他方式发出代码。另外，几乎任何重复三次的行动都象征着寻求援助。例如点燃三堆火，制造三股浓烟，发出三声响亮的口哨、枪响或三次火光闪耀。如果使用声音或灯光信号，就在每组发送三次信号后，间隔 1 分钟时间，然后再重复。

⚠ 安全知识

迷路是导致驴友在旅行过程中遇险的主要原因，那么在旅行过程中怎样才能避免迷路？迷路后又如何才能辨清方向、化险为夷呢？

（一）怎样避免迷路

（1）必须随时随地观察周围的地形，以便确定方向。在离开自己的帐篷、汽车、独木桥、小船等物之前，要仔细观察周围地形，尽可能远地目测一下自己所在的地区，确定左右各种固定的目标向导，例如山峰、绝壁、寺庙、大树等。

（2）出发前要对营地周围那些突出的目标有一个清楚的记忆，以便在返回时，能用这些目标作为向导。

（3）当离开一条道路、一条小溪、一条小径、一条河流、一座山峰或一座寺庙时，要记住是从哪一边离开的，把这些作为基本路线。记住来时与返回时经过了多少溪流，旅途中经过了多少座山峰、多少个岔道。将自己走过的路画一个线路图。

（二）迷路后怎么办

（1）如果怀疑自己迷了路，就应该立即停下来估计一下情况，盲目地继续前进，处境会更糟。不要惊慌，坐下来，放松一下。做做深呼吸，嚼一块口香糖，仔细回忆一下经过的房屋、溪流或其他地理特征，以便追寻自己曾经走过的路线。

（2）当野游者刚发现难以确定自己的方位时，一般情况下并未走多远，不会找不到路。麻烦的是大多数迷路者继续盲目前进，使自己的处境更糟，一些迷路者甚至完全走出了搜寻地区的范围。

（3）有地图的话，先查一查图例，看看每个符号代表什么，并且找出自己立足处大概在地图上哪个区。看看周围有没有与地理标志相符的地理特征。在地图上找出迷路前的位置，然后回忆一下经过的房屋、溪流或其他地理特征，以便追寻自己曾经走过的路线。

（4）查看地图上的等高线，以便了解周围的地形。等高线彼此相距较远表示山势平缓，没有等高线表示平原或宽阔的山脊，等高线绕成指纹状则多是山嘴或山谷。根据地图上的比例尺，比方说，比例尺为1∶50000，就表示地图上1cm代表实际长度50 000cm（0.5km），用小尺子计算自己与目标物的距离。如果没有纸笔，那么可以用手指粗略测算距离，一般来说，成人的食指从指尖到第一个关节约长2.5cm。

（5）转动地图，使图上标的与它所代表的地理特征在同一个方向，然后按图选取某个方向走到大路或有人烟的地方。

（6）从地图上看清楚前行的路线上有没有障碍，例如悬崖、宽阔的河流等。如果有，就应该另觅一条路线绕过去。利用地图与实地同一地理特征作为引导，边前行边留意两旁景物，参看地图中估计走了多远。

法律链接

《中华人民共和国旅游法》

第八十二条　旅游者在人身、财产安全遇有危险时，有权请求旅游经营者、当地政府和相关机构进行及时救助。

中国出境旅游者在境外陷于困境时，有权请求我国驻当地机构在其职责范围内给予协助和保护。旅游者接受相关组织或者机构的救助后，应当支付应由个人承担的费用。

与您共勉

身体和灵魂都必须在路上,祝您旅行安全。

思考思考

结合本文提供的案例,思考如果在户外旅游发生危险,那么应该如何进行自救?

Chapter 15
第 15 章

●●●● 预防艾滋　珍爱生命 ●●●●

预防艾滋　珍爱生命

2020 年是艾滋病传入我国的第 35 个年头，艾滋病疫情已经控制在较低的流行水平，但青年学生艾滋病感染率不降反升，低龄化趋势成为防艾重中之重。家庭、社会和学校合力防控艾滋病迫在眉睫。随着现代社会的发展，人们的性观念越来越开放，中国人的第一次性生活的平均年龄也越来越低，艾滋病在中国也开始传播开来，并且越演越烈。艾滋病，全名为获得性免疫缺陷综合征，或者称为后天免疫缺乏综合征（Acquired Immune Deficiency Syndrome，AIDS，音译为艾滋病）。艾滋病是一种由人类免疫缺乏病毒（简称 HIV）的反转录病毒感染后，因为免疫系统受到破坏，逐渐成为许多伺机性疾病的攻击目标，促成多种临床症状，统称为综合征，而非单纯的一种疾病，而这种综合征可以通过直接接触黏膜组织的口腔、生殖器、肛门等或带有病毒的血液、精液、阴道分泌液、乳汁而传染。

近几年来，艾滋病在中国各高校传播呈现越演越烈的趋势，引发了很多专家、学者、政府官员的关注。很多大学生感染了艾滋病病毒后，因为缺乏预防艾滋病的知识，没有进行常规的检查，所以导致错过最佳的治疗时间。本章通过分析大学生感染艾滋病病毒的高发原因，系统介绍预防艾滋病的科学知识，使大学生能够进行有效的预防，确保自己的健康。

警钟格言

在世界上我们只活一次,所以应该爱惜光阴。必须过真实的生活,过有价值的生活。
——(苏联)巴甫洛夫

每朵乌云背后都有阳光。
——(美)吉伯特

恐惧常起源于无知。
——(美)爱默生

案例回放

案例一 男男同性性行为被检测出艾滋病病毒

某男,北京某师范大学大三学生,20岁,由于本人性格开朗、外向,所以被推选为学生会的干部,因为工作原因结识了不少新朋友,其中有同性恋者,久而久之在一起发生过多次无保护的男男同性性行为,结果在学校体检过程中被检测出艾滋病病毒。

(案例来源:北京海淀区疾病预防控制中心官方微信"海淀疾控")

案例二 与男友发生无保护性性行为感染艾滋病病毒

某女,北京某大学大四学生,20岁。体检中发现HIV(艾滋病病毒)抗体阳性,但其男朋友抽血检测,结果阴性。她曾经交往过多个男朋友,与不同的男朋友发生无保护性性行为而感染艾滋病病毒。

(案例来源:北京海淀区疾病预防控制中心官方微信"海淀疾控")

案例三 一位感染艾滋病病毒的大学生的自诉

记者采访青岛某大学感染艾滋病病毒的大学生赵里(化名),他希望自己的故事能引起他人警惕,让更多的大学生避免感染HIV。

2014年3月15日,对赵里来说,是人生的分水岭。那天,他查出感染艾滋病病毒,HIV显阳性。

赵里是青岛某大学的大四学生,1992年出生,毕业在即,他是老师、家长眼中的"模范生",是家长们口中的榜样。"从看到检验试纸出现两条杠的那一瞬间,我的人生就全完了,所有的计划和梦想再也不可能实现了。"赵里苦笑着说。

虽然还有半年才毕业,但是他早已经被用人单位看中,签下协议。"现在最担心的就是体检。"赵里说,因为协议里有一条,若体检不合格,则用人单位有权终止合作。

赵里是男同性恋,这并不意外。同性性行为特别是"男同"在艾滋病和其他性传播疾病中占主流,男男性行为人群也是预防艾滋病疫情扩散的防控重点。赵里说,他从初中开始意识到自己的性取向,20多年来,他从未喜欢过女生。上了大学后,与外界信息交流更顺畅,他更确信了自己是同性恋，并交了人生中第一个男朋友。

赵里在与同性发生关系时，他都坚持使用安全套，但即使这样，他还是感染了艾滋病病毒。"想不通，怎么会轮到我呢？"赵里说。回忆起来，那段时间他和4个同性发生过性关系，他脑子里不停重复的就是："完了，完了，完了……"

赵里确认自己感染艾滋病病毒的第一天晚上，他选择了割腕自杀。"只想着让一切结束，只要我死了，我长久以来的内疚、自责、痛苦，连同我的责任，就都一起消失了。"赵里说。但看着手腕上的血静静流了半小时，他突然又缓过神来，拿起电话打给朋友，去医院急救，保住了性命。赵里说，那半小时，这20多年来他所经历的是是非非像电影一样，在他眼前过了一遍。"还是放不下我妈，放不下我姐，我走了她们也过不下去。"赵里说。

赵里从小生活在一个并不幸福的家庭。父亲好吃懒做，好赌成性，经常借外债，有时喝酒回家，就打赵里的妈妈。赵里的姐姐比他大两岁，在北京上大学，毕业后留在北京，家里的经济压力全都落在姐姐身上。"不管怎么样，我还是要赶紧赚钱养家，我还不能死。"赵里说。至于他同性恋的身份和艾滋病感染的状况，他从未跟家人提起，他一直是家人的骄傲。"我不想伤害她们。"

对于未来，赵里并没有太多打算，他希望毕业后能顺利进入所签公司工作，什么也不想，努力工作赚钱，帮助妈妈和姐姐。至于家庭，在没感染艾滋病之前，他曾经想过形式婚姻，找个女同志结婚生子，然后各自过生活。但感染艾滋病后，他已经放弃了结婚生子的念头，"虽然现在医学上可以通过母婴阻断，保证孩子不会遗传上艾滋病，但是我得为他们的将来考虑。"

赵里也渴望能像正常人一样拥有健康的家庭生活，他不渴望完美，他只需要常规。即使是同性恋，他也希望能找到一个长久的伴侣，但这在同性恋圈内是概率很小的事情，"大家的压力都太大了，过得没有自我，很难长久在一起。"赵里说。

他跟大部分艾滋病患者一样，可能一辈子也不会公开自己感染了艾滋病病毒。"害怕别人远离我，对我们来说，歧视比艾滋病更可怕。"

（案例来源：青岛新闻网，2014年12月2日）

案例四 大二学生感染艾滋病被学校取消保研资格

今年21岁的子铭（化名），在江苏省某211高校读大二。年初，在手术前的血液检测中，被查出感染了艾滋病病毒。在残酷的现实面前，他还没缓过神来，就又遭遇到了一连串的打击。因为感染的消息无意中被寝室室友发现，并上报给了学校。

子铭被采访时说："当时的辅导员找我谈话，然后逼着我说怎么感染的。"辅导员说，"你是我们学校的第一个艾滋病感染者，史无前例，摆在你面前的只有两条路，要么休学两年，要么单独住一间宿舍。"

"但是我知道休学一般就回不来了，所以就坚持不休学。然后他没办法，就电话告诉校长。我在医院的时候，医生就跟我说过，有学生感染者被学校知道了，被开除了。尽管是休学，但是就回不了学校了，等于退学一样。我就坚持不同意。"

感染了艾滋病病毒，再没了学业，这对于20岁上下、人生刚刚起步的年轻人来说，意味着被剥夺了一切。情急之下，子铭想到了对自己病情最了解的南京疾控中心医生。疾控中心的两位医生赶到学校，与子铭的辅导员、校医院医生及校教导处主任进行了长谈。向他们介绍了这种病的传播途径，子铭可以和其他同学一起生活、一起就餐，已经服药，艾滋病病毒载量检测结果已经低于检测线，传染性基本上已经没有。学业保住了，但辅导员说子铭的保研资格被取消了。于是原本每年享受奖学金、成绩优异的子铭，却无法再继续深造。

子铭也许还算幸运。记者了解到，在天津市和湖北省等地高校，都曾经发生过感染艾滋病病毒的学生被逐出校门，还有高校更荒唐：将艾滋病病毒感染学生像"非典"患者一样隔离，进行计算机远程教育。

记者了解到，目前《公务员录用体检通用标准（试行）》的确规定，艾滋病属于体检"不合格"，许多单位参照这个标准拒绝招录艾滋病病毒感染者。清华大学公共管理学院社会政策研究所执行所长李楯认为，这个《标准》位阶远低于法律和行政法规，明显和国家《艾滋病防治条例》和就业促进法相悖。但实际情况却是，这些学生的就业权利，就这样被剥夺了。

（案例来源：中国江苏网，2015年9月8日）

点睛提示

（一）高校学生感染艾滋病病毒的现状

截至 2014 年，全球约有 3690 万人感染 HIV 病毒，平均每天就有 6000 人中招，死于艾滋病的人数高达 1200 万。[1]世界卫生组织于 1988 年 1 月将每年的 12 月 1 日定为世界艾滋病日，号召全世界关注艾滋病。2019 年 12 月 1 日的世界艾滋病日，国家卫健委疾病预防控制局发布的最新艾滋病数据显示，截至 2019 年 10 月底，全国报告存活艾滋病感染者 95.8 万（而据中国疾控中心、联合国艾滋病规划署、世界卫生组织的最新联合评估，截至 2018 年年底，我国估计存活艾滋病感染者总计约 125 万，并且估计新发感染者每年 8 万例左右），其中 2019 年 1—10 月，全国共检测 2.3 亿人次，新报告发现感染者 13.1 万例。其中有多少是青年学生，未披露确切数据。在地方层面，据《湖北日报》报道，湖北省疾控中心专家日前介绍，2019 年前 10 月湖北省青年学生感染人数共发现 149 例，比去年同期增长了 10%。另据《华商报》报道，陕西省疾控中心近期公布的数据显示，全省每年新报告学生感染数在 100 例以上，平均每 20 名艾滋病患者中就有 1 名是学生。中国青年学生感染病例的上升使高校艾滋病防控日益受到外界关注，教育部启动的 94 所高校防控试点已经实施三年，如何更好地提高青年学生自我保护意识和预防能力，仍然是亟须面对的难题。2019 年 5 月，国际顶级学术期刊《科学》杂志，发表了来自中国疾控中心和清华大学医学院的文章：HIV upsurge in China's students（艾滋病病毒在中国学生群体中飙升）。该文章显示，根据中国疾病预防控制中心（CDC）的数据，特别令人担忧的是近期大学生群体中感染了 HIV 病毒的数量增加。在过去几年中，新诊断的感染艾滋病的大学生人数年增长率从 30%～50% 不等。2018 年公布的该数据显示：我国年度新增 15～24 岁青年学生艾滋病感染者在相应年度青年感染总人群中的占比，已经由 2008 年的 5.77% 上升至 2017 年的 23.58%，这个数值，已经超过了国际艾滋病 10% 的"重灾区"认定感染红线值。原本是一片与世无争、岁月静好的学习乐土，早已经受到艾滋病的严重侵袭。

2019 年 11 月 23 日国家卫健委召开例行新闻发布会披露，2019 年一年中国有 3077 例学生感染艾滋病，这些学生的感染 81.8% 是同性性传播导致的。上海市 2018 年报告艾滋病病毒感染者 2050 例，其中青年学生感染者 63 例，全部为男性，82.5% 经过男性同性途径感染。陕西省疾

---

[1] 引自搜狐网 2016 年 12 月 8 日：《全球死于艾滋病人数超过 1200 万》。

控中心公布了感染艾滋病最多的前 25 名高校的名单，同性传播最高达 93.7%，最低的也在 66.7%。有调查显示，7%的男大学生承认有过男男性行为经历，这个比例使在校大学生受 HIV 感染的危险越来越大。中国疾控中心艾防中心主任、研究员韩孟杰在 2019 年 11 月国家卫生健康委员会例行新闻发布会上表示，近两年每年有 3000 多例的学生感染[1]。艾滋病正逐渐向被视为净土的大学校园侵蚀。需要采取积极主动的做法，以提高公众对这种趋势的认识，并促进积极的预防和治疗措施。

（二）高校学生感染艾滋病病毒的主要原因

中国疾控中心性病艾滋病防治中心主任吴尊友表示："在 15～24 岁群体中，通过性传播感染艾滋病的占到 96%，男男同性传播占到 57%。""单纯从学生来看，性途径传播是主要的，同性传播的比例更高。"

从 2015 年 1～10 月，15～24 岁的学生新增感染艾滋病病毒中，同性造成的感染占 82%。另外，感染艾滋病病毒的男女学生性别比为 11∶1。自 2008 年以来，女学生感染艾滋病病毒的报告人数每年都有五六十人，可是，男男同性恋造成艾滋病病毒感染的增长幅度却很大。

高校学生感染艾滋病的原因有以下几点。

一是大学的性教育滞后。我国目前的教育以文化教育为主，忽视了性教育内容，而且往往这些性教育内容不包括艾滋病和性传播疾病的预防措施。很多来自二三线城市或农村地区的大学生，对于艾滋病了解甚少。高校性教育普遍滞后，而政府教育系统和卫生系统在大学生预防艾滋病病毒方面的资源又未得到有效整合，使大学生预防艾滋病的形势变得更为严峻。性安全知识缺乏，不知如何保护自己。目前大学生男女情侣发生性行为会使用安全套，而"男男"之间没有避孕需要，大多不会采用防护措施，导致"男男"成为大学生艾滋病病毒感染最高危的群体。

二是随着社会的开放和进步，大学生性观念开放、随意。有 60%～80%的大学生接受婚前性行为并且有多个性伴侣。再加上缺乏性教育，艾滋病和其他性传播疾病的传播风险随之增加。一些大学生夜不归宿，特别是在寒假、暑假期间，有的外出租房开始"假期夫妻"生活。来自广州的调查显示，大学男生购买性服务的情况有所增加，有的男生在购买性服务过程中，并未采取安全措施。

三是中国社会传统的文化耻辱观使 HIV 病毒阳性和性病阳性的个人隐瞒其身份，在人群中成为隐形疾病传播者。

大学生男男同性传播感染者上升的主要原因大致有两个。一是早期对这部分人群不够重视，监测不到感染情况。二是大学生刚从高中学业压力释放出来，对男男同性性行为感到新鲜，就想"尝试一下"，但他们并不知道其中的风险。互联网普及，使人与人之间交往变得更加便捷、隐蔽。由于处于性活跃期，加之受到外界的影响，所以学生群体容易发生不安全的性行为。一些年轻人的身体健康就这样被好奇心断送。

因此，大学生希望了解艾滋病知识的情况成为热点话题。据调查显示，85.74%的大学生希望"了解艾滋病的预防措施和治疗方法"，其次想了解"艾滋病感染者生存现状与艾滋病有关的事件""相关艾滋病知识介绍"和"最新艾滋病相关新闻报道"，各有 70.86%、63.2%、58.16%

---

[1] 以上两段引自搜狐网 2019 年 12 月 2 日：《中国青年学生艾滋病感染病例上升！被无知摧毁的年轻生命！》。

的学生选择。

国家卫健委疾病预防控制局 2019 年 11 月 30 日宣布，已经启动学生预防艾滋病教育工程，并表示，"完善和落实疫情通报机制和定期会商机制，成立由校领导牵头的艾滋病防控领导小组，落实初中学段 6 课时、高中学段 4 课时的预防艾滋病教育时间，落实普通高等学校、职业院校预防艾滋病教学任务。"

（三）高校学生感染艾滋病后给自己带来的严重后果

1. 人际交往受到社会的歧视

高校学生感染艾滋病后最担心的事情就是自己的病情被曝光，如果被学校和同学知道自己感染艾滋病病毒后，学校很有可能就会动员该同学休学或自动退学。这样的情况是感染艾滋病病毒的学生最难以接受的，在自己患病的时候，感觉好像被世界抛弃了。在最近的一些高校学生感染艾滋病病毒的案例中，虽然有些学生据理力争，保护了自己的合法权益，成功留在学校继续上学，但是接下来面临的另一个问题就是如何与同学们相处。很多同学对艾滋病带有歧视的眼光，他们往往不愿意和艾滋病病毒感染者进行人际交往，这越发使艾滋病病毒感染者内心更加孤独，对未来充满了迷茫。

2. 求职就业受到工作单位的歧视

目前《公务员录用体检通用标准（试行）》规定，艾滋病属于体检"不合格"，许多单位参照这个标准拒绝招录艾滋病病毒感染者。人力资源和社会保障部劳动科学研究所所长郑东亮表示：关于艾滋病，现在还没有一致的看法，还列在《公务员录用体检通用标准（试行）》中。公务员、事业单位甚至国有企业，都认同这个标准。

感染艾滋病病毒的大学生面临的又一个困难就是求职，现在很多事业单位和国有企业按照《公务员录用体检通用标准（试行）》规定来筛选求职者，如果被检查出感染艾滋病病毒，就会被这些单位拒绝。对于很多感染艾滋病病毒的大学生来说，这样的规定极大地阻碍了他们事业的可选择性。

（四）大学生应该怎样正确面对艾滋病，尽最大努力呵护生命安全

首先，大学生应该了解艾滋病的危害和传播途径，洁身自好，预防感染艾滋病病毒。

无论对大学生还是对社会来说，都要强调"预防为主，防治结合"的方针。在艾滋病传播的三个途径中性接触是一个主要渠道。大学生虽然是知识群体，但是普遍缺少预防艾滋病和避孕的常识。许多同学不知道危险性行为会传播艾滋病，有的同学甚至还认为蚊子叮咬会传染艾滋病。无知者无畏，许多"男同性恋"发生性行为时不知道采取防护措施，有的同学爱面子，明知有风险，但为了表示对对方的忠诚也不戴安全套。江苏省疾控中心健康教育所曾经选择江苏省 5 所大学对 3221 名在校本科生进行问卷调查。结果显示，相当多的同学对在校期间发生性行为、宿舍内留宿异性非常包容；对性行为安全也重视不足，有 57.6%的大学生表示购买安全套时会感到紧张，部分大学生感觉使用安全套有障碍，尤其是男生和低年级学生。调查还显示，大学生第一次性行为时未使用安全套的比例高达六成，50%的人没有采取任何安全措施。这些"冒险"的行为，不仅可能让女生怀孕，而且可能导致艾滋病等传染病的传播。身在大学"象牙塔"中的青年学生，对社会上的一些黑暗面没有直观的认识，而盲目地认为艾滋病这样的事情离自己很远。然而，它就在每个人身边。每个人都应该警醒起来，增强安全保护意识，杜绝不安全性行为。

大学生思想观念比较开放，正处于性成熟阶段，对性知识具有很强的好奇心和渴望，缺乏约束和防护使他们处在感染性病、艾滋病的危险中。大学生应该是艾滋病预防宣传教育的重点人群，早期对他们开展健康教育，提高其性安全意识，相当部分人群可以避免感染。大学生自己应该树立崇高理想，具有远大抱负，珍惜大学中的美好时光，检点管控自己的行为，洁身自好，预防感染艾滋病病毒。

其次，感染了艾滋病病毒的大学生要正确对待艾滋病，乐观向上，勇于面对现实，善待自己，感染了艾滋病病毒还不是艾滋病患者，不会立即发病死亡，在若干年内仍然可以照常工作和正常生活。因此不要悲观失望，更不要绝望，要减轻心理压力。不要怕与人交往，要抱积极的人生态度，不自我孤立。尽可能与可以信任的人讨论自己遇到的问题，寻求帮助，要避免艾滋病病毒的再次感染，下决心改变以前的危险行为。还要尽可能避免其他各种感染，因为很多微生物会激活潜伏在体内的艾滋病病毒而使人发病。保持乐观的情绪，注意饮食营养，锻炼身体。彻底戒烟、戒酒，过健康的有规律的生活。定期去医院检查，接受医务人员的指导。力争增强自身的抵抗力，减缓发病，延长生命，等待特效药问世。联合国艾滋病规划署亲善大使苏凯琳博士介绍，通过不断努力，2015年由艾滋病引发的死亡比2000年减少了42%，艾滋病病毒感染者也减少了35%，并提出了2030年艾滋病从地球上消失的目标。因此，前途是乐观的。

感染了艾滋病病毒的大学生也要善待他人，避免将病毒传染给他人，例如过性生活要坚持使用避孕套，不与他人共用针头、剃刀、牙刷等。不献血，避免怀孕。如果考虑怀孕就要向有关医生咨询，在医生指导下怀孕，以便减少母婴传播的机会。及时认真地消毒被自己血液、精液等分泌物污染的物品。必要时，求助于心理咨询或心理治疗师是恰当的选择。

（五）学校和社会要关心大学生中的艾滋病患者，不得歧视艾滋病患者

我国早在2006年就颁布了《艾滋病防治条例》，该条例规定："任何单位和个人不得歧视艾滋病病毒感染者、艾滋病患者及其家属。艾滋病病毒感染者、艾滋病患者及其家属享有的婚姻、就业、就医、入学等合法权益受法律保护。"艾滋病患者也享受有关政治、民事、教育和劳动的平等权利，也应该有尊严、有质量、有保障地生活。有的大学生感染艾滋病病毒后被学校逼着休学，恰恰说明学校、老师也不明白艾滋病病毒的传播途径只有"性、血液、母婴"三种途径，才会谈"艾"色变。歧视艾滋病患者的行为对于患者来说比艾滋病病毒更可怕。应该多关心大学生中的艾滋病患者，给他们信心，增加他们的勇气，让他们知道自己没有被社会抛弃。在平常生活和工作中，与艾滋病患者正常交往、饮食、外出等，不要疏远大学生中的艾滋病患者。

⚠ 安 全 知 识

（一）艾滋病的基本知识

1. 什么是艾滋病？

艾滋病是一种病死率很高的严重传染病，它的医学全称是获得性免疫缺陷综合征。这个命名表达了三个定义，第一，获得性：表示在病因方面是后天获得而不是先天具有的，是由艾滋病病毒（HIV）引起的传染病；第二，免疫缺陷：主要是病毒造成人体免疫系统的损伤而导致免疫系统的防护功能降低、丧失；第三，综合征：表示在临床症状方面，由于免疫缺陷导致的

199

多种系统的机会性感染、肿瘤而出现的复杂症候群。

2. 感染者与艾滋病患者有什么不同？

艾滋病病毒进入人体后的繁殖需要一定的时间。在开始阶段，感染者的免疫功能还没有受到严重破坏，因此没有明显的症状，把这样的人称为艾滋病病毒感染者。当感染者的免疫功能被破坏到一定的程度后，其他病菌就会乘虚而入，这时，感染者就成为艾滋病患者了。从艾滋病病毒感染者发展到艾滋病患者有数月至数年，一般为8～10年，最长可以达到19年。

3. 健康人是怎样感染艾滋病病毒的？

艾滋病病毒主要通过性接触、血液和母婴三种途径传播。

4. 艾滋病可以治疗吗？

尽管目前艾滋病还不能治愈，但还是可以治疗的。得了艾滋病应该针对症状，及时地、积极地进行治疗。而且，目前已经有了抗病毒治疗方法，尽管不能完全消灭体内的艾滋病病毒，但是可以有效地抑制它的繁殖，这样就可以大大延长艾滋病病毒感染者的寿命。

5. 怎样预防艾滋病病毒通过性行为传播？

预防艾滋病病毒通过性行为传播，要采取安全的性行为。一是只有一个相互忠诚、没有感染艾滋病的性伴侣。二是每次性生活都正确使用安全套。

6. 艾滋病病毒会通过母亲传染给婴儿吗？

感染了艾滋病病毒的妇女可能会在怀孕的后期、分娩过程中和母乳喂养时把艾滋病病毒传给胎儿或婴儿，传播的可能性为25%～40%，一般为30%左右。

7. 怎样预防母婴传播艾滋病病毒？

首先要保护妇女不受艾滋病病毒的感染，这样就不会将病毒传染给孩子。如果感染了艾滋病病毒的妇女仍然想要生育孩子，那么应该定期到医院接受医生的产前指导，服用阻断母婴传播的抗病毒药物。生孩子时，可以采用剖腹产。孩子出生后，要人工喂养。

8. 一般的日常生活接触会感染艾滋病病毒吗？

日常生活接触是不会感染艾滋病病毒的。下面这些行为都不会传播艾滋病病毒。

（1）与艾滋病病毒感染者握手、拥抱、抚摸、礼节性接吻。

（2）与艾滋病病毒感染者一起吃饭、喝饮料及共用碗筷、杯子。

（3）与艾滋病病毒感染者一起使用公共设施，例如厕所、游泳池、公共浴池、电话机、公共汽车。

（4）与艾滋病病毒感染者一起居住、劳动、共用劳动工具。

（5）购物、使用钞票。

（6）咳嗽、打喷嚏、流泪、出汗。

（7）蚊子、苍蝇、蟑螂等昆虫叮咬。

9. 怀疑自己得了艾滋病，到哪里去检测？

一般来说，可以到具有初筛资格的县区级疾病预防控制机构做HIV抗体检测，确诊必须到上级疾病预防控制机构检测。

10. 什么时间去做检测？

应该在高危行为后的0、6、12周、半年时检测HIV抗体，半年以后仍然未检测到HIV抗体，则认为未感染艾滋病病毒。感染艾滋病病毒的头三个月称为"窗口期"，虽然HIV抗体在感染2周后就可以出现，但是这时身体里还没有产生足够量的抗体，可能无法检测出是否已经受感染。有了高危行为就去检测可以判断是否有既往感染。"窗口期"尽管可能检测不出艾滋病病毒抗体，但是同样具有传染性，因此，这段时间过性生活，要使用安全套。

（二）发生高危性行为或被艾滋病患者侵犯后，可以在 72 小时内自救

中国疾控中心性艾中心主任吴尊友说："艾滋病仍然是死亡率最高的传染病，也是危害我国人民健康最严重的传染病。2015 年全国报告艾滋病死亡数是除了艾滋病以外其他所有甲乙类传染病死亡总数的 3.3 倍。但艾滋病也是能有效控制住的，只要发现得早，坚持治疗，艾滋病是可控的，感染者的寿命甚至可以和正常人一样长。"

艾滋病目前是有阻断药物的。被艾滋病患者侵犯后，2 小时内及时进行预防性用药的效果最佳，阻断成功率在 99% 以上。随后成功率会开始逐渐下降，但 72 小时内仍然有较高的成功率，被称为黄金 72 小时。曾经有媒体报道，一名大学生在泰国清迈旅行的最后一天，准备体验当地特色泰式按摩，著名的女子监狱按摩店当天预约人满，就去了一家私人按摩店，结果不幸遭到流动按摩师（人妖，实为男性）的迷奸。回酒店洗了很久的澡，逐渐清醒后反应过来，自己有被感染 HIV 的可能，立马在网上寻求了老师的帮助，事发 8 小时后前往当地私立医院购买了一个月的阻断药物及时服用，成功阻断。如果发生了高危性行为，需要的就是暴露后阻断。比如，"男同"之间无套性交，或者拥有多个性伴侣且无套性行为，就存在感染艾滋病的高度危险性，如果及时按照疗程服用艾滋病阻断药物，就可以有效防止感染艾滋病。因为阻断药物会对身体造成一定的不良反应，所以要到传染病医院或疾控中心寻求帮助，在专业医生的指导下用药。以下三种情况有必要接受阻断药物治疗，一是与艾滋病患者或疑似患者发生没有安全措施的性行为；二是开放的伤口或黏膜组织接触到艾滋病患者的血液； 三是被有艾滋病患者血液的针具刺伤等。阻断药的完整疗程一般需要 28 天。

（三）艾滋病的预防准则

（1）不发生不洁性行为，遵守道德，洁身自爱，不要有婚前和婚外性行为；遵守婚前健康检查的规定；婚前一定要知道对象是否已经受艾滋病病毒感染；遵守政府法令，不搞卖淫嫖娼。

（2）不以任何方式吸毒，有毒瘾者暂未戒除前切勿与他人共用注射器。

（3）怀疑自己或对方受艾滋病病毒感染时坚持使用避孕套。

（4）不轻易接受输血和血制品（如果必须使用，就要求医院提供经过艾滋病病毒检测合格的血液和血制品）。避免在日常救护时沾上受伤者的血液。不要擅自从国外带入血液制品，不要使用未经过检验的进口血液制品。

（5）不与他人共用针头、针管、纱布、药棉等用具。医疗时使用经过严格消毒的注射器及检查、治疗器械；不到消毒得不到保证的诊所、医院去打针、拔牙、针灸或手术；儿童打预防针必须做到一人一针一管。

（6）不去消毒不严格的医疗机构或其他场所打针、拔牙、打耳孔、文身、文眉、针灸或手术。

（7）不到消毒不严密或不消毒的理发店和美容店去理发或美容；浴室的修脚刀一定要消毒。

（8）在救护流血伤员时，要设法防止血液直接沾到自己的皮肤或黏膜上。

（9）不与他人共用有可能刺破皮肤的用具，例如牙刷、刮脸刀和电动剃须刀。

（10）不用未消毒的器械穿耳眼、文眉、文身。

（11）已经受到艾滋病病毒感染的妇女不要怀孕。

(四)我国对艾滋病患者实施的"四免一关怀政策"

我国对防控艾滋病一贯高度重视,2004年起对艾滋病患者实施"四免一关怀政策",并于2006年颁布了《艾滋病防治条例》,将"四免一关怀政策"纳入《艾滋病防治条例》,上升到法律的高度。在"四免一关怀政策"中,一免是免费提供抗艾滋病的抗病毒治疗。农村居民和城镇未参加基本医疗保险等医疗保障制度的经济困难人员中的艾滋病患者,可以到当地卫生部门指定的传染病医院或设有传染病区(科)的综合医院服用免费的抗病毒药物,接受抗病毒治疗。在实际工作中,艾滋病病毒感染者在符合抗病毒治疗标准的情况下,均可以获得免费抗病毒治疗药物。二免是免费自愿咨询检测。所有自愿接受艾滋病咨询和病毒检测的人员,都可以在各级疾病预防控制中心和各级卫生行政部门指定的医疗等机构得到免费咨询和艾滋病病毒抗体初筛检测。绝对全程保密。三免是对已经感染艾滋病病毒的孕妇由当地承担艾滋病抗病毒治疗任务的医院提供健康咨询、产前指导和分娩服务。及时免费提供母婴阻断药物和婴儿检测试剂。如果母亲检测阳性,那么在怀孕期间就服药,刚出生的婴儿也服药,从而阻断母婴传播。四免是艾滋病遗孤免费就学。地方各级人民政府要通过多种途径筹集经费,开展艾滋病遗孤的心理康复,为其提供免费义务教育。在实际工作中,各级政府相关部门还为艾滋病遗孤和感染艾滋病儿童提供了生活补助。一关怀就是对艾滋病患者家庭实施关怀救助,国家对艾滋病病毒感染者和患者提供救治关怀,各级政府将经济困难的艾滋病患者及其家属,纳入政府补助范围,按有关社会救济政策的规定给予生活补助,扶助有生产能力的艾滋病病毒感染者和患者从事力所能及的生产活动,增加其收入。在"四免一关怀政策"的推动下,我国的艾滋病检测、抗病毒治疗、预防母婴传播以及高危人群预防干预等重点工作领域取得了显著进展。

法律链接

《中华人民共和国刑法》

第三百六十条 明知自己患有梅毒、淋病等严重性病卖淫、嫖娼的,处五年以下有期徒刑、拘役或者管制,并处罚金。

《艾滋病防治条例》(国务院)
(2006年1月18日国务院第122次常务会议通过)

第三条 任何单位和个人不得歧视艾滋病病毒感染者、艾滋病患者及其家属。艾滋病病毒感染者、艾滋病患者及其家属享有的婚姻、就业、就医、入学等合法权益受法律保护。

第十条 地方各级人民政府和政府有关部门应当组织开展艾滋病防治以及关怀和不歧视艾滋病病毒感染者、艾滋病患者及其家属的宣传教育,提倡健康文明的生活方式,营造良好的艾滋病防治的社会环境。

第十三条 县级以上人民政府教育主管部门应当指导、督促高等院校、中等职业学校和普通中学将艾滋病防治知识纳入有关课程,开展有关课外教育活动。高等院校、中等职业学校和普通中学应当组织学生学习艾滋病防治知识。

第三十九条 第二款 未经本人或者其监护人同意,任何单位或者个人不得公开艾滋病病毒感染者、艾滋病患者及其家属的姓名、住址、工作单位、肖像、病史资料以及其他可能推断出其具体身份的信息。

第四十四条 县级以上人民政府应当采取下列艾滋病防治关怀、救助措施：

（一）向农村艾滋病患者和城镇经济困难的艾滋病患者免费提供抗艾滋病病毒治疗药品；

（二）对农村和城镇经济困难的艾滋病病毒感染者、艾滋病患者适当减免抗机会性感染治疗药品的费用；

（三）向接受艾滋病咨询、检测的人员免费提供咨询和初筛检测；

（四）向感染艾滋病病毒的孕产妇免费提供预防艾滋病母婴传播的治疗和咨询。

第四十五条 生活困难的艾滋病患者遗留的孤儿和感染艾滋病病毒的未成年人接受义务教育的，应当免收杂费、书本费；接受学前教育和高中阶段教育的，应当减免学费等相关费用。

第四十六条 县级以上地方人民政府应当对生活困难并符合社会救助条件的艾滋病病毒感染者、艾滋病患者及其家属给予生活救助。

第四十七条 县级以上地方人民政府有关部门应当创造条件，扶持有劳动能力的艾滋病病毒感染者和艾滋病患者，从事力所能及的生产和工作。

对待艾滋病的"三C原则"
（联合国艾滋病规划署和世界卫生组织）

保密、咨询、知情同意（接受检测者既要知情，又要自愿）。

与您共勉

有一种比艾滋病更严重的病症，叫作冷漠；有一种比金钱更有价值的品质，叫作尊重；有一种让艾滋病惧怕的力量，叫作关爱。艾滋病患者的希望，从您的一丝关怀开始。

预防艾滋病：多一点自律，少一点放纵；多一点爱心，少一点责怪；多一点尊重，少一点歧视。大学生应该自尊、自强、自爱，合理规划人生，可以享受爱情，但是要注意保护自己，不要让艾滋病毁了一生。

思考思考

1．艾滋病病毒传播的三个主要途径是什么？
2．一般的日常生活接触会感染艾滋病病毒吗？
3．怀疑自己得了艾滋病，到哪里去检测？

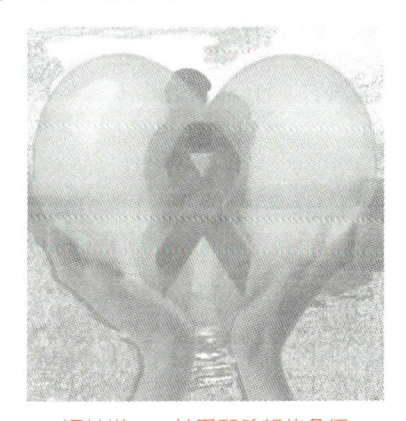

红丝带——关爱和希望的象征

Chapter 16
第 16 章

身心健康　乐观向上

携手迎接美好的明天

　　随着知识经济时代和信息社会的到来，人们的生活节奏明显加快，社会竞争日趋激烈，社会成员所承受的压力越来越大，社会上心理疾病的患者与日俱增。大学生作为一个承载社会、家长高期望值的特殊群体，其面临的心理压力明显地高于其他同龄群体。大学生心理健康问题引起社会的广泛关注和深刻反思。其主要表现为人际关系适应不良、学习学业问题、情绪情感问题、就业心理困惑、心理承受挫折的能力弱，更严重者会造成抑郁症、自杀、投毒等恶劣情况的发生。

　　本章通过对大学生存在的各种心理健康问题特别是抑郁、自卑、轻生等问题的剖析，分析心理障碍的原因，提出解决的措施，以期为解决大学生心理障碍提供指导，表达关怀。

警钟格言

每个冬天的句号都是春暖花开。

——（法）加缪

人间之可爱，就在于它的有情有爱有牵绊。

——中国当代女作家杏林子

> 只要朝着阳光,便不会看见阴影。
>
> ——(美)海伦·凯勒
>
> 如果你发现生活不如意,我希望你有勇气从头再来。
>
> ——(美)伍迪·艾伦
>
> 命运压不垮一个人,只会使人坚强起来。
>
> ——(德)海因里希·伯尔
>
> 生命的路是进步的,总是沿着无限的精神三角形的斜面向上走,什么都阻止他不得。
>
> ——鲁迅
>
> 悲观的人,先被自己打败,然后才被生活打败;乐观的人,先战胜自己,然后才战胜生活。
>
> ——汪国真

案例回放

案例一 自卑心理障碍

江西省南昌市某大学某女生,学习成绩在班里是第一名。但是她却自卑,看不起自己。在大众场合不敢发言,跟别人交流时总不能恰当地表达自己,尤其是跟老师或陌生人谈话,总显得十分局促,举手投足不知如何是好。她很羡慕其他同学在公共场合能够从容不迫,侃侃而谈。她很希望改变自己,虽然做过很大的努力,但是一直没有明显改观,她内心非常苦恼。从高中到大学很少与异性同学交往,别人评价她是一个冷漠、孤傲的人。她从小养成了以自我为中心的习惯,因此,在成长和交往的过程中,朋友越来越少,慢慢地,脱离了群体,把自己封闭起来。后来她开始反省自己,觉得都是自己的错。时间一长,发现自己好像已经没有脾气了。不管跟谁发生矛盾,都以为是自己的错,然后深深自责,或者把怨气都闷在心里。总觉得难以与周围的同学建立一种和谐的关系。非常担心毕业后不能适应社会生活。近来更是觉得自己一无是处,极度自卑,没有勇气参加任何活动。

(案例来源:南昌新闻网)

案例二 抑郁失去生活信心

小唐(化名)来自农村,中小学时,他每次考试成绩都名列榜首,是全校的焦点。他凭着聪明好学考上了某重点大学信息科学专业。进了大学,他突然感到自己什么也不是了,没人再关注他过去曾经多少次排名第一,同学们更喜欢关注时事新闻、体育、娱乐、时尚等,而这些陌生的信息一下子就把小唐从人群中分离出去了。12年来学习是他生命中的全部,其他似乎并不存在。可现在,别人感兴趣的话题他插不上嘴,他强烈地感到自己不被接纳。加上小唐性格比较内向,不能主动与人沟通交流,其他同学并不知道他内心的感受,虽然他想通过考试取得第一名引起大家的注意,但是总有人比他考得更好。他比别人花更多的时间学习,有两门课程也曾经考过第一,但是慢慢地他体验不到快乐了,觉得没有什么事能引起自己的兴趣,更不想与别人接触，常常自责、内疚，觉得自己没有价值。渐渐反应开始迟钝，缺乏专注力。大二时他的学习状态越来越差，一次专业基础课考试不及格给他带来了毁灭性的打击，他觉得自己的生活再也没有什么意义了，几乎丧失了生活的信心。

（案例来源：中南大学网站）

案例三　压力过大导致心理疾病

小金（化名）是某重点大学商学院研究生二年级学生，父亲是某医院外科医生，母亲是中学数学老师，他们都是事业比较成功的人。小金的父亲做事严谨，十分注重细节，对她的行为举止要求很严，稍不符合他的要求就会受到不同程度的处罚。母亲和父亲一样对她要求极为严厉，几岁时，母亲就开始给她灌输"无论做什么都要超过别人，不能让别人在你前面"之类的信念。小学时她就和周围的人比，无论是学习还是其他方面她都要争第一，争得第一后母亲就会给她各种奖赏。在学校，班主任老师又对她提出高要求，各门主课在年级争第一，为班级争光。她在小学是好学生，考进重点中学又是尖子生，考进重点大学后还是连年拿一等奖学金。十多年来，她拼命争来了许许多多的第一，但第一并没有给她带来快乐。两年前因为成绩优异被保送读研究生，她的导师是一名知名的女经济学家，对学生要求极为严厉。在读研过程中，她参加一次省部级的科技竞赛成绩不佳，于是觉得自己落后于所有人了，整天闷闷不乐，情绪低落，后来发展到几乎对什么都失去了兴趣。小金自读研究生近两年以来，情绪一直低落，整天无精打采，注意力难以集中，学习效率低，对什么都没有兴趣，觉得自己很无能，甚至有过轻生的念头。

（案例来源：中南大学网站）

案例四　失恋而轻生

之一

2019年11月25日晚，贵州省某高校学生龙某从学校西校区19栋学生宿舍跳楼自杀。120救护车和警方同时到达现场，经过抢救无效，医生宣布龙某无生命体征。龙某跳楼后，公安机关发现了他留下的字条，上面写道："亲爱的所有人，爸爸妈妈我爱你们，我也对不起你们，我太懦弱、太无能，我只能选择逃避，我下辈子再孝顺你们，你们别管我，好好生活，这一切与任何人无关，只怪我自己，我永别了。"公安机关了解到龙某跳楼前，也将字条上的主要内容通过手机短信发送给其母亲。据同寝室的同学反映，龙某最近与女朋友在闹矛盾，女朋友在山东理工大学学习；是他高中的同学，经过警方调查认定，龙某的死亡排除他杀。监控视频显示，龙某是自行从其四楼住所乘坐电梯来到13楼走廊窗户边，在没有任何征兆的情况下，突然放下手机，后退几步，助跑后从13楼跳下。经过学校调查，龙某事发前有过异地恋情况，曾经在电话中和女方发生过争吵，怀疑龙某是因为情感问题引发的自杀。

（案例来源：贵州省教育厅）

之二

小洁（化名）：我从小就在优越的环境中长大，父母都是高中的老师，过着衣食无忧的生活，受到父母的格外呵护，享受着"小公主"般的感觉，这样的生活一直伴随着我走进了大学。

刚进大学时，对于我来说一切都是陌生的，离开了父母的呵护，有点茫然了。但我还是积极地面对生活，各方面表现得都还不错，积极而热情。但是大一时，我参加了学校和系里的各类学生干部、干事的竞选，结果都失败了。长这么大，第一次体会到如此"沉重"的打击，一向好胜的我陷入了自我否定的泥潭。情绪往往会因为一件很小的事情而大起大落，反复无常。但我努力学习，成绩还不错，每次都能拿到学校的"优秀奖学金"。也许是我这种争强好胜的性格，在寝室里好与人争执，又很少忍让。长此以往，寝室的同学都不敢"惹"我了，我的人际关系也开始出现了危机，我总怀疑别人在议论我，对每个室友都充满了敌意。每次看到别人高兴地在一起玩或学习时，内心就充满了孤独感。晚上常常做噩梦，睡眠出现问题，精神状态不佳。没有胃口，常常不知道自己为什么发脾气，也很难控制自己的消极情绪，最终变成了同学中的"另类"。我很痛苦，也努力尝试过改变自己，但坚持不下来。大二期间，精神萎靡，对生活缺乏热情，自我否定几乎表现在我生活的所有内容中，甚至产生了自闭的状态。

其实我在高一的时候就谈恋爱了，我的男朋友叫小军（化名），他和我同班，就坐在我的后面，我们常在一起玩。这样的美好时光一直持续到高中毕业，我们各自去读了自己向往的大学。开始时我们还经常联系，但慢慢地我就怀疑我和他不是真正的爱情，仅是对他的好感而已。特别是我们不经常见面了，我和他的距离也越拉越大，我好几次都提出和他分手，但都遭到了他的拒绝，仔细想想，他也挺优秀的，我也就渐渐地接受了他。这样的生活一直持续到大二上学期，一天中午我在睡觉，突然手机响了，打开一看是小军的信息，上面写着："小洁，我们分手吧！"这几个字顿时充斥了我的大脑，我的脑袋嗡嗡作响，我回过电话去，得到的仍然是同样的结果。躺在床上，我越想越觉得委屈，他怎么能这样对我呢？即使分手也应该我和他说分手，怎么他向我提分手呢，他有什么资格说这话？不行，我不能接受……我感到了空前的绝望和无助，我感到了活得没有面子，不知道生活下去还有什么意义。我想到了死，但我想用一种最不痛苦的方式来结束我的生命，于是我想到了服安眠药，当我去药店买药时，就只卖给我两粒，于是我就多跑了几家不怎么正式的药店，终于买到了二十多片安眠药，回到寝室后，我一口气把它们吃下去，躺在床上睡了过去……直到我寝室的同学回来和我说话，发现我不理她们，才发现事情不对，她们就立即把我送到了市里的医院，最终经过洗胃和大家的抢救，我脱离了危险……

学校把我吃药的事也告诉了我的父母，父母这才感觉到事情的严重性，他们把我带到医院进行全面的检查，身体倒是没有什么问题，就是心理医生说我是患上了"抑郁症"，并给我开了药，现在这些药我还在吃，但吃了总是感觉头疼，晚上还是睡不着觉，很多晚上都是睁着眼看着天花板发呆，痛苦极了，我不知道如何是好。

（案例来源：爸妈在线心理咨询）

案例五　研究生毕业未就业　陷入校园贷陷阱而自缢

2018年1月29日凌晨，武汉大学刚毕业的研究生罗某在武汉市江岸区上海路一家小旅社自缢。家人从其手机信息中发现其支付宝仅余0.71元，共有13个手机网贷App。警察给罗某的父亲看了监控录像：当晚，罗某穿戴整齐，独自一人在楼道内上下徘徊；凌晨3时40分以后，他上到三楼平台后，再未下来。定性为"自杀"。罗某出生于贫困的农村，一岁时，父母离异，父亲长年在外打工，基本上由爷爷奶奶带大，性格内向。但从小学到高中成绩一直都很优秀。2010年，以优异成绩，考入武汉某大学"交通运输工程"专业，经过6年本硕连读，2016年7月毕业后，向其家人谎称应聘到武汉一家央企工作。签约后，被外派到杭州工地上锻炼，每月工资6000元。调查证据显示，罗某在武汉这一年，一直没工作，也没有收入来源，而是靠网络借贷"流浪"生活。在罗某的手机中，共发现招联金融、贷上钱、来分期、安逸花、借贷宝、马上金融、贷小强等13个网贷App，共欠下5.2万元分期欠款。还有几笔约1万元的微信私人高利贷。罗某在手机中留有一封遗书："都是我的错，对不起。在武汉玩了一年，什么事都没做。没什么遗产留下，借了一屁股债，不会还了。我太幼稚了，大人和我说的都是对的。可惜我明白太晚。都是我自己的错，对不起……"

　　2015年11月，罗某曾经被评为学校的"三好研究生"。他的同学们说，"他自尊心很强，平时很少主动和同学交流，在同学群中很少冒泡，2017年就更少说话了。"罗某出事前，也一直对同学们声称自己在武汉上班。他的硕士导师说，"罗某是一位优秀的学生，就是性格有些内向，不善于和人互动交流。本来以他的专业条件，找一份不错的工作，是很轻松的事。如果有什么困难和老师同学说一声，大家肯定会帮他。罗某毕业后，有些逃避工作。"罗某的悲剧，除了陷入网络高利借贷陷阱的社会原因以外，更有其家庭、性格等导致的个人心理障碍的原因。大学生毕业后，如何从学生身份向社会人转变，如何融入社会，值得反省和深思。

（案例来源：《湖北日报》2018年12月2日）

点睛提示

　　分析我国学生之间的伤害案，大多数可以看到当事学生存在各种心理问题。上述一组大学生心理安全的案例，有患抑郁症的，有轻生自杀的，其中悲剧的主角无一例外都存在严重的心理障碍。比如性格孤僻、自卑、嫉妒心强，长期处在焦虑、紧张情绪中等。据权威调查显示，我国大中学生中，有心理问题的学生比例高达20%。据有关单位对南京4所高校一万多名大学生进行调查，结果显示有1/4的人有心理问题，11.7%的学生患有程度不同的心理疾病，另外对608名学生调查时发现，有过心理危机的占75%。[1]显现出大学生心理健康对校园安全的重要。这组五个案例反映出三方面的心理障碍而导致大学校园的安全隐患。

（一）抑郁症

　　案例一、案例二、案例三分别是发生在大学生中的三种抑郁症的具体表现。抑郁是心理情绪失衡的现象。有的学生在遇到学习上的压力、生活上的挫折、感情上的失意、家庭的变故等刺激后，在心理上无力承受由此而来的压力出现的情绪反应，在行为上表现为丧失学习兴趣、情绪低落、反应迟钝、无精打采、拒绝交往、回避朋友、坐立不安、心烦意乱、食欲减退、失眠、无价值感、有负罪感，有时会有自杀的想法。大多数学生都有过这种消极情绪，但体验的时间比较短，随着时过境迁就消失了。但其中也有少数性格内向、孤僻、自尊心强、怀疑心重、承受挫折能力弱的学生容易长期陷入抑郁状态，导致抑郁性精神症的出现。

　　近年来受到抑郁困扰的大学生越来越多，有人把它称为"大学流行心理感冒"。在一个竞争激烈的社会里，一个人的成功可能就是另一个人的失败。大学生一旦接受了绝对化标准，自我结构也就很死板，没有一点弹性，一遇到挫折就没有回旋的余地，容易走极端。案例一中的抑郁表现为极端自卑导致的人际交往障碍，案例二中的抑郁表现为自我封闭而丧失生活信心，案

---

[1] 赵云霞，吴仲江，刘亚军：《浅析大学生自杀心理的综合因素》，齐齐哈尔医学院学报，2006年第27卷第4期。

例三中的抑郁表现为压力过大的心理障碍，他们的共同安全隐患都是可能走向轻生。

（二）轻生自杀

高校大学生发生的自杀事件逐年呈上升发展趋势，成为高校校园安全的一个隐患。中国社会调查所的一项调查显示，26%的受调查大学生有过自杀的想法。自杀已经取代突发疾病和交通意外，成为大学生意外死亡的第一原因。据贵州省教育厅安稳处统计贵州省高校中发生的大学生自杀案例，2018年是2起，2019年是6起，增长了3倍。有一所大学三天内连发两起自杀事件。导致大学生自杀的原因有很多，其中不可忽视的重要原因之一是心理健康问题。健康是一种躯体上、心理上和社会上的完满状态，而不仅仅是躯体上的没有疾病，心理因素也能致病，不亚于细菌、病毒对人体的危害。大学生具有个体青年期的心理特征和面临的心理问题，他们内心动摇大，情绪的紧张程度较高，对很小的刺激也容易引起强烈的情绪反应：一时陷入被打败的悲痛里，一时又由于有希望昂首挺胸。情绪不稳定，是青年期心理的一个特征。案例四和案例五中自杀的大学生都有这种心理疾病，即人格障碍和情绪失调。心理卫生学认为，情绪失调往往导致人格障碍，而人格障碍又体现出情绪失调。情绪失调与人格障碍有多种表现形式，例如抑郁、自卑、孤僻、悲观、鲁莽、急躁、多疑、狭隘、焦虑等。心理疾病未发现或发现后未治疗，别人无法走进他们的内心，他又无法与人沟通，无法表达自己的需求，无法宣泄自己内心的苦闷，易于走上轻生的极端。

导致大学生自杀的，除了一部分人属于心理疾病原因造成的以外，更多是社会原因，反映出具有特殊代表性和典型性的社会问题与社会现象。案例五揭露了发生在大学校园中借高利贷而引发的令人惋惜的自杀悲剧。

⚠ 安 全 知 识

（一）当前大学生心理健康问题的主要表现形式

作为社会新技术、新思想的前沿群体，当代大学生的心理素质不仅影响到他们自身的发展，而且关系到全民族素质的提高，更关系到我国新世纪人才的培养。然而，由于家庭环境、社会环境、校园环境及大学生自身因素的影响，当代大学生心理素质不容乐观。大学生因为心理问题休学、退学的现象不断增多，自残、自杀等一些反常事件不时见诸报端。大学生的心理上存在着一系列不良反应和适应障碍，主要表现在以下几个方面。

（1）人际关系适应不良。由于存在交际困难，所以一些大学生迷恋于网络这个虚拟世界，与现实世界脱离。长此以往，对大学生的认知、情感和心理定位会产生巨大的影响。

（2）学习心理障碍。缺乏学习目标和动力，不能集中精力进行学习。其中有些自控能力较差的学生甚至沉迷于网络游戏或上网聊天，进而对学习产生厌倦，对考试感到焦虑甚至考试时作弊。

（3）自我评价失调。大学生在中学时期大多为尖子生，心理上有较强的优越感，而进入大学尤其是进入重点大学之后，各地的优秀学生都将面对新的比拼和优选。部分学生面临前所未有的竞争压力时，一旦学习成绩波动，就会自信心受挫，甚至产生失落感和自卑感。

（4）恋爱与性心理问题。一般包括单相思、恋爱受挫、恋爱与学业关系问题、情感破裂的报复心理等。随着性生理和性心理的成熟，大学生对性给予了更多的关注。在性器官的发育、两性关系、恋爱等方面经常出现心理困惑和障碍。一些大学生因为一时冲动，或者早婚早恋而荒废学业，或者未婚先孕而痛苦不堪，或者触犯法律，走上犯罪的道路而留下终生遗憾。

（5）因为心理问题而自杀。很多大学生从小一帆风顺地成长，在学业上表现优异，但是在生活中遇到一些困难却不知道如何处理，为了逃避痛苦，逃避责任，于是选择一死了之。这样看似解脱了，但却给家庭和社会带来了巨大的伤害。贵州省某大学2019年12月一位自杀学生的遗书中有这样一段："我自己觉得人间不值得来，我想赶紧离开这人间。我早就觉得这人生没意思，只是没有勇气离开。唯一的错误是我妈把我生下来，让我来到这个世界。我希望不要再做人，太累了。最对不起的也是我妈，辜负你们了。"这是多么严重的轻生观念，多么扭曲的心理障碍！

（6）就业心理困惑。面对当前的就业危机，部分大学生没有做好就业的心理准备，自我定位和自我能力评价不够切合实际，期望值过高，导致就业困难。还有部分学生在择业过程中不认真思考，盲目从众。这是导致案例五中罗某悲剧的重要原因。

（7）因为心理问题而伤害他人。一些学生因为家庭原因，导致了性格过于内向，情绪不容易表达出来，时常积压在心里，往往在忍无可忍的时候，会在某一时刻情绪失控，做出过激反应，给别人和自己造成伤害，甚至触犯法律，毁掉自己的人生。

（8）因为渴望金钱而误入歧途。一些大学生因为家庭经济比较拮据，所以想赚更多的钱给家里和自己改善生活。但是他们没有用正规的途径来赚钱，而是走上了一条通往地狱的危险的道路。一些大学生不知道社会的凶险，通过"校园贷"借钱来满足自己物质的欲望，最终被"校园贷"这个"巨兽"给"吞噬"了。

（二）大学生心理健康问题成因分析

大学生的心理健康是由来自社会、学校、家庭的各种压力直接造成的。由于大学生的文化层次较高，所以社会对其期望、要求也较高，大学生自我关注和人生目标的定位也较高，大学生所面临的心理压力自然要比一般社会成员大，其压力来源也较一般社会成员要广，归纳起来主要有以下几个方面。

（1）社会因素。激烈的就业竞争，使本身就十分脆弱的大学生产生了更大的心理压力，尤其是贫困大学生，与其他同学相比有相当程度的自卑感，性格内向，自我封闭，交流和沟通能力较差，就业压力更为明显。大学生作为同龄人中的佼佼者，有着对未来的美好设想，但现实生活中的种种客观事实，使他们的理想受挫，理想与现实的矛盾得不到及时解决，就会产生心理障碍或心理问题。

（2）教育因素。主要表现在环境变化引起的心理不适应。进入大学后，遇到的困难唤起他们的思乡情绪；依赖性和独立性的反差和矛盾造成了他们对以往生活方式的迷恋，对新生活感到迷惘。

（3）家庭因素。大学生在很多方面都受到家庭环境和父母言谈举止的深刻影响，不同的家庭教育产生的结果也截然不同。比如，父母对子女管教过于严格，子女虽然表现出诚实、礼貌、细心、有责任心，但是往往缺乏适应社会生活的能力和人际交往能力。又如父母过分溺爱，造成学生依赖性较强。另外，如果父母对其行为放任不管，那么这种大学生很可能以自我为中心，不懂得尊重他人。而父母的强烈期望，极有可能成为大学生勤奋学习的动力，也会成为难以承受的心理负担，许多大学生由于压力过大，所以无法排解而导致抑郁症的现象也时有发生。

（4）生理、心理因素。大学生的心理往往比较丰富、细腻，更注重情感生活。但由于他们的情绪、情感具有两极性、矛盾性的特点，自控能力不强，感情比较脆弱，所以对问题的认识及思考往往存在着过激或偏差。同时，大学生生理成长已经成熟，他们对恋爱、情感和性的需求及思考达到了新的程度。心理的相对稚嫩和生理的相对成熟所形成的较大反差导致学生恋爱失败或情感无法寄托时会产生不安和躁动的情绪，严重时会觉得生活索然无味，甚至产生轻生的念头。

一些大学生从农村走到了大城市，受到了外界物质世界的冲击，他们的心里渴望更多的金钱，渴望更多的物质，但是由于大学生群体还处在求学的阶段，没有更多的正规渠道去赚取更多的金钱，于是一些同学就通过一些不正规的渠道谋取金钱，最终给自己带来了厄运。每个人都有追求美好生活的权利，但是应该通过正规合法的渠道来实现自己的梦想，古人云：君子爱财，取之有道。

（三）什么是心理健康

心理健康是指个体能够适应发展着的环境，具有完善的个性特征，且其认知、情绪反应、意志行为处于积极状态，并能保持正常的调控能力。在生活实践中，能够正确认识自我，自觉控制自己，正确对待外界影响，使心理保持平衡协调，就已经具备了心理健康的基本特征。

1．心理健康的标准

（1）了解自我，悦纳自我。一个心理健康的人能体验到自己的存在价值，既能了解自己，又能接受自己，具有自知之明，即对自己的能力、性格、情绪和优缺点能做出恰当、客观的评价，对自己不会提出苛刻的非分期望与要求。对自己的生活目标和理想也能定得切合实际，因此对自己总是满意的。同时，努力发展自身的潜能，即使对自己无法弥补的缺陷，也能泰然处之。一个心理不健康的人则缺乏自知之明，并且总是对自己不满意，由于所定的目标和理想不切实际，主观和客观的距离相差太远而总是自责、自卑；总是要求自己十全十美，而自己却又总是无法做得完美无缺，于是总是自己过不去，结果是使自己的心理状态永远无法平衡，也无法摆脱自己面临的心理危机。

（2）接受他人，善与人处。心理健康的人乐于与人交往，不仅能接受自我，也能接受他人，悦纳他人，能认可别人存在的重要性。能为他人所理解，为他人和集体所接受，能与他人相互沟通和交往，人际关系和谐，在生活小集体中能融为一体，乐群性强，既能在与挚友间相聚之时共欢乐，也能在独处沉思之时而无孤独之感。在与人相处时，积极的态度（例如同情、友善、信任、尊敬等）总是多于消极的态度（例如猜疑、嫉妒、敌视等），因此在社会生活中有较强的适应能力和较充足的安全感。一个心理不健康的人，总是自别于集体，与周围的人和环境格格不入。

（3）热爱生活，乐于学习。心理健康的人珍惜和热爱生活，积极投身于生活，在生活中尽情享受人生的乐趣。他们在学习中尽可能地发挥自己的个性和聪明才智，并从学习的成果中获得满足和激励，把学习看作乐趣而不是负担。能把学习中积累的各种有用的信息、知识和技能储存起来，使于随时提取使用，以便解决可能遇到的新问题，能够克服各种困难，使自己的行为更有效率，学习更有成效。

（4）面对现实，适应现实，改造现实。心理健康的人对周围的事物和环境能做出客观的认识与评价并能与现实环境保持良好的接触，既有高于现实的理想，又不会沉湎于不切实际的幻想与奢望。对自己的能力有充分的信心，对生活、学习、工作中的各种困难和挑战都能妥善处理。心理不健康的人往往以幻想代替现实，不敢面对现实，没有足够的勇气去接受现实的挑战，总是抱怨自己"生不逢时"，或者责备社会环境对自己不公而怨天尤人，因此无法适应现实环境。

（5）能协调与控制情绪，心境良好。心理健康的人愉快、乐观、开朗、满意等积极情绪状态总是占据优势的，虽然也会有悲、忧、愁、怒等消极的情绪体验，但是一般不会长久。他能适当地表达和控制自己的情绪，喜不狂、忧不绝、胜不骄、败不馁、谦逊不卑，自尊自重，在社会交往过程中既不狂妄，也不畏缩恐惧，对于无法得到的东西不过于贪求，争取在社会规范允许范围内满足自己的各种需求，对于自己能得到的一切感到满意，心情总是开朗的、乐观的。

（6）人格和谐完整。心理健康的人其人格结构包括气质、能力、性格和理想、信念、动机、兴趣、人生观等各方面能平衡发展，人格在人的整体的精神面貌中能够完整、协调、和谐地表现出来。思考问题的方式是适中和合理的，待人接物能采取恰当灵活的态度，对外界刺激不会有偏颇的情绪和行为反应，能够与社会的步调合拍，也能与集体融为一体。

（7）智力正常。智力正常是人正常生活最基本的心理条件，是心理健康的重要标准，智力是人的观察能力、记忆能力、想象能力、思考能力、操作能力的综合。

（8）心理行为符合年龄特征。在人的生命发展的不同年龄阶段，都有相对应的不同的心理行为表现，从而形成不同年龄独特的心理行为模式。心理健康的人应该具有与同年龄段大多数人相符合的心理行为特征。如果一个人的心理行为经常严重偏离自己的年龄特征，那么一般都是心理不健康的表现。

2. 异常心理的表现

（1）忧郁。由于种种原因，大学生会出现闷闷不乐、愁眉苦脸、沉默寡言的现象。如果长期处于这种状态，就应该予以充分重视。

（2）狭隘。狭隘表现为斤斤计较，心胸狭窄，不能容人也不理解别人。对小事耿耿于怀，爱钻牛角尖。

（3）嫉妒。当别人比自己好时，表现出不自然、不舒服甚至怀有敌意，更有甚者竟用打击、中伤手段来发泄内心的嫉妒。

（4）惊恐。对环境和事物有恐怖感，例如怕针、怕暗、怕鬼怪。轻者心跳厉害、手发抖，重者失眠、梦中惊叫等。

（5）残暴。自己因为小事不快，便向别人发泄，摔摔打打、骂骂咧咧，有的则以戏弄别人为乐，对别人冷嘲热讽，没有温暖之心。

（6）敏感。敏感即为神经过敏，多疑，常常把别人无意中的话、不相干的动作当作对自己的轻视或嘲笑，为此而喜怒无常，情绪变化很大。

（7）自卑。对自己缺乏信心，以为在各方面都不如别人，无论在学习上还是在生活中，总把自己看得比别人低一等，抬不起头来。这种状态严重影响了自己的情绪，让自己很压抑。

（四）大学生心理健康问题的解决对策

（1）正确认识自我，愉快地接纳自我。

（2）保持健康而稳定的情绪。

（3）建立良好的人际关系。

（4）加强体育锻炼。

法律链接

《中华人民共和国高等教育法》

第四条 高等教育必须贯彻国家的教育方针，为社会主义现代化建设服务、为人民服务，与生产劳动和社会实践相结合，使受教育者成为德、智、体、美等方面全面发展的社会主义建设者和接班人。

第五十三条 高等学校的学生应当遵守法律、法规，遵守学生行为规范和学校的各项管理制度，尊敬师长，刻苦学习，增强体质，树立爱国主义、集体主义和社会主义思想，努力学习马克思列宁主义、毛泽东思想、邓小平理论，具有良好的思想品德，掌握较高的科学文化知识和专业技能。

与您共勉

"沉舟侧畔千帆过，病树前头万木春。"沉沉的黑夜都是白天的前奏。知人者智，知己者明。高高兴兴地活下去，拥有健康的心理，面向世界，面向未来。

思考思考

1. 人格健全对心理健康有什么作用？
2. 大学生应该通过怎样的途径建立良好的心理健康？

人生充满欢乐　世界充满阳光

后 记

　　本书根据《国家中长期教育改革和发展规划纲要（2010—2020 年）》赋予高校安全稳定工作的任务与职责，为了加强对大学生的安全教育，推进安全教育课程化、体系化建设，结合本省省情，选择涉及大学生安全的 24 个专题，分为 16 章，围绕大学生学习、生活的各个方面，采用"内容提要、警钟格言、案例回放、点睛提示、安全知识、法律链接、与您共勉、思考思考"的编写体例，精选大学生身边发生的典型案例，介绍防范与避害的知识、方法和技巧，阐述相关的法律法规。

　　本书在贵州省教育厅领导的关心下，在贵州省教育厅安全稳定处牵头和厅相关处室参与组织下，于 2009 年开始筹备，精心收集资料，反复调查研究，从筹备到成书历时一年多。它是为高校学生加强安全防范意识与掌握相应的安全防范能力而编写的。读本的设计和编写，采用案例导入、点穴分析的方法，重点向大学生介绍一些适用的安全知识和法律常识。案例具有针对性和典型性，以"爱"为红线，谈心说理，娓娓道来，形式生动活泼，既富有趣味性，又使读者有身临其境之感，于无声之处受到警示与教育。

　　本书出版于 2010 年，作为各高校安全教育的教材，立足贵州省，辐射全国，本书发行以来，收到了很好的效果，增强了大学生的安全观念和法治观念，提高了大学生预防校园安全事故的警惕性，传播了安全防范知识。但随着国内外政治经济形势的变化，社会改革的不断深化，大学校园的安全形势也有了一定的变化，出现了一些新的安全隐患。为了使对大学生的安全教育更有针对性，加强安全教育的时效性，贵州省教育厅曾在 2016 年决定对本书第一版进行修订，出版了本书的第二版，并于 2020 年决定对本书进行再次修订，这是本书的第三版。经过两次修改，选题更贴近高校实际，二版增加了反谍反恐、防艾滋病及教学安全等内容，三版增加了新冠肺炎疫情常态化的防控、校园贷欺诈、防一氧化碳中毒等内容，章数也从 12 章扩充到 15 章再扩容到 16 章。案例不断更新并增多，二版比一版案例增加了一倍多，更新了 70%，三版比二版的案例又增加了 50%，更新了 50%。"点睛提示"更为精练，"安全知识"更为实用，插图由 17 幅增加到 35 幅，更好地体现了本书促膝谈心、图文并茂、生动活泼、贴近大学生心灵的风格。

　　本书第三版仍然由贵州省教育厅组织编写，以第一版原撰写专家学者为基础，由邹渊教授策划、统稿，个别成员有调整，具体撰写分工如下：

序　言　鞠　洪
前　言　邹　渊
第 1 章　反谍反恐　提高警惕　　　徐东昇
第 2 章　拒绝暴力　防止伤害　　　邹　渊
第 3 章　校园盗抢　预防优先　　　徐东昇

后记

第 4 章	谨防诈骗	避免上当	舒泽萍	
第 5 章	讲究卫生	预防疾病	邹　渊	
第 6 章	拒绝诱惑	文明上网	程　兵	
第 7 章	加强自律	戒除赌博	谢巧荣	
第 8 章	抵制毒品	远离毒害	罗巧巧	
第 9 章	学防身术	防性侵害	吴　婷	
第 10 章	爱护身体	切勿酗酒	曾思亮	
第 11 章	"校园网贷"	警惕风险	邹　渊	
第 12 章	居安思危	消除火患	吴保卫	
第 13 章	教学安全	严防事故	吴　婷	
第 14 章	出行安全	防灾避险	曾思亮	罗巧巧
第 15 章	预防艾滋	珍爱生命	邹　渊	
第 16 章	身心健康	乐观向上	邹　渊	

后记：邹　渊

插图：北京欧阳艺术室画家　欧阳萩

本书编写得到了贵州省 70 余所高校的支持，在此表示感谢！

由于作者水平有限，本书内容难免存在不妥之处，恳请读者批评指正。

邹　渊

2020 年 5 月